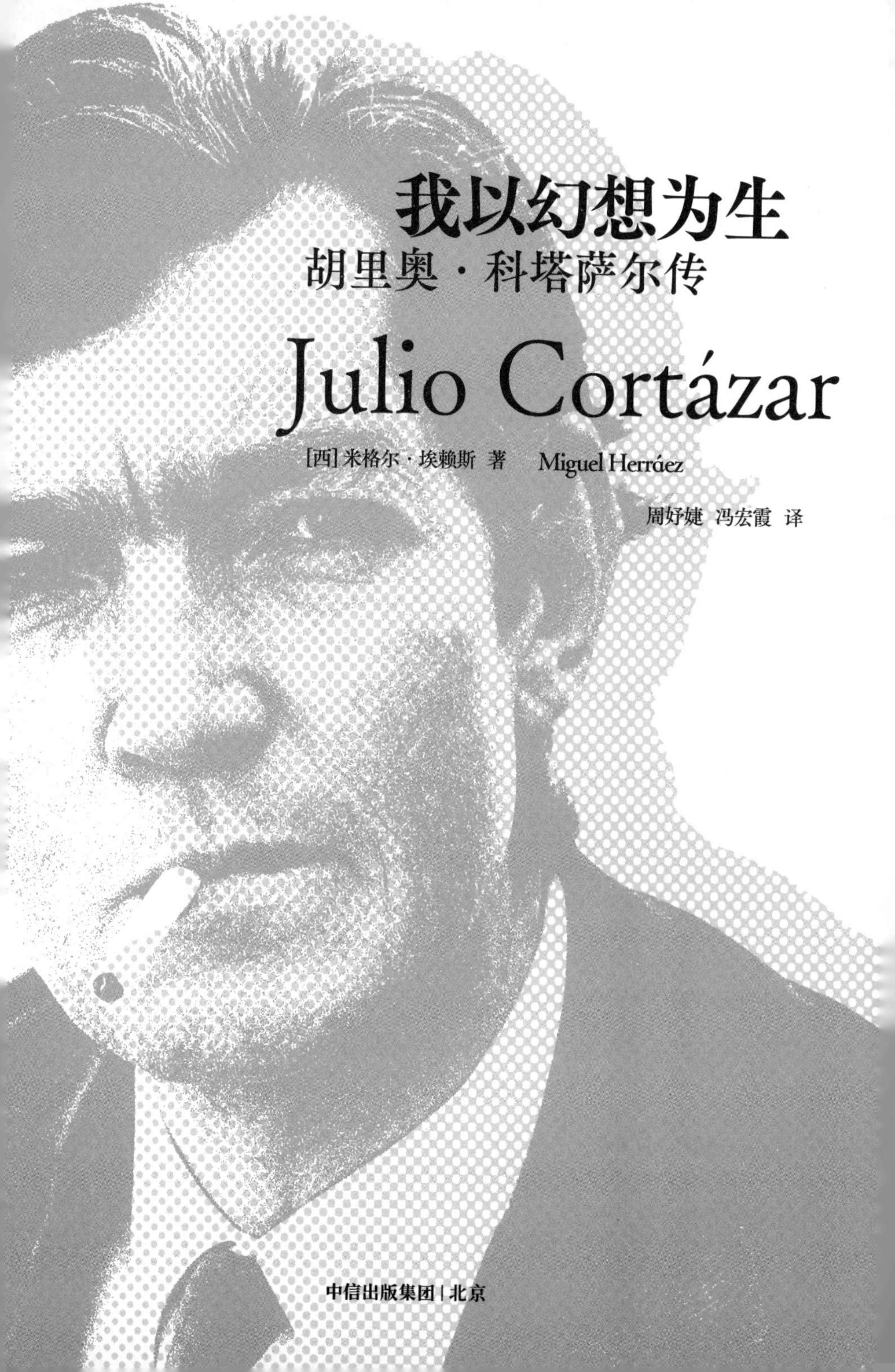

我以幻想为生
胡里奥·科塔萨尔传

[西] 米格尔·埃赖斯 著　Miguel Herráez

周妤婕　冯宏霞 译

中信出版集团 | 北京

图书在版编目（CIP）数据

我以幻想为生：胡里奥·科塔萨尔传 /（西）米格尔·埃赖斯著；周妤婕，冯宏霞译 . -- 北京：中信出版社，2025. 4. -- ISBN 978-7-5217-7234-0
I. K837.835.6
中国国家版本馆 CIP 数据核字第 2024GP4533 号

JULIO CORTÁZAR, una biografía revisada by Miguel Herráez
Copyright © Miguel Herráez, 2011
© de la edición, 2011, Editorial Alrevés, S.L.
© fotografía de portada: autor desconocido
Simplified Chinese translation copyright © 2025 by CITIC Press Corporation
ALL RIGHTS RESERVED
本书仅限中国大陆地区发行销售

我以幻想为生：胡里奥·科塔萨尔传
著者：[西]米格尔·埃赖斯
译者：周妤婕 冯宏霞
出版发行：中信出版集团股份有限公司
（北京市朝阳区东三环北路 27 号嘉铭中心 邮编 100020）
承印者：嘉业印刷（天津）有限公司

开本：880mm×1230mm 1/32　　印张：11.5　　字数：279 千字
版次：2025 年 4 月第 1 版　　印次：2025 年 4 月第 1 次印刷
京权图字：01-2025-0560　　书号：ISBN 978-7-5217-7234-0
定价：69.80 元

版权所有·侵权必究
如有印刷、装订问题，本公司负责调换。
服务热线：400-600-8099
投稿邮箱：author@citicpub.com

目录

给中国读者的话   I
修订版前言   两个家和一位朋友   III
推荐序   永远在成长的少年   XIII
前言   为什么是科塔萨尔？   XVII

第一章   温暖的孤独 1914—1939   001
     为何会出生在比利时？
     班菲尔德：童年的王国
     布宜诺斯艾利斯   马里亚诺·阿科斯塔师范学校
     美学派诗人
     玻利瓦尔、教育和杜普拉特夫人

第二章   长着娃娃脸的教师 1939—1953   067
     奇维尔科伊   地方主义
     未取得学位的大学教师   庇隆主义
     重返布宜诺斯艾利斯   私人生活
     《动物寓言集》
     巴黎之梦   根提利街10号（第13区）

第三章   困顿现实中的一抹幻想 1953—1963   139
     爱伦·坡   罗马之行

　　　　重返巴黎　新的短篇小说
　　　　担任联合国教科文组织的翻译　《追寻者》
　　　　出版第一部长篇小说：《中奖彩票》
　　　　《跳房子》：名利双收

第四章　忝列"文学爆炸"主将 1963—1976　　　　189
　　　　局外人　对现实的承诺
　　　　故事、杂记及趣闻
　　　　《装配用的 62 型》
　　　　南锥体

第五章　流亡者的战斗 1976—1982　　　　　　　261
　　　　阿根廷："不受欢迎之人"
　　　　《曼努埃尔之书》
　　　　旅行及支持桑地诺事业
　　　　《八面体》
　　　　卡罗尔·邓洛普和马泰尔街

第六章　诀别之旅 1982—1984　　　　　　　　　305
　　　　《不合时宜》
　　　　最后一次阿根廷之行
　　　　蒙帕纳斯　1984 年：缘何魂断法兰西

后记　　　　　　　　　　　　　　　　　　　　327
附记　文学与爱：科塔萨尔的巴黎，巴黎的科塔萨尔　331
胡里奥·科塔萨尔年表　　　　　　　　　　　　335
参考文献　　　　　　　　　　　　　　　　　　339

给中国读者的话

当我在撰写这部关于胡里奥·科塔萨尔的传记时,怎么也没能想到,这本让我跑遍法国、西班牙和阿根廷,并且经历了数十次的采访才完成的研究作品,竟然有一天能被翻译成高贵而神奇的中文。在此之前,它被翻译成了俄语和土耳其语,如今又即将收获中文译本。当然,这本书在西班牙也有数个不同的版本。

研究者的工作往往带有几分盲目性,而这一点在我身上体现得尤为明显。出于一些感性的缘由,我才开始不断探究这位阿根廷小说家的生平以及作品。也正因如此,每当它的新译本出现,就是我多年辛勤付出获得最佳回报的时刻。

如今呈现在大家面前的这本书,是专门为此次中文译本出版而经过修订、调整和确认的,我认为它将是该传记的完美形态。

米格尔·埃赖斯

2024 年 3 月

于西班牙巴伦西亚

修订版前言
两个家和一位朋友

我在巴黎国际大学城那一站上了地铁。我看了看地铁线路图,发现需要在当费尔-罗什罗站换乘,然后乘坐开往戴高乐机场方向的列车,最后在塞夫尔-勒古布站下车。我之所以决定坐地铁而不是步行回去,是因为我想抓紧时间回到这几天落脚的西班牙学院,在大厅里观看电视转播的法网决赛。外面起风了,下着小雨(我透过蒙苏里公园的栅栏看到了许多栗子树叶,有几只乌鸦在啄食它们,两只喜鹊在一旁窥视),气温也稍稍降低了一些。我注视着往来的人流,意识到今天是星期天。我知道,星期天下午弥漫着存在主义的沉重,那种令人难以忍受、使人痛苦的感觉,在这个世界上任何一个城市(包括我的家乡)都是一样的,至少我这么觉得。列车继续前行,车轮摩擦着铁轨,发出尖锐的声响。开始减速,列车停了。人们涌入、涌出车厢,他们中间有黑人、白人,还有两个亚洲面孔的年轻人——他们的刘海梳得很直,盖在额头上,几乎遮住了眼睛。列车停在巴斯德站,上来了一位推着购物车的中年妇女,她从购物车里拿出了一个话筒,然后连上了扩音器,唱起了歌。歌声令人难以忍受。我听不出这首怀旧曲目的旋律,但凭直觉判断那是伊迪斯·琵雅芙的歌。

勒古布街道两侧有跳蚤市场。因为时间尚早，我逛遍了右边的摊位，然后转去左边。我在一个摊位停下，一对锻铁制成的小猪储蓄罐引起了我的注意：这种传统的储蓄罐是战后法国的产物，不知为何，它们和某些其他的物品（比如一面绘有法国曾殖民的非洲地区的地图的古老拼图，一套磨损的木制飞行棋，一个伍长烟斗烟草的罐子）一样，都让我想起了童年的电影，像是《纽扣战争》或是《禁忌游戏》。摊主每只小猪要价25欧元，并坚持向我解释说，用螺丝刀可以将储蓄罐的两部分拆开，取出里面存的钱。我回答说"是的，我知道了"，但他还是再次向我指出可以从哪里插入螺丝刀。我注意到，他用长长的指甲刮过那条凹槽（它和小猪的其他部分一样，被涂成赭色）。我不喜欢讨价还价，况且，我也不知道该如何用我那勉强应付日常交流的法语去还价。此外，我还读过芭芭拉·霍奇森写的一本书，书中提到，在巴黎的跳蚤市场和旧货市场（比起卖高档货的圣旺，我更喜欢旺沃的市场），如果摊主认定你是精明人，那么从那一刻开始，他就很有可能会体面地拒绝和你谈生意。最终，我决定买下这一对小猪。毕竟，我们几乎没怎么交流，他就愿意让价到一对30欧元。出于礼貌，他用一张被翻过的报纸把储蓄罐包了起来。在这些地方，此举十分常见。我向摊主道了谢，把小猪放进背包，然后朝康布罗纳走去。

十多年来，我时不时地就会走到勒古布和康布罗纳，这两条街道令我着迷，特别是它们的交会之处。在那里，每天上午，哪怕是星期天（但节假日除外），有些商户也会敞开大门：几家卖鱼的冰鲜店，专供牛肉和马肉的摊位，带有窄小橱窗的糕饼铺，提供外带寿司服务的日式餐厅，还看到装有熟食（罗勒鸡，猪肉丸以及洋葱牛肉）的食盒，以及一个用雏菊、玫瑰和夹竹桃盆栽装饰门面的花店（夹竹桃在巴黎会被认为是具有异域风情的植物吗？）。这个交会处是这座城市地图上一个明亮而欢乐的小针点儿。我知道这个景象已经属于胡里奥·科塔萨尔，这就是我当年第一次主动踏足这里的原因。我知道这幅地图已经成为他内心和外部世界的一部分，成了他日常生活的一部分，因为这些人行道、街道、阳台、树木都出现在他每天活动的空间里。当他和奥罗拉·贝纳德斯一同住在贝雷将军广场（确切地说是一个小广场，一个迷人的小广场）的时候，他们共享着这一空间。它恰好距离我手指所指的那个街口只有一个街区。奥罗拉是科塔萨尔的第一任妻子，而这座房子是科塔萨尔在巴黎的第一个家。

昨天我去了他生前最后的住所，它位于马泰尔街。科塔萨尔曾与他的第二任妻子卡罗尔·邓洛普住在那里。我昨天选择从巴黎国际大学城站步行前往那里，去程六千米到八千米，回程也差不多。对于别人来说，这段路程本可以缩短一些，但我总是喜欢找借口做些意外的绕行，从而发现一些特别的东西，比如一尊正在吞食人脚的青铜狮子（它出自亨利·雅克蒙之手，位于巴黎植物园），一尊立在建筑外墙上（位于特比戈路）的巨大天使雕塑，或是一棵巴黎最古老的树木（勒内-维维亚尼广场上的一棵可追溯到17世纪初的刺槐）。从第14区走到第10区，从左岸走到右岸。我设计好了行程，先前往圣米歇尔大道，然后去往塞瓦斯托波尔大道。走到这里，我不想从波瓦索尼埃站或是水塔站出发，在曲折的街道上绕行，而是决定继续沿着圣丹尼郊区街（就是圣丹尼街往郊区延伸的那一段路上，到处都是朴素的婚纱小店）走一段，然后转入马厩小巷，这条小巷和马泰尔街一样宁静，与圣丹尼郊区街的喧嚣形成了鲜明的对比。

郊区街也属于科塔萨尔。这是一条让我着迷的充满活力的街道，它的一面停满了车，小型运货车旁有人忙着装卸货物，这样的情形偶尔会中断交通，但司机对此毫不在意。这条街道充满生活气息，带着一点恰到好处的混乱（刚好不会让人感到难受的程度）。这里聚集着小型的土耳其食品店、干洗店——顾客坐在台板上等候着，还有打着霓虹灯的鸡肉店，光线略微带着柔和的紫调。此外，街道上还有卖缝纫材料的店铺（现在还有谁会买缝纫机呢？），以及一间啤酒屋，店里坐着一个大块头，目光有意无意地落在你的身上。还有布雷迪廊街，一走进去就能闻到扑鼻的香料味（咖喱、孜然以及姜黄）。穿过街道的时候，得小心避开一路的桌椅——12点15分左右，人们都坐在那里对着鹰嘴豆玛莎拉配米饭和坦都里烤鸡大快朵颐。那里还有一些隐藏在隔板后的酒吧，这些狭长的店铺通常都是由年轻的中国人或是北非人经营，在那里你可以买到水果或是尚特雷纳矿泉水之类的东西，或许还能找到摩洛哥蜂蜜芝麻饼或是杏仁核桃糕点。

我之前从未穿越这个区域走到马泰尔街（尽管我认识那一带），那是一条没有什么商户的街道，非常安静。昨天，我在蒙蒙细雨中漫步，忽然之间意识到自己竟走到了马泰尔街——因为我认出了街角的小酒馆。我第一次来到这条街大概是1999年？那时候，我正在修订这本书的第一版，天空同样细雨蒙蒙。当时已是深夜，公寓楼的大门紧闭，从这幢建筑物的外观来看，没有任何迹象表明胡里奥·科塔萨尔曾在这里度过了生命的最后几年。如今，一切都改变了。两个月前，这里出现了一个外部标志，昭示着科塔萨尔留下的痕迹。按照法国人的喜好，他们在公寓大门的右侧放置了一块两米多高的石碑。如果科塔萨尔想要伸手触摸石碑上自己的名字，这样的高度倒也不会成为阻碍。这块石碑上的提示十分美好，它的出现是社区居民请愿的结果（我知道这个立碑的想法最初是由公寓的购买者提出来的，尽管她一开始并不知道这里曾经是这位作家的住所。我也知道，大家最初的想法是用胡里奥·科塔萨尔的名字来命名这条街道，但对市政当局来说，这未免太过了）。通过这个提示，我们得知，在这座公寓楼的 C 栋，四楼右侧的房子里，曾住过一名阿根廷作家（虽然他早已拥有了法国国籍），他是《跳房子》的作者。

胡里奥·科塔萨尔在巴黎马泰尔街 4 号度过了他的最后几年

在贝雷将军广场和马泰尔街之间的区域里，还分布着科塔萨尔其他朋友的住所。其中有一位非常重要，他叫胡里奥·席尔瓦，是一名阿根廷画家和雕塑家，与科塔萨尔结交近 30 年。今天上午，我参观了他位于第 14 区的住宅。科塔萨尔曾在那个家中挂满木制面具的墙壁前度过了许多时光。这两个胡里奥之间始终保持着默契。席尔瓦的家离巴黎国际大学城不远，两者都位于茹尔当大道。不过，过了与勒克莱尔将军大道的交叉口，茹尔当大道就换了个名字，改叫布吕内大道。我沿着巴黎国际大学城那片绿树成荫、令人心旷神怡的地带走了一段，因为我想拍几张阿根廷之家[1]的照片（顺便提一下，在阿根廷之家的负责人亚历杭德拉·H.比尔金的帮助下，我上周参观了科塔萨尔曾经住过的房间，查阅了他1951年8月10日从布宜诺斯艾利斯寄来的申请住宿的信件。另外，门牌号为40的宿舍门上也于几年前装上了一块纪念牌）。紧接着，我离开了茹尔当大道。

大约走了2.5千米的距离，或者说，从西班牙学院出发走了大概25分钟后，我到达了目的地，并在大门上的控制面板上输入了密码。当我在楼房的后花园中认出了一尊席尔瓦创作的雕塑时（他的雕塑风格非常鲜明，很容易辨认出来），门口的对讲机里传来了他的声音，告诉我他住在三楼。他在楼梯的平台上迎接了我。这次相见没有任何正式的礼节，就仿佛我们刚刚聊过天似的。我觉得这是胡里奥·席尔瓦身上（他留着白发和白胡须，穿着黑色短袖Polo衫和宽松的深色裤子）的特质：他很随和且不受拘束。无论是之前通过电话或是电子邮件沟通，还是像现在这样面对面，我都能感受到他身上的此种特质。我们在席尔瓦家的二楼坐下，他家共有三层。这是他的工作室，他通常都要逗留到凌晨时分。在这个城市还在沉睡的宁静时刻，他在这里可以感觉到神清气爽，充满初学者的热情。

---

1 阿根廷之家位于巴黎国际大学城内，专为阿根廷的学生和学者设计，旨在为他们提供住宿，让他们在国外学习期间能够感受到家的氛围。此外，阿根廷之家还常常举办文化活动、讲座和其他与阿根廷相关的活动，以此来推广阿根廷文化，并帮助居住在那里的人们相互了解，以便更好地融入当地社区。——原注（如无特殊说明，本书脚注均为原书注）

位于巴黎国际大学城的阿根廷之家

阿根廷之家第40号房间,位于巴黎国际大学城。门上的铜牌用西班牙文和法文提示人们,1951年科塔萨尔曾在此下榻

胡里奥·席尔瓦,科塔萨尔的密友,2010年在他位于巴黎的工作室

我们漫无目的地聊天,谈论蓬皮杜中心的卢西安·弗洛伊德展,或是巴黎美术馆的爱德华·蒙克展,以及他在希腊的小屋,还谈到当他1955年来到巴黎的时候,觉得和布宜诺斯艾利斯相比,这座城市有多么贫穷,他在这里最初的时光有多么艰难。尽管如此,他觉得一切都是值得的,因为人们可以在这里的咖啡馆偶遇萨缪尔·贝克特或是安德烈·布勒东等人,并与他们交谈。不过很显然,我们的对话很快就转向了胡里奥·科塔萨尔。在这简短的前言中,我只想强调席尔瓦提到的、关于这位作家的一句话,这句话是他下意识说出来的,带着追忆旧友的悲伤。它极为精练地概括了科塔萨尔留给大多数认识他的人的印象:"胡里奥活得很低调,死得也很低调。"

在这一版之前,此书已有了四个版本。第一版是由位于巴伦西亚的阿方索五世出版社出版的,不到一年时间就售罄了,因此，巴塞罗那的朗塞尔出版社对此进行了再版（分别于2003年和2004年发行了第二版和第三版），与此同时，圣彼得堡的字母书出版社出版了由阿丽娜·鲍里索娃翻译的俄文版本。而对于最新版本，我修订了一切需要修订的内容，或者说，我认为可修订的内容。此外，我还添加了其他的一些信息，比如，我后来补充说明了胡里奥·科塔萨尔是一名优秀的乒乓球手，或是他从阿根廷之家的房间醒来时，最先映入眼帘的是一棵如今依然存在的百年亚利桑那蓝柏树。

此外，不得不强调的一点是，作为文学大师，这位阿根廷作家仍然是新闻关注的焦点。2008年，一本带有科塔萨尔亲笔签名的旧书在巴黎的一个古董市场卖了8 500欧元。他的作品（生前未发表的）与生平（一些信件正在被修复整理，其中没有一封在他活着的时候发表过）仍在持续扩展与延伸。然而，我认为，在某个时刻，我们应该停下来，结束一项研究，或是暂停一场思辨性的旅行，而我，就是在今天下午这个仍然属于春天的时刻做出这一决定的。下定决心的那一刻，我望着高大的树木（栗树、梧桐，以及被法英展馆遮挡的美洲合欢：如果不是因为这个展馆，我只要从右边探出头去，就有可能看到一棵货真价实的红杉），它们高达30多米，枝叶几乎探入我所在的这座塔楼五楼房间的窗户。我看到有些年轻人在打羽毛球，还有人在扔飞盘，飞盘轻盈而缓慢地飞过草地，掠过其他那些一边吃三明治一边大笑的年轻人的头顶。他们听着耳机里的音乐，发着手机短信。又或者说，我仅仅是简单地瞥见那一小片即将下雨（一个美妙的威胁）的天空。

我想强调的是，对于在这场持续多年的冒险旅程中帮助过我的人，不管是编辑、作家、朋友还是读者，我始终怀着感激和感恩之情。这段旅程从很久之前就开始了，确确实实给我带来了意义非凡，有时甚至有些奇妙的满足感。

米格尔·埃赖斯

巴黎，国际大学城，西班牙学院

2010年6月

推荐序
永远在成长的少年

对于我这一代的拉丁美洲作家来说，20世纪60年代打开了不止一种视角，因为那是一个无与伦比的十年，充满了挑战、险阻与质疑。就像一直以来那样，进入写作的宇宙，不光需要文学英雄，也需要亟待推翻的陈旧偶像。然而，除了文学领域的这些偏好与排斥，更普遍的是对既定秩序和主流生活方式的反叛。写作的行为与改变世界的行动观念密不可分。显然，我们国家被边缘化的现实摆在面前，一切有待改变。但我们追求的不仅仅是现实的改变，还包括所有构成贫穷和落后现实的社会以及个人行为习惯的改变。一个反叛的统一战线。

20世纪60年代令人眼花缭乱。"咆哮的二十年代"也相形见绌。切·格瓦拉1967年在玻利维亚的死亡为渴望新世界的焦虑增添了一缕道德的光辉，这个新世界应该在我们认为应当告别的旧世界的废墟上建立起来，因为披头士乐队在1962年发布他们的第一张专辑的时候，就已经为这一切埋下了第一枚炸药。就在这新世界徐徐从地平线上升起的时候，胡里奥·科塔萨尔用其出版于1963年的《跳房子》为它设定了游戏规则。这些规则首先在于不接受任何既定前提，以尽可能不恭敬的方式颠倒世界，毫无顾忌，也不妥协。

带着对过去时代（它总是更好的）的怀旧之情可能会发现，那时候的事业，那些值得为之追求和斗争的事业，是真实可触的。我们生活在一个激进的氛围中，从这个词最好的意义上来说，是指一种无情的激进主义。它由伯特兰·罗素等老一辈的人共享，并被如今的若泽·萨拉马戈继承。那时的原则是活生生的文字，不像今天，是亟待挖掘的遗物。"事业"这个词具有一种神圣的光环。

如今并不是没有事业。然而，在我看来，能够将年轻人凝聚起来的事业更多时候是虚拟的，是有些抽象的概念，比如"全球化"。反对货币调整和私有化教条或是对抗环境污染，这些抗争并不那么容易，因为目标过于模糊。20世纪60年代涉及的是美国黑人民权运动，越南战争以及希腊、西班牙、葡萄牙或是拉丁美洲的独裁统治。单单一场像伍德斯托克音乐节那样盛大的摇滚音乐会便可以诠释所有的反叛精神。甚至连大学的衰老都变成了人们走上街头的原因之一，因为高等学府已经变成了暮气沉沉的木乃伊。

1968年春夏之交巴黎街头的反叛活动，以及同年在墨西哥城特拉特洛尔科广场上发生的学生大屠杀，起初都是由学术的陈腐所引发的，后来转变为对僵化且虚伪的社会进行深刻变革的呼声。胡里奥·科塔萨尔的精神漂浮在这段动荡历史的水面上，因为人们被无情地划分为克罗诺皮奥、埃斯贝兰萨和法玛[1]。还有其他"文学爆炸"时期的作家记录了这些事件。通过见证人第一手的记载，我们了解到了这些事情的面貌。在一篇令人难忘的报道中，卡洛斯·富恩特斯向我们描述了1968年的巴黎，而埃莱娜·波尼亚托沃斯卡则在《特拉特洛尔科之夜》中讲述了墨西哥的大屠杀。

青年的反叛是对存在方式和生活方式的猛烈冲击，因为这是

---

[1] 克罗诺皮奥、埃斯贝兰萨和法玛是科塔萨尔在其作品《克罗诺皮奥与法玛的故事》中创造的三个虚构的生物或者说人格类型。——译注

一次直抵本质而非流于表面的质疑。旧有的世界不再适用了，它已濒临枯竭——古老的体系、不变的真理、祖国、家庭、秩序、良好的行为举止以及穿着方式。在《跳房子》中，科塔萨尔继续在那旧有的结构上放置炸药。那不仅仅是长发、草鞋以及镶有孤星的毡帽的问题了。我们所有人都想成为克罗诺皮奥，嘲笑那些埃斯贝兰萨，并唾弃法玛。

这些归根结底超越了形而上学的伦理范畴，最终会带来政治性的后果。流亡的科塔萨尔成了秘密革命者在地下室阅读的作家，因为他提出了非存在的方式，用来抵抗那些拉丁美洲社会所提供的无耻的存在方式。在这片土地上，仅仅废除不公是不够的，还需要寻找个人行为的新模式。归根结底，反叛不仅仅是针对社会，也是针对每个人自身，或者说，是针对被社会塑造的我们。

也许，试图从一本书中汲取政治教训，始终是一种幻想。这本书和《跳房子》一样，率先提出要系统性地摧毁整个西方价值体系，却没有提供任何方法论。这仍然算是一次摧毁行动，没有更多的追求，因为答案中蕴含着错误。科塔萨尔的政治方案是后来提出的，先是针对古巴，而后针对尼加拉瓜，不过他的文学作品几乎从来没有提到过这些，甚至连《曼努埃尔之书》也没有。不过，他的公民行为却体现了他的政治观点。身为一个有信仰并能够捍卫信仰的作家，他的行为在今天看来也是非常奇怪的。

科塔萨尔在这场行走在刀锋上的旅途中，有许多东西要教给我们，即那些对社会抱有承诺的作家不应该牺牲自己的创作自由。当他在马那瓜接受尼加拉瓜共和国授予他的"鲁文·达里奥"文化独立勋章的时候，曾表示说，写作的自由就像是远距离迁徙中保持完美队形飞翔的鸟儿的自由。它们在队形中不断地变换位置。虽然是同样的鸟，但它们总是在换位。我只是在凭记忆重述这个作家关于自由的比喻。

也许，在《跳房子》出版的年代，科塔萨尔最有价值的真正提案始终是"口头恐怖主义"，它引导人们走向永恒的不满，这是革命一旦掌权后最终无法共情的东西，因为，无论如何，革命最终寻觅的都是一种制度化的秩序，而这种秩序从第一天开始，就不可避免地开始密谋反对那种赋予它生命的反叛。

仔细看来，切·格瓦拉的永恒反叛，即逃离一切尘世的权力结构，总是寻找新的斗争舞台，这与《跳房子》中奥拉西奥·奥利维拉对自身那种精益求精的追求非常相似。无尽的反叛就像是一种本体论的提议。

我所提过的这些20世纪60年代的偶像在人们的记忆中依然年轻，这并非毫无道理，真正的英雄总是如此，他们永远不会老去。按照约瑟夫·坎贝尔对于英雄成圣的最严格的规定，他们必须年轻。没有迟暮的英雄。众所周知，披头士乐队永不衰老，我们在专辑封面上看到的他们总是一成不变，尤其是在约翰·列侬遇害之后——死亡将他从青春奥林匹斯山的不朽行列中剔除了。神明，总是英年早逝。切·格瓦拉和披头士一起，凝视着远方。他是权力再也无法玷污或削弱的英雄。

正因如此，科塔萨尔同样是一位永不衰老的英雄，就像传说的那样，他永远也不会停止成长。而事实上，他确实也从未停下脚步。或者说，他变得越来越年轻了。他逆向生长，一路走来，抛却了无数年岁，直至变成一个即将化身孩童的少年形象，就像威廉·福克纳笔下的人物艾萨克·麦卡斯林一样。

塞尔希奥·拉米雷斯
马那瓜
2001年8月

前言
为什么是科塔萨尔？

我接触的第一部所谓的拉美"文学爆炸"时期的作家的作品，是《百年孤独》。那大概是在1968年，或是1969年。我记得自己当时久久地盯着那本书的封面，然后读了小说的开头。我完全没有读懂。接着，我合上了书本。当时我正生着病，在父母家休养，外头下着雨。

那时在西班牙（当时处于佛朗哥政权之下，那段岁月无比漫长，灰暗，令人憎恶），人们阅读的是外国作家（那些可以通过审查的），还有西班牙内战后的小说家和1954年前后出生的作家的作品。在后两者中，作者展露出了其社会承诺的自我，这些叙述都突显了展现或指向与现实世界紧密相连的意识形态领域的强烈愿望；总的来说，这些叙述都或多或少地通过实用主义的思考展现了社会图景。这种写作总是被社会环境驱使，除了自然主义描绘与传达的含义之外，别无他意。我对于这种类型的小说或是故事感到厌倦，它们囿于陈词滥调，没有展现出任何改变传统模式的意图：情节的构建，人物的塑造，语言的程式化，策略的俗套。这是一种衰落的美学。某天下午，我偶然拿到了收录于"广播电视"图书系列的"萨尔瓦特基础图书馆"丛书中的一册书，我对作者的名字全然陌生。通过这本书，我发现了其他写作方式的存在。

那是科塔萨尔的一本小说集。从那时开始，我的感受就有了转变。我发现了不同而多样的视角，一种对现实的假设。在这种假设下，我知道一个人可以在布宜诺斯艾利斯的苏伊帕恰街的公寓里呕吐出活的兔子，然后若无其事地给远在巴黎生活的安德烈娅写信。又或者，一个人可能会因为一种带有侵略性和强制性的不明力量而被迫离开与妹妹同住的房子。我也知道了，原来一个人可以在梦醒时分发现他的梦才是真实的，而所谓的现实不过是他的梦境，是他在遥远的时代做的有关牺牲的噩梦。通过科塔萨尔，我发现，形式层面也存在实验性。后来，我明白了一部抽象小说可以是什么样子的——没有主要方向，文本随意接合，拥有完全开放的特质。与此同时，我也学到了原来小说中的人物不必全似胡安·巴莱拉小说中的人物一样说话。有趣的是，在那样一个缺乏英雄气概的时代，我手里那个史诗级的版本只值 25 比塞塔，但通过它，我学会了所有的一切。

另外，因为科塔萨尔，我对"文学爆炸"所有的作家都有了一定的了解。我重新发现了加西亚·马尔克斯的魅力，得以享受他描绘的马孔多图景，以及它所传递的魔法与魅力。

从我的青少年时代开始，科塔萨尔就一直陪伴在我左右。正因如此，有人提出要委托我写这部传记时，我立刻答应了下来。多年以来，我一直深入研究他的作品。而如今研究他的人生，补全了我所了解的科塔萨尔世界的缺口。这一切没有令我失望。追随着他从班菲尔德到巴黎的轨迹，我得出了一个结论——这是我凭直觉感受到的，更是对科塔萨尔本人的最好定义：他完全没有自尊自大，也没有任何的高傲。他没有流露出夸夸其谈的姿态——那种姿态是作家最容易引人生厌的特点。那些小有名气的作家最喜欢大声吆喝。他们不大的影响力恰恰是他们卖力宣传的原因。科塔萨尔创造了一个独特的宇宙，他放弃了在麦克风和摄像机前夸夸其谈，因为他更爱的是生活本身，他选择了它。

研究科塔萨尔的生平是一次既引人入胜又让人沉浸其中的旅程。我阅读了他的数百封信件、关于他本人或是其他人的新闻稿，研究了他的作品集，并和直接与科塔萨尔交往过的人或是与他的熟人相识的人会面。之所以说这些，我想表达的是，这本书的撰写得益于实地调查，得益于我在阿根廷、法国和西班牙获得的信息，但也离不开根据实际信息进行的必要推测——如果缺失这一点的话，最终呈现的文本风貌也会大打折扣。

从这一方面来说，某些特定的书对我非常有用，有些与胡里奥·科塔萨尔的作品以及形象直接相关，而另一些虽然没有直接关联，但同样有用。因此对我来说，引述这些内容是一种愉快的义务。特别要感谢那几位在采访中耐心回答我的人。

正因如此，我首先想向奥罗拉·贝纳德斯表示特别感谢，因为她的帮助，我才能利用上述提到的一切资源。她慷慨地向我开放了她那位于贝雷将军广场上的美妙住宅，并与我分享了与之相关的回忆。她让我在房子里随意走动，到处拍照。这是我永远无法忘怀的。我还要感谢罗萨里奥·莫雷诺，她是位非常友善的女士。莫雷诺住在普罗旺斯的城堡里，陪伴她的是她的狗"马波乔"，还有一只苏门答腊巨噪鹃，那是一种能言善辩的鸟儿。这些忠诚的伙伴会在外人闯入城堡的时候发出警报。

同样，我还要感谢塞尔希奥·拉米雷斯，他以惊人的速度为这本书写下了推荐序。我也要感谢何塞·玛丽亚·格尔文苏、多莉·玛丽亚·卢塞罗·翁蒂韦罗斯、胡里奥·席尔瓦、卡洛斯·梅内塞斯、安德烈斯·阿莫罗斯、华金·马尔科、费利克斯·格兰德、米尼翁·多明格斯、奥马尔·普雷戈、海梅·阿拉斯拉基、马里奥·穆奇尼克、路易斯·托马塞洛、马里奥·戈卢博夫、索尔·尤尔基耶维奇、埃米利奥·费尔南德斯·奇科、丹尼尔·古斯塔沃·特奥巴尔迪以及埃内斯托·冈萨雷斯·贝尔梅霍。在记忆深处，我怀念着尼古拉斯·科卡罗，以及让人无法言喻的奥斯瓦尔多·索里亚诺。

米格尔·埃赖斯
2001 年 7 月

第一章

温暖的孤独
1914
—
1939

为何会出生在比利时？

班菲尔德：童年的王国

布宜诺斯艾利斯　马里亚诺·阿科斯塔师范学校

美学派诗人

玻利瓦尔、教育和杜普拉特夫人

科塔萨尔的父亲是经济学专家,在他出生之际,因为工作安排,父亲作为专家负责阿根廷共和国驻比利时大使馆安排的一项任务。于是,胡里奥·弗洛伦西奥·科塔萨尔·德斯科特于1914年8月26日的下午出生在布鲁塞尔,那时这座城市正处于德皇威廉二世的炮弹轰炸中。由于德国当时正在实行扩张政策,阿尔贝一世统治下的比利时被迫改变了它的中立态度。在科塔萨尔出生的大约两个月之前(6月28日),波斯尼亚学生加夫里洛·普林齐普的子弹在塞尔维亚萨拉热窝夺去了奥匈帝国的继承人弗朗茨·斐迪南大公及其妻子霍恩贝格公爵夫人的生命。同年12月31日,科塔萨尔出生四个月以后,他在使馆被登记成为阿根廷公民。

那年夏天,由于一项狡猾的联盟政策,欧洲陷入了第一次世界大战——这场战争一直持续到1918年。奥匈帝国对塞尔维亚的宣战声明(7月28日)和德国对俄国的宣战声明(8月1日),以及俄国(8月1日)和英国(8月4日)对德国做出的直接反应,打破了自20世纪以来欧洲赖以生存的脆弱平衡。在此背景下,不可忽视的是前期的巴尔干冲突,正是这些冲突导致以德国、奥匈帝国和意大利为首的同盟国,以及以法国、英国和俄国为首的协约国之间紧张的邻国关系到达了极致。胡里奥·科塔萨尔曾以嘲讽的口吻提及他在如此战争频发和混乱的局势下出生这一点,因为这反而造就了"地球上最向往和平主义的人之一"——他自己在 1977 年这样宣称。

布鲁塞尔,安装在路易·勒普特尔大道 116 号外墙上的纪念牌

由于战事发展带来的不确定性、恐惧和不安,科塔萨尔全家被迫在战争波及范围之外寻找庇护。从一开始,这场战争就预示着它的激烈程度会逐步加剧,国际影响也会扩大。这一预测几乎立刻成真,而不幸的是,欧洲的冲突很快就蔓延到了日本、中国还有一些美洲国家,而美国也卷入其中。

阿根廷共和国总统伊波利托·伊里戈延及其激进公民联盟当时倡导的中立和非交战国的地位,使科塔萨尔一家得以在瑞士寻求庇护[1]。随后他们移居到了西班牙——也因中立立场而未卷入战争。从 1915 年末到 1918 年,科塔萨尔一家在巴塞罗那居住了两

---

[1] 1915 年,奥费利娅,胡里奥唯一的妹妹出生在苏黎世。

布鲁塞尔,路易·勒普特尔大道116号,科塔萨尔一家曾居住的地方

年多，正因如此，从一岁半到三岁半，科塔萨尔都在这座城市度过。50年之后，这座城市将成为大多数从拉美"文学爆炸"中走出的作家的主要驻扎地，而胡里奥·科塔萨尔本人也将成为这一文学运动的主将之一。

从严格意义上说，科塔萨尔没有一个短篇或者长篇小说的背景是设定在西班牙的，这点一直都使得人们感到好奇。不过，由于记忆的奇妙机制，至少在某种程度上，巴塞罗那一直以一种经验性的方式陪伴年轻的科塔萨尔度过青春期。九岁或十岁时，科塔萨尔已经住在了布宜诺斯艾利斯的班菲尔德郊区，他会问起母亲关于某些画面的意义。这些彼此间毫无关联的画面偶尔会在他的脑海里闪过，如同流光一般从记忆中涌现。这些画面里包括马赛克瓷砖、马约利卡陶器、赤陶、彩色瓷器，以及蜿蜒的线条。那些色彩鲜艳的感觉虽然模糊，但始终存在。他的母亲解释说，这可能是因为他们一家在巴塞罗那居住期间，有时候会去游览桂尔公园，小胡里奥会和其他的孩子在那里嬉戏，一起观察那里的现代主义花园和宫殿。他记忆里那些难以归类的色彩印象可能正是来源于此。"或许，我对建筑师高迪的无限敬仰从两岁时候就开始了。"作家对西班牙记者华金·索莱尔·塞拉诺如此说道。

还有一片海，以及它带来的冲击。那片海和布宜诺斯艾利斯的港口并没有多大关联，除了周日风俗画一般的场景：遍布的遮阳伞和装满食物的篮子。在灼眼的日光下，巨浪从远处扑来，犹如无法控制的威胁，一直漫延到孩子赤裸的双脚下。咸湿的浪，盐味扑鼻的风，庞大而狂暴的存在，那不断激荡的海水在少年科塔萨尔和成年科塔萨尔的梦境里反复出现。那里是地中海，海水温暖，靠近巴塞罗那城郊的海滩，他的家人曾带他去那里玩耍，他们去的时候乘坐的是有轨电车（就是后来他们在布宜诺斯艾利斯称为"路面电车"的那种）。盛夏时节，喧闹沸腾的人群时远时近，寻找着海风的吹拂。人们纷纷逃离巴塞罗那8月里的高温潮湿。而那个夏天，由于地理原因，阿根廷已经任性地变成了冬季。

35年后，他从布宜诺斯艾利斯飞往马赛，再次来到桂尔公园。但这里已是今时不同往日。[1] 当年的那些马赛克瓷砖现在传递出的是另一种信息，另一种效果。"甚至有可能是光影的不同。我现在以一米九三的身高来观赏桂尔公园，而当年那个孩子则是以仰视的视角，带着一种神奇的眼光看待它。我尽力保持着这种眼光，但很不幸，我并不是总能如愿。"[2]

科塔萨尔的父母都是土生土长的阿根廷人。他的母亲埃米尼亚·德斯科特出生于1894年3月26日，有着法国和德国的血统，她的家族姓氏中包括德国的常见姓加贝尔和德雷斯勒。科塔萨尔的父亲叫胡里奥·何塞，生于1884年3月15日，具有西班牙血统。科塔萨尔本人并不热衷研究家谱，他从未追溯其祖先的身份，总是称自己对家族背景了解不多。这反映了他对内族通婚和抱团社交的拒绝，以及他对种族中心主义的排斥。民族中心主义是他一生都在与之斗争的东西：他反对任何民族主义的理念。

他承认自己是具有多重身份与血统的典型阿根廷人。"种族的融合程度越高，我们就越能消除荒谬的、无意义的民族主义和狭

---

[1] 在那次出游中，巴塞罗那让科塔萨尔感到阴郁。奥罗拉·贝纳德斯也参与了那次旅行，她告诉我，对他俩来说，那座城市显得与世隔绝，就像西班牙其他城市一样。"仿佛有人用一条巨大的毯子把它盖住了。"那是佛朗哥政权带来的"厚重毯子"。

[2] 1977年，科塔萨尔在参加西班牙国家广播电视台（RTVE）主办的名为《深度》的访谈节目时，对该节目的主持人华金·索莱尔·塞拉诺如此说道。

义的爱国主义。"我们的作家对索莱尔·塞拉诺说道。[1]不过,值得一提的是,科塔萨尔的祖先是在19世纪末、20世纪初抵达阿根廷的。他的外祖父母来自德国汉堡,而他的西班牙血统则来源于巴斯克地区。

他的西班牙曾祖父以务农和放牧为生,是19世纪末期移民大潮中的一员。这些移民将阿根廷视作应许之地,朝之奔赴。他定居在萨尔塔省——位于阿根廷西北部,这个地区与智利、玻利维亚和巴拉圭接壤,距离布宜诺斯艾利斯不足2 000千米。不过,像所有的初到者一样,他抵达阿根廷最初的日子可能是在布宜诺斯艾利斯的移民酒店度过的,那是通往阿根廷的非正式"埃利斯岛"[2],它从20世纪的第一个十年一直运营到20世纪中叶。在他的四位直系祖辈中,科塔萨尔只认识外祖母。

当时的阿根廷以农业和畜牧业为中心,它吸引了大量劳动力,是那些想要改善生活条件者的希望之地。这个国家充满机会,并提供了开发利用这些机会的条件,正因如此,政府于1876年10月颁布了法令,制定了外国人入境阿根廷的准则。20世纪初,阿根廷每十个居民中就有三个是出生在国外的移民。根据奥拉西奥·巴斯克斯-里亚尔[3]的说法,1881年至1890年,移民浪潮为阿根廷带来了841 122人(其中男性移民比例非常高),而1901年至1910年,这个数字翻了一倍多,达到了1 764 101人,其中

---

1 1977年,科塔萨尔在参加名为《深度》的访谈节目时,对主持人如此说道。
2 埃利斯岛是位于美国纽约州及新泽西州纽约港内的一个岛屿。与自由女神像的所在地自由岛相邻。埃利斯岛在1892年到1954年11月12日期间是移民管理局的所在地。许多来自欧洲的移民在这里踏上美国的土地,进行身体检查和接受移民官的询问。——译注
3 奥拉西奥·巴斯克斯-里亚尔是一位出生于阿根廷的作家和翻译家,后来主要居住在西班牙巴塞罗那。——译注

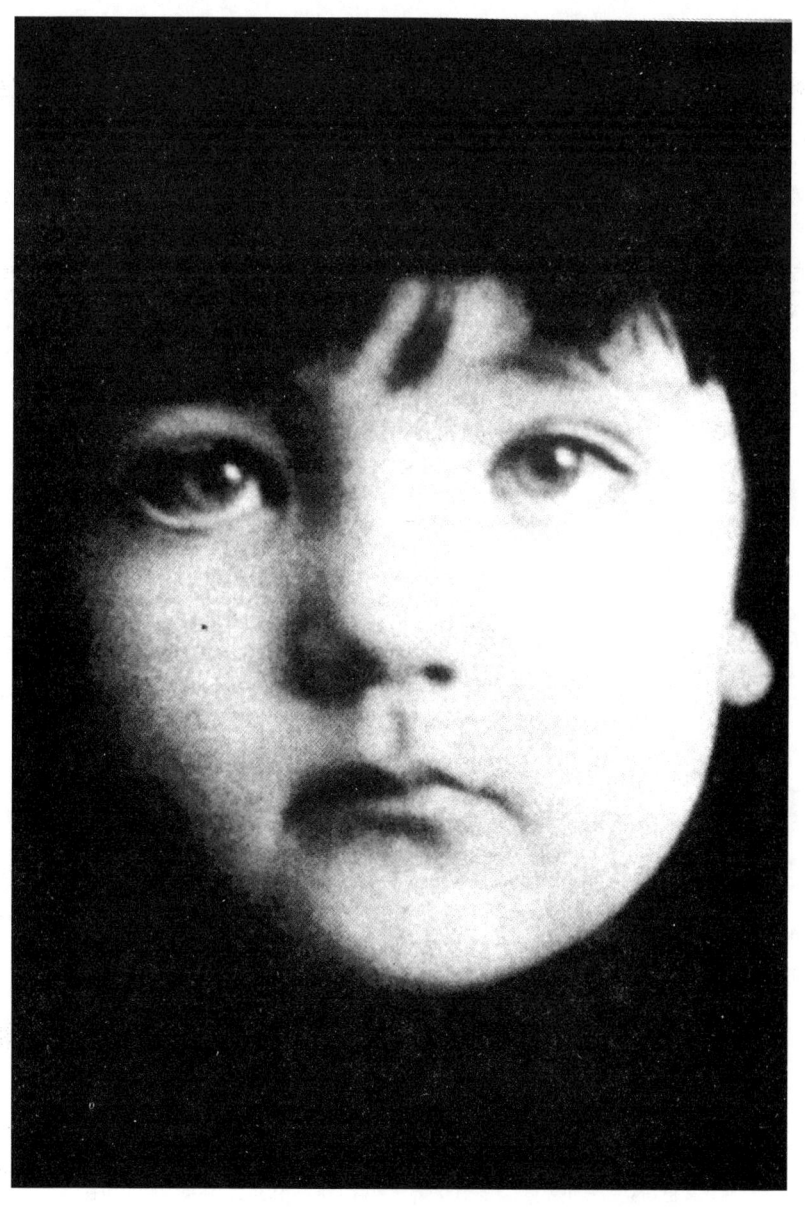

幼年时期的胡里奥·弗洛伦西奥·科塔萨尔

大约有百分之八十的移民人口定居在城市。

19世纪80年代象征着推动阿根廷国家发展的巨大助力。社会政治发展以及基于牛肉、小麦和绵羊养殖业出口的经济增长，使这个南美国家成为许多欧洲国家（首先是意大利和西班牙，其次是英国、德国和波兰）的公民眼中一个具有多种可能性[1]且充满吸引力的中心。不过，需要强调的是，开始出现在布宜诺斯艾利斯的这种相当迅猛的国际化风潮，并未出现在该国的内陆城市。我们指的是，模仿香榭丽舍大街和巴黎广场设计的街道，如佛罗里达街、迈普街、圣马丁街、苏伊帕恰街、埃斯梅拉达街、七月九日大道、巴勒莫公园、科连特斯街和五月广场等，这些也仅限于首都。

那个时期，布宜诺斯艾利斯正处于转型期，力图脱离西班牙殖民的遗留问题，并带有一种明显模仿法国生活和社会模式的倾向。这座城市是当时拉丁美洲最大的城市，与纽约并列成为美洲大陆最重要的大都会。正因如此，这个国家理所当然地成了移民的中心。对于这种不同种族之间的交融，科塔萨尔在采访中表示，混血现象是人类走向积极发展的道路之一。科塔萨尔本人便是在这种混血现象下诞生的，正如绝大多数阿根廷的社会成员一样，他们的名字里混合了不同的姓氏，这种幸福的融合源于他们截然不同的血缘背景。

一战结束后，科塔萨尔一家回到阿根廷，他们搬到了班菲尔

---

[1] "不能忘记的是，从1869年至1914年，这座城市的人口从177 787人增加到1 576 579人，大约是原来的9倍。同时，外来人口的数量增长幅度更大：从1869年的88 126人增加到1914年的964 961人，大约是原来的11倍。"——奥拉西奥·巴斯克斯-里亚尔，《布宜诺斯艾利斯1889—1930》，阿里安萨出版社，马德里，1996年，第262页。

德区，在罗德里格斯·佩尼亚街585号的一间房子里落脚，他们在那里一直住到了1931年，然后搬到了布宜诺斯艾利斯。他们住进了位于公园别墅区[1]、阿蒂加斯将军街上的一间公寓里。当时的科塔萨尔已经17岁了。住在班菲尔德的胡里奥和奥费利娅（他们的昵称分别是科科和梅梅）是两个带有浓重法国口音的孩子，他们喜欢文学和音乐。兄妹俩在那里生活多年，直到进入青春期才搬离。在班菲尔德的那座房子里，一个清晰可触的感官世界得以形成，日后在科塔萨尔的许多故事里反复出现。也正是他们在那座房子里生活的某一天，父亲突然离家出走了。父亲离开之后，所有的重担都落在了当时年仅26岁的母亲身上，她成为这个无助家庭的支柱，但经济状况非常困窘，这一点稍后我们会详细谈到。

班菲尔德的房子非常宽敞。屋子的正面有一扇门，还有五扇带有木制百叶窗的矩形窗户，除此之外，还有一个通往花园的入口（胡里奥对花园里巨大的栀子花情有独钟）。通向正门的四级台阶两侧有花饰栏杆，两根石柱支撑着覆有深色瓦片的屋顶。不过，更引人注目的还是宽敞的屋后花园。这个花园充满野性气息，到处是被遗忘的角落，正因如此，它才更具魅力。被爬藤植物覆盖、安放着摇椅、趴着猫的阳台是胡里奥最喜欢的地方。这是一座会让人迷失，也能让人找到时光记忆的房子。"我住的房子是那种堆满了属于父母、祖父母和曾祖父母的物品的地方，那些物品毫无用处，但仍然被塞在抽屉里。"科塔萨尔曾对奥马尔·普雷戈这样坦白道。对于正在探索世界的孩子来说，这座房子的每个犄角旮旯都散发着诱人冒险的气息。他在那些角落里找到了带有多个切

---

1 这个区在西面，在它附近还有卢罗别墅区、皇家别墅区、森林花园区、凡尔赛别墅区和德沃托别墅区……这是一个典型的中产阶级住宅区，被巴斯将军大道环绕。这条大道将科塔萨尔家所在区域与联邦区划分开来。

胡里奥和奥费利娅——科科和梅梅——是一对出生在欧洲、带有法国口音的兄妹。奥费利娅比胡里奥年幼，最终在80多岁时去世

班菲尔德家中的花园。胡里奥、奥费利娅和鲁德辛多·佩雷拉·布里苏埃拉。鲁德辛多是他们的邻居，一位退役军官，后来他的三个儿子与胡里奥家结亲：一个儿子娶了奥费利娅，另一个娶了胡里奥的姨妈恩里克，第三个娶了胡里奥的母亲埃米尼亚

面的香水玻璃瓶塞,"当你透过它们望向周围的时候,你会发现同样的东西被折射成了五十个影子,它们像是会折射或是反射光线的彩色玻璃,又像是能让你眼前事物变大或缩小的眼镜片或是望远镜玻璃镜片"。如我们刚才提到的那样,这座房子在他的许多故事中都出现过,特别是在《动物寓言集》《游戏的终结》和《毒药》这些作品中。这些故事的主旨在于体现童年到青春期的过渡,并带有强烈的自传色彩。这座房子展现了科塔萨尔特殊的感知力,还有他与神奇事物的联结。

从最开始,我的家就已经是一种典型的哥特式的布景了,不仅是因为它的建筑风格,还因为那些在物件和信仰中逐渐积累的恐惧,它们还在阴暗的走廊和成年人饭后的长谈里显现。在家里出入的都是些简单的人,他们的读物和迷信为一种模糊不清的现实蒙上了神秘的色彩,正因如此,我从幼年时期开始就知道,满月时狼人会出现,曼德拉草是一种致命的植物,墓地里会发生可怕的事情,死人的头发和指甲会无休无止地生长,而且,我们家的房子里有一个无人敢去的地下室。[1]

班菲尔德四个字取自英国铁路公司前负责人爱德华·班菲尔德的姓氏——正是这家公司建立了阿根廷的国家铁路网。住在这里的居民会将这个姓氏的发音西班牙化,并加上重音[2]。班菲尔德区属于萨莫拉山麓地区,它位于首都布宜诺斯艾利斯的南部,与港口区接壤,距离首都约15千米。当时的布宜诺斯艾利斯内部分

---

[1] 《胡里奥·科塔萨尔:终了之岛》,海梅·阿拉斯拉基等编辑,乌尔特拉马出版社,巴塞罗那,1983年,第65页。

[2] 科塔萨尔就给它加了重音。

散着2 460个群租房片区——成千上万的省内居民和外来移民在里面生活，在极其恶劣的条件下挤作一团（每间22平方米的小房间里住着五到十口人），但班菲尔德并不属于群租房区域，它是一个小镇，生活着不到五千名居民。如今，班菲尔德已经被城市区域吞并。

  班菲尔德是一座带有教堂的小镇，但教堂很小。它也有自己的公立学校，规模同样很小。与此同时，它还有自己的镇政府和本地足球俱乐部——班菲尔德竞技足球俱乐部。俱乐部成立于1896年，又称"南方钻头"，是阿根廷足球先锋之一。如果要问班菲尔德有什么新颖的建设，那么可以说，随着时间的推移，班菲尔德创建了阿根廷首个童子军组织——胡安·加洛·拉瓦列童子军团，它也是世界第一批出现的童子军组织之一。同样，班菲尔德的居民们自1897年开始就阅读《联合报纸》这份地方报纸，它是由菲莱蒙·纳翁和维克托里奥·雷诺索推动创办的，并于20世纪20年代开始由路易斯·西西利亚诺掌管。正如科塔萨尔曾说的那样，班菲尔德不是人们口中常常提到的"城郊"，而是一个"远郊"地区。准确地说，它位于所谓的布宜诺斯艾利斯大都市区，也被称为布宜诺斯艾利斯南区。科塔萨尔的小说和文章中有大量提到班菲尔德的桥段，而下面这段，出自他的《不合时宜》，也许是他提到这个小镇的笔墨中最为怀旧的一段：

  小镇班菲尔德，土路纵横交错，南方铁路的车站矗立其间。五彩缤纷的蝗虫到了夏日午睡时分便开始在空旷的路面上涌动，而到了夜晚，小镇则像是害怕似的蜷缩在街角的几盏路灯旁。有时还能听到巡逻员骑在马上发出的哨声，而每盏路灯四周都环绕着成群的飞虫，形成一圈令人眩晕的光环。

班菲尔德的房子。正如科塔萨尔曾经说过的，班菲尔德并非布宜诺斯艾利斯的"城郊"，而是"远郊"。班菲尔德位于布宜诺斯艾利斯南部，靠近港区边缘。最吸引胡里奥注意的是房子的后院，它在作家的短篇小说《毒药》和《不合时宜》等作品中都有出现

  班菲尔德就是这样一个地方，带着许多如今在阿根廷已经逐渐消失的探戈歌词中形容的街区特质；它是一个极端状况的交会之地，既带有潜在的暴力，又有那种充满痞气的浪漫魅力，正因如此，它身上没有大城市郊区那种灰暗和工业化的无产阶级气息。这个地方与真正的大都会布宜诺斯艾利斯有着明显的区别；乘火车从这里到布宜诺斯艾利斯只有半小时的路程，但这里的社会面貌和生活节奏完全不同，毫无疑问，这里更加悠闲。班菲尔德成了天堂，而胡里奥则是它的第一个居民，他如同亚当，熟悉班菲尔德的蚂蚁，"那些黑蚂蚁见什么吃什么，它们会在田里、在墙基里，还有房子沉入地下的那个神秘角落里筑巢"。

  这句出自小说《毒药》的文字承载了科塔萨尔大量的个人经历，而他本人也在不同场合说过这样的话。我们可以想象20世纪

20年代的班菲尔德拥有怎样的氛围：装满日用品的马车行驶在没有铺路石的街道上，房屋的花园篱笆上垂挂着茉莉、桃树和女贞树的枝条，它们有时甚至会垂落在人来人往的路面上，而行人才是街道真正的主人。班菲尔德的居民一般属于中产阶级或是中下层阶级，有些人身上带着没落家族残存的荣光（正如科塔萨尔的家族，但他们一家的地位仍要高于大多数乡邻），依然保持着特定的高级文化习惯，比如上钢琴课、读书、喝咖啡或马黛茶，将它们作为日常生活中的小仪式。这里还有骑马送奶、现场挤奶售卖的送奶工。尽管布宜诺斯艾利斯的五月大道在当时已经采用了以豪斯曼设计为灵感而设置的现代照明系统，但煤油照明的传统一直延续到了20世纪30年代。小镇的照明设施非常有限，或者更确切地说，只有角落才设有灯光，由此产生了阴影。十字路口的灯光带来了明暗对比，如科塔萨尔所说，那样的照明系统以同等力度滋润了爱情，也滋生了犯罪。对于孩子而言，班菲尔德呈现了魔法王国该有的面貌，而对于母亲来说，这一切引发了令人理解的不安。小镇生活虽然平静，但也充满了令人警觉的氛围，在这种不安的笼罩下（再加上家族遗传的慢性疑病症），科塔萨尔的童年被谨慎和担忧笼罩。亚瑟的王国在自家的庭院里无限延伸，与其他花园相连。这一切都是对日常冒险的邀请，对进入无尽幻梦的邀请。

渐渐地，这个三口之家熟悉了小镇的环境。随着胡里奥外祖母玛丽亚·维多利亚以及一位远房姨妈恩里克（她是胡里奥母亲的表妹）的加入，这个家庭逐渐壮大。这样的家庭结构在科塔萨尔的故事背景中极为常见，它的特征并非以母系社会为主导，而是父亲形象的缺失。这一点可以通过《病人的健康》一文举例说明。这篇小说中出现的人物有柯莱丽雅姨妈、玛利亚·劳拉、佩帕,还有罗莎。它所叙述的是关于这个家庭的儿子阿莱杭德罗死在蒙得维的亚,死讯却被家人隐瞒,不让年迈的母亲知道的故事。这种叙事非常有张力,特别是故事发展到文中的母亲去世不久,罗莎开始考虑如何将母亲的死讯告诉已故的阿莱杭德罗的时候。又或者是在之前提到的小说《不合时宜》中,出现的人物有多罗、阿尼瓦尔和萨拉,文中还描写了"夏天在炎热的午后与夜晚散发出的气味"。而在小说《毒药》中,作者明确地提到了罗德里格斯·佩尼亚街,里面出现的人物除了男主人公之外还有妹妹、母亲和祖母,还讲到了他们住的房子,故事围绕男主人公即叙述者发现表哥雨果与他所爱的邻家小女孩莉拉背叛自己这一情节展开,而讲述者正是胡里奥,或者说,是作家的另一个自我。

在班菲尔德,胡里奥·弗洛伦西奥开始观察这个世界。事实上,他在欧洲大陆留下的足迹以一种模糊、隐秘的方式回到他的身边,不过他关于那片大陆的记忆却逐渐朦胧。通过班菲尔德,胡里奥迈出了观察生活的第一步。在这个小镇,他成为主宰者,并感到自己与周围的环境融为一体。他四脚朝天地躺在种着玉米和西红柿的田地里,观察爬虫扭动,寻找幼虫和象鼻虫,闻嗅"如今再也无法闻到的湿土气味,树叶和花朵的香气"[1]。

从情感的角度来看,那是一个怎样的世界呢?科塔萨尔将其描述为一个表面繁盛,但实际并不幸福的宇宙和时代。一个忧郁而略带悲伤的世界。父亲的缺席忽然间显现出来,留下了痕迹。

1　此句出自《年龄和时间》,刊于杂志《荒地》。

作家将这一痕迹内化,并在作品中再现出来。他的叙述并没有直接剔除父亲这一形象,而是将其优雅地消除了,这也导致他的作品充满了我们前文所提到过的一种女性气质所主导的家庭氛围。如果我们在这方面进行大胆推测,那么可以说,父亲似乎因为生活中出现了另一个女人而离家,这被看作一场短暂的变故,而非创伤性事件。科塔萨尔接受了这件事,让生活继续向前。

当父亲永远离家的时候,科塔萨尔只有六岁。直到那个男人于20世纪50年代在科尔多瓦去世,他们才再次听到关于他的消息。科塔萨尔很少提及这件事,但他并非觉得不安,而是出于一种主观的遗忘。然而,从另一个角度来说,试图无视父亲的离去是荒谬的。无论是科塔萨尔还是当时年仅五岁的奥费利娅,他们都感受到了突如其来的空虚,他们凭直觉感受到,生活不只是由音乐课或是凡尔纳的作品构成的。他们尝到了被抛弃、被背叛的滋味。生活原来竟可以这样无助。怎么填补这一空虚呢?还好母亲——埃米尼亚夫人仍在身旁。

母亲、外祖母和姨妈的陪伴缓解了忧愁和孤独。因此,他得以在天堂般的花园里玩耍,与动物包括昆虫为伴。对于后者,他怀有一种思辨上的偏爱。他的喜爱针对的是昆虫本身,并没有昆虫学上的考虑。然后是哺乳动物,他差不多只喜欢猫。选择猫是出于道德上的考量,而植物只是舞台的次要背景。"从小我就对植物王国毫无兴趣;我从未清楚地区分过桉树和香蕉树;我喜欢花,但从不侍弄花园。不过,动物令我着迷:我逐渐发觉了昆虫世界和哺乳动物世界之间的相似性和亲缘关系。"

在所有的动物中,猫对科塔萨尔来说是一种图腾般的存在。从小他就与猫保持着一种非常特殊的关系,可以说是一种默契的共识和直接的沟通,因为他坚信猫清楚自己对它们的偏爱,这一点可以在他去有猫狗的朋友家时得到验证：狗对他的到来无动于衷，猫却会立刻寻找他、靠近他，并发出咕噜声。他在班菲尔德的家中养过一只猫，它是特奥多尔·W. 阿多诺[1]的祖辈，科塔萨尔时常在作品里提到它。然后是"法兰绒"，他的最后一只猫。法兰绒死于1982年，葬在巴黎画家路易斯·托马塞洛的花园里，后者是科塔萨尔的密友。"猫知道我是谁，我也知道猫是谁；无须多言，我们是朋友，说声再见，各走各路。"

科塔萨尔就读过的学校位于塔尔卡瓦诺街278号，离他家有八个街区远。有书面资料记载，科塔萨尔是一名用功的学生。如今，学校的大门上挂着的一块牌匾显示着科塔萨尔留下的痕迹："献给胡里奥·科塔萨尔，1928年毕业。拉美文学的荣耀。"当年的成绩单展示了胡里奥各科的学业成绩，得分均在9和10之间，唯独在劳动课程一栏得了6分。毫无疑问，这些优秀的学业成绩归功于他早已显示出的对阅读的偏爱。这一爱好在极大程度上帮助他理解各个科目。

阅读是一项多样化的活动。科塔萨尔幸运地接触到了"青少年宝库"丛书，那对他来说是无穷无尽的宝库，特别是其中《诗歌之书》的部分，他不知疲倦地沉浸其中。他也钟爱大仲马的《三个火枪手》以及儒勒·凡尔纳的小说，他终其一生都在反复阅读这些作品。没有人对他的阅读进行过指导或约束。他一头扎进他能够接触到的所有的幻想文学作品中：霍勒斯·沃波尔、约瑟夫·谢里丹·勒·法努、查尔斯·马图林、玛丽·雪莱、安布罗斯·比尔斯、古斯塔夫·梅林克和爱伦·坡等的作品。科塔萨尔是在阅读布兰科－贝尔蒙特作品的西语译本的时候发现了爱

---

[1] 科塔萨尔用德国哲学家、音乐学家特奥多尔·W. 阿多诺的名字给他的猫命名。——译注

伦·坡的魅力，这是一次重大的发现。他无法想象的是，数年后，在弗朗西斯科·阿亚拉的委托下，他会替波多黎各大学对这位波士顿作家的作品进行一次系统性的翻译，而这系列翻译作品于1957年在《西方杂志》中刊载。

学校、阅读和疾病，以及对网球运动的尝试都是他那一时期的主题——由于身高和左撇子的优势，科塔萨尔在网球运动中表现得还不错，尽管他从不全力以赴。淋巴结肿大、呼吸系统问题和发烧会迫使他卧床休息，根据传统观念（尽管并非完全正确），人们认为身体是躺着长高的，而非站着长高。由于在床上无事可做，他加快了阅读的节奏：朗费罗、弥尔顿、努涅斯·德·阿尔塞、鲁文·达里奥、拉马丁、古斯塔沃·阿道夫·贝克尔以及何塞·马利亚·埃雷迪亚等人的作品都被他阅读。到后来，他的阅读量大到惊人，以至于医生[1]建议他的母亲暂时禁止他阅读，并让他多去花园里晒太阳。

还有孤独，科塔萨尔能很好地适应孤独，在孤独中感到自在。他经常提到这份孤独感，声称自己生来就是孤独的体质，喜欢一个人待着，可以长时间独处。他从小就沉浸在家中温暖的孤独中，听着奥费利娅四处走动的声响，以及母亲在收音机上收听的迪谢波洛的探戈。不过，他身边也有朋友，但不多。与一般的孩子不同，科塔萨尔并不热衷于踢足球——这是孩子们最热衷的运动，对于足球队"博卡青年队"和"河床队"的小追随者来说尤为如此，班菲尔德运动俱乐部里的成员们就更不必说了，这点在一定

---

1 豪尔赫·R.戴斯查普斯在他的著作《胡里奥·科塔萨尔在班菲尔德：童年和青少年时期》（地理方向出版社，布宜诺斯艾利斯，2004年）中提到，提议胡里奥·弗洛伦西奥少读书、多晒太阳的是卡洛斯·J.佩德蒙特医生、曼努埃尔·里奇医生以及胡里奥·弗洛伦西奥所就读的学校的校长何塞·D.福尔吉奥内。

程度上限制了科塔萨尔的社交活动。他对玩"特洛伊攻陷"、投环或是"囚犯与守卫"之类的追逐游戏并不感兴趣。他朋友不多，但有深交的好友。科塔萨尔除了与他们在学校的操场上分食玉米面做的甜食，还会交流兴趣，交换书籍。这些也正是科塔萨尔另一面的反映，他成年后与巴尔加斯·略萨成为朋友，但后者提到与他无法亲近，因为"要维持与他的友谊必须遵循一套礼仪和规则"[1]，而这一描述使科塔萨尔的形象变得更为神秘而具有深度。

当我们阅读科塔萨尔自传中关于班菲尔德童年生活的部分，经常会注意到这样一个反复出现的主题：疾病的存在。奥罗拉·贝纳德斯，作家的第一任妻子，强调了科塔萨尔家族群体的疑病症，正如我们之前提过的那样，这是他们家族的一个特点。在这方面，我们有必要谈及奥费利娅明确发作过的几次癫痫，以及我们之前讲到的小胡里奥童年时期不稳定的身体健康情况。他的健康时常出现危机，特别是呼吸困难带来的困扰。这些都被视为对他产生影响的因素。科塔萨尔自己在谈及童年时期持续的忧郁状态时，经常会将它与胸膜炎以及哮喘的发作联系起来。在此基础上，大约20岁的时候，他被诊断出有一定的心脏功能障碍，但绝大多数的时候病症并未在他身上显现。另外，奥罗拉·贝纳德斯有几次提到了她对科塔萨尔病症的怀疑，还强调说，科塔萨尔对自身疾病的预料让她感到惊讶。这种预见性源于一种家族偏好，科塔萨尔和他的家人喜欢在家里储备药箱和药品，以应对突

---

[1] 此句话出自巴尔加斯·略萨为《科塔萨尔全集》所作的序言中（2000年由位于马德里的阿尔法瓜拉出版社出版），第15页。

发疾病[1]。

事实上，疾病，特别是加上与童年相关的背景，是科塔萨尔作品中非常典型的主题。科塔萨尔以疾病为手段，向我们展示生活的内在。他的许多作品都有涉及这一主题，例如《夜，仰面朝天》中那个躺在医院里的摩托车车手，他在梦境与现实之间挣扎；又如《噩梦》一文中陷入昏迷的梅察；《毒药》中患有胸膜炎的雨果；《科拉小姐》中诊所病床上苍白的少年；《哭泣中的莉莲娜》中垂死的狗；《从夜间归来》中呼吸困难的人物，还有我们上文已经提及过的小说《病人的健康》中的桥段。所有这一切都是他对日常现实的部分回应。而对于年轻的胡里奥来说，这些现实更多时候是通过阅读体验而非实际经验体现出来的——他对生活的体验正是来自那些早晨躺在床上，或者下午裹在毯子里，靠在窗边，看着窗外的天竺葵和九重葛的时光。

正如我们所提到的那样，科塔萨尔是一名无所不读且如饥似渴的读者。当他还在读五年级的时候，每当因为需要洗澡、整理房间或是参加钢琴课而被迫合上书本的时候，他都会感到沮丧。他必须放下达尼昂、阿托斯和阿拉密斯，面对日常要他遵守的规则，而这些现实规则是他一直斥拒、终生反抗的。他不仅吞噬了自己书架上的书籍，还侵占了家里的读物，吮吸着阅读的养分，这或许解释了科塔萨尔年轻时的个性的形成。他在成熟之后坦言自己是一个情感丰富的人，每每观看电影中细腻的场景，都控制

---

[1] 2010年，奥罗拉·贝纳德斯在她巴黎的居所向我提到了科塔萨尔家庭内部对疾病的敏感。她告诉我："奥费利娅从青春期开始就患有癫痫，因此几乎不出门，直到一位医生改变了她的治疗方案，指示晚上用药，情况才得以改善。此外，医生还建议家人让她外出工作。从那时起，奥费利娅才过上了正常的生活，但一切当然是在医生的监督下。至于胡里奥，家人让他相信自己患有某种轻微的心脏病，直到某一天，胡里奥自己意识到这种怀疑是没有根据的，才或多或少地克服了这种情况。"

不住要掉眼泪，这是他儿童时期大量阅读伤感文学的结果："总体来说，就像阿根廷所有小资产阶级家庭一样，我的家庭带有一点附庸风雅的气质。在我母亲偏爱的读物中有大量的可以称之为矫揉造作的文学作品，而我和所有人一样，读了这些书。"[1]

然而，除了长篇小说，连载小说和杂志（例如《为了你》、《每周小说》、《图文报》、《家庭》、《现代生活》和《玛利贝尔》），以及上文提过的书，他的阅读中还会大量渗入维克多·雨果的作品，埃德加·华莱士和塞克斯顿·布莱克的侦探小说，水牛比尔的冒险故事，H. G. 威尔斯的作品，甚至随着时间的推移，还加入了蒙田的作品或柏拉图的《对话录》。对于这样爆炸性的、多样的、无序的且引人入胜的混合阅读，科塔萨尔表示并不后悔，因为"在童年或是青年时期大量阅读的三流文学会留下一些主题素材和丰富的语言，还会向你展示出一些事物和手法"[2]。这一切都归功于他的母亲——一位不太挑剔但非常坚持的读者。

为了让自己和其他家人生存下去（科塔萨尔兄妹从1920年开始便失去了父亲，本应作为家中顶梁柱的男人不知所终[3]），成为单身母亲的埃米尼亚夫人不得不寻找工作。在当时风气极为男权主义的阿根廷社会中，那并非易事。那一时期的阿根廷先后处于伊里戈延和德阿尔韦亚尔的统治下，社会普遍认为女性外出工作是不妥当的，尤其是从事自由职业。至少非政府行政部门的工

---

[1] 奥马尔·普雷戈，《词语的魅力》，穆奇尼克出版社，巴塞罗那，1985年，第32页。
[2] 同上书，第44页。
[3] 后来人们得知，这位父亲于20世纪50年代去世，他生前一直居住在距家人800千米远的阿根廷境内的科尔多瓦省。政府向科塔萨尔的母亲通知了其丈夫的死讯，并告知她，由于夫妻间没有正式离婚，他们有权继承他在科尔多瓦省乡下的产业所带来的地租收益。胡里奥从一开始就很清楚：必须拒绝这份遗产。事实上，他们也没有接受这份遗产。

作都是不被看好的。在政府工作是另一回事。在行政系统里就职的性质是不一样的，虽然工资微薄，但正直而体面。有点类似于参军，是一种能带来社会地位的工作。人们可以接受、理解寡妇或是与丈夫分居的女人从事国家行政工作，并领取薪水。埃米尼亚·德斯科特通晓多国语言，除了西班牙语之外，她还会说英语、德语和法语。她要做一名翻译是完全没有问题的，然而，她却不得不将这种语言能力带来的职业晋升机会限制在一些基层行政岗位上。起初，她在位于卡利亚奥大道的一家退休基金保障所工作，后来成了一名手工艺课的老师。虽然工资微薄，但足以维持生计。

尽管日子过得捉襟见肘，但班菲尔德的生活在经济相对稳定的环境中展开。阅读带来的影响化为了科塔萨尔写作的动力。据索尔·尤尔基耶维奇所述，胡里奥因在说话时无法摆脱法语口音而被同学戏称为"比利时佬"。正是从那时候起，他开始写作。

在十号小学，从9岁到14岁，科塔萨尔一直在为他的女同学们写十四行诗。他的诗歌颇有当时连载读物的风格，基调忧伤；受那些老掉牙的叙事的影响，他的诗歌里充斥着古典美学元素，同时也闪现出现代主义的悸动与光辉意象。也正是因为这些意象和元素，科塔萨尔被家人（尤其是一位远房叔叔）指责抄袭，这一事件与他父亲的不忠构成了他人生中的两大创伤，它们过早地唤醒了科塔萨尔对生命的认知以及对不公的理解。正是这些创伤令他发觉了所有事物身上的不稳定性、暂时性和相对性；而也是在很小的时候，他就深刻地意识到了死亡的存在。所谓抄袭的指控带来的痛苦长时间地困扰着他。尤其是因为科塔萨尔的母亲，他到死都崇拜和钦佩的对象，也介入了这一事件，尽管是以一种间接的方式。

事情的原委是这样的：埃米尼亚将小科塔萨尔的一些文稿交

给他的一位远房叔叔评阅，那位叔叔说这不可能出自小科塔萨尔之手，他一定是抄袭了某本选集。胡里奥的母亲是一位极其敏感和温柔的女性，她感到犹豫不决，不知该如何评判。她知道胡里奥不会撒谎，但她还是要问个究竟。于是，她这么做了：某一天晚上，她来到胡里奥的房间——内心并非毫无羞愧，因为她明白这种怀疑和询问对胡里奥来说可能意味着什么——问他那些文稿究竟是他自己写的，还是抄袭的。"我的母亲怀疑我，我曾告诉过她那是我写的，但她竟然怀疑我，这是我童年所遭的重击之一，如同我意识到死亡为何物那一刻受到的打击，它们永远地刻在我的心上。"[1]这对他来说是童年时期巨大而可怕的痛苦：失去最亲密之人的信任。

他九岁时还写下了自己的第一部长篇小说。用他自己的话来说，那是一部充满眼泪的浪漫小说。他早期的短篇小说也同样故作深情而多愁善感。无论是诗歌、短篇小说还是长篇小说，他的文字里总是充满了美好的感情、可怕的悲剧元素、大量的眼泪以及19世纪的二元对立。

1982年的科塔萨尔在一份文件中提到了对早年经历的回忆，它再一次与班菲尔德产生了联系："在我的记忆里有一个墨水瓶，一支带有勺状笔尖的钢笔，冬天的班菲尔德，火炉和冻疮。那是一个黄昏，当时的我八九岁的样子，为了庆祝一位亲眷的生日，我写了一首诗。当时的我不太擅长写散文，日后也一直如此。尽管如此我还是写了一篇关于一条名叫'忠诚'的狗的文章，讲述了狗为救被恶棍绑架的女孩而牺牲的故事。写作对我来说不是什么稀奇事，我纯粹用它来消磨时光——消磨15岁前的时光，因为我计划15岁时加入海军，当时我认为那是自己真正该从事的

---

[1] 1977年，科塔萨尔在参加名为《深度》的访谈节目时，对主持人如此说道。

职业。不过，如今看来，事实并非如此。而且在当时，我每个梦想持续的时间都很短暂：我突发奇想要成为音乐家，却没有学习声乐的天赋（我姨妈曾说过），不过，我的十四行诗创作倒是十分完美。小学校长对我母亲说，我读书读得太多，要对我进行限制。从那天开始，我意识到原来这个世界上有很多白痴。12岁那年，我计划写一首浓缩整个人类历史的诗，当时写了20页关于旧石器时代的内容；我想，一场胸膜炎打断了这个家庭的天才计划。"[1] 综上我们可以看出，科塔萨尔在写作领域确实有超前的态势，不过在出版方面并非如此，值得一提的是，他1941年才发表了自己的第一篇短篇小说《德莉亚，来电话了》，那年他已经要28岁了。

从那个时候开始，胡里奥就发现了词句的游戏性，它们的解构性与可塑性，它们的模糊性，以及人类口中所谓的偶然和命运的存在，当然还有意外，不过他将其称为"奇妙事件"。他感受到世间存在一种飘浮的、进退自如的准则体系，它超越了亚里士多德的概念，并与之相融。"我很小的时候就有这样的感觉，现实于我不仅仅是老师和母亲教给我的那样，它是我可以通过触摸、闻嗅而确认的东西，它还受到那些我本不应察觉到的元素的持续干扰。"作家说道。关于现实的这两种体悟，它们彼此密切相关，关于前者，科塔萨尔回忆起自己小时候拆解单词的体验。这一经历在小说《跳房子》以及回环故事《萨塔尔萨》也有所再现。在后者的叙述中，他使用了几十个音节中只含有"a"音的单词。在病中用手指在房间的墙壁上写字构成了科塔萨尔的童年回忆之一：他伸出手臂，写下词语，看着它们在空中显现。对他来说，这些

---

[1] 胡里奥·科塔萨尔,《我这样写作》,刊于《等等》第345期。此文对应的是1982年由拉丁美洲编辑中心发起的关于当代阿根廷作家的调查。

词语已成为他的物神,是一种魔法。

文字之所以具有迷人力量,并非因其美学光辉,而是因其承载的游戏性和所具内涵,以及其身为魔法而与"奇幻之物"产生的共振。而这样的共振在"奇幻"与"现实"的关系中也会显现出来,关于这一点,我们稍后会继续说明。如同成年的胡里奥一样,年轻的胡里奥早已经感受到了文字魔法与奇幻之间的联结,这一点我们可以从下文他的评述中看出——这一评述描述了他的经历,是他亲身经历的众多类似事件之一。

在我人生的某个节点发生了一件事,它是我人生经历的构成部分。尽管任何一个理论家都会说这不过是一个纯粹的巧合。巧合,可疑的字眼。但对我而言,这一事件是一串符号,象征着一种超越我们自身的法则体系,这一体系具有一定的渗透性,它可以被感知,尤其是在经历它的时刻。我认识一个女人,我们没有任何关系,但我希望能与她建立联系。她对我也抱有同样的感觉。我们在地理上相隔甚远,长时间没有通信——对此双方都有各自的理由。在某个星期一的特定时刻,我在家中收到了这位女士的来信。她告诉我她在巴黎,希望能见我一面。那时我正在着手准备为期三个月的旅行,绝不愿意让这次见面变为典型的"酒店约会",然后分道扬镳。因此,我回信说这次我们无法见面,等我旅游回来后可以再安排相见。我知道自己的做法会令她难过,因为可能她更希望进行一次即兴会面,但我不想如此,因为我看待事物的方式不同。那天下午我将回信寄了出去,她应该第二天才会收到。当晚我和一名友人约好在玛莱区附近的剧院里碰面,因为不想早到,我故意在城市里游荡了很久。在某个街角我遇到了一个女人——那是拉丁区内一个相当昏暗的角落。我不知道为什么我们都停下来，望向对方。那个女人就是她。巴黎大约有900万居民，这位女士在不确定我是否身在巴黎的情况下寄出了她的信件；而无论我是否收到信，回信都要到第二天才会送到她的居所。而她住的地方离我家很远。从数学上分析，我认为这一切无法用亚里士多德的法则来解释。一系列事件、组合，引导着我们两个朝着同一方向走去，并在那个特定的时刻轨迹重合。[1]

弗朗西斯科·波鲁瓦，胡里奥·科塔萨尔的挚友兼编辑，强调说作家的生活中充满了这样的情节。科塔萨尔的小说集《万火归一》中收录了短篇《另一片天空》，故事是以古美斯拱廊街和薇薇安拱廊街为背景展开的。通过科塔萨尔与波鲁瓦关于此小说集封面和封底的著名信件交流中，可以发现他们在未经过事先商量的情况下，在插图的选择上达成了一致。在这一系列事件中，"偶然以及巧合屡见不鲜却又充满非凡的力量"，波鲁瓦评论道。

"胡里奥生活中的偶然是日常性的。每天都会出现一个信号。当这些信号、符号或是顿悟开始重复出现，它们似乎形成了科塔萨尔称之为'相'的星群。有一次，他在巴黎坐上了一辆出租车，开始与司机攀谈。他们谈到了偶然性。在友好的交谈之后，车辆到达了目的地，他们相互介绍起来。司机说：'我是胡尔斯·科尔塔。'他回答说：'我是胡尔斯·科尔塔-偶然。'[2] 当他从南美洲或者不知

---

[1] 此段话引自埃内斯托·冈萨雷斯·贝尔梅霍的《与科塔萨尔的对话》，埃德哈萨出版社，巴塞罗那，1978年，第45页。

[2] 司机和科塔萨尔的对话为法语。司机的姓氏为"Corta"，翻译为中文是"科尔塔"，而科塔萨尔的姓氏为"Cortázar"，这个姓氏根据西语读音可拆分为"Corta-azar"，而"azar"在西语中有"偶然"的意思。——译注

什么地方来到西班牙的时候,有两名西班牙作家在等他。其中一人名叫拉斐尔·孔特,而另一人名叫费利克斯·格兰德。而他当时乘坐的恰好为'孔特·格兰德'号。而他与自身创作的短篇小说之间的关系也是很奇妙的。《万火归一》中包含一篇名为《给约翰·霍维尔的指令》的小说,作品出版后,一位名为约翰·霍维尔的纽约读者写信给科塔萨尔,声称文中的故事发生在了他的身上:他被人拉上了舞台,不得不逃走。在《跳房子》这本小说中,有一些人物是隐藏在情节和叙事中的。里面提到一位钢琴家,名为贝尔特·特雷帕。这个名字是虚构出来的。就在《跳房子》出版后,或是即将出版的时候,布宜诺斯艾利斯的报纸上刊登了一篇报道,内容是关于一名赢得了女子国际象棋比赛冠军的女士。冠军名为劳拉,姓什么科利恰尼,大概就是类似这样的一个意大利姓氏。她在报道中谈到了自己的志向:'我真正的志向是弹钢琴,是音乐。'现在,她叫劳拉·科利恰尼,但名字中间多了'贝尔特·特雷帕'这对姓氏:劳拉·贝尔特·特雷帕·科利恰尼。贝尔特·特雷帕就藏在那儿,她就是《跳房子》里的钢琴家。"[1]

无论如何,我们面对的是现实与幻想的同构性,这一点在此段中只是隐约提及,稍后我们会详细讨论。这种现实与幻想的同构性在科塔萨尔的作品中经常出现;然而,在班菲尔德,小胡里奥·弗洛伦西奥只是以一种直观的方式接近这种同构性,其中并没有理性主义的介入——如果"理性主义"这个词语在他的作品中可能存在的话。幻想作为现实生活的延展或是日常生活的逆转,给奇幻事件留下了空间。在这一时期,科塔萨尔产生了这样的感觉:幻想栖息于日常之中,而他对幻想的感知与周围人的想法并

---

[1] 卡莱斯·阿尔瓦雷斯·加里加,《ABC文化报》,马德里,2000年12月9日。

不一致。具体来说，是在学校发生了一些事情：科塔萨尔曾把一本凡尔纳的小说借给了一位与他有着相似阅读习惯的同学，他自认为那本书非常好看。两天后，那位同学带着某种不屑的态度将书还给了他，评价说那本书太过于脱离现实。这是他童年时期最为悲伤的回忆之一。

"奇怪的是，这本书并不是什么科学预言小说，而是一部幻想文学作品，因为其中涉及了隐形人的主题。后来这个主题在威尔斯的书写下声名鹊起，我完全沉迷其中。在阅读的情境下，隐形人的存在对我来说似乎是可能的。那天，带着孩童的懵懂无知，我忽然明白了，我眼里幻想的概念与我母亲、妹妹、其他家人以及同学对此的概念全然不同。我发现自己自然地游走在幻想的世界里，并未刻意将幻想与现实分隔开来。"

这是一种辨别性认知的前兆，随后形成了清晰的形态，这一点在科塔萨尔的多数短篇小说中可以找到对应。事件的双重构成以及其在读者中引起的陌生感，给人留下的印象是幻想"绝对是非同寻常的，这点毋庸置疑，但它的表现形式未必与包围我们的现实有所不同。幻想可以在事物不出现显著变化的情况下发生。幻想事件发生一次就不会再重复；可能会发生另一个事件，但之前的情况不会再出现。相反，在一般规律下，一个原因会产生一个结果，而在相同的条件下，同样的原因可以得出同样的结果"[1]。

14岁那年，胡里奥完成了小学学业，紧接着他在布宜诺斯艾利斯的翁塞区马里亚诺·阿科斯塔师范学校注册。就这样，他成了一名师范生，目的是拿到小学教师资格证书。在当时的阿根廷，师范教育不属于大学教育，现在仍不属于。几年后，也就是在他18

---

[1] 此段话引自埃内斯托·冈萨雷斯·贝尔梅霍的《与科塔萨尔的对话》，埃德哈萨出版社，巴塞罗那，1978年，第42页。

岁的时候，他获得了教学资格。又经过了三年的深造，他获得了文学教师的资格。科塔萨尔本人喜欢强调介词的作用，因为他获得的是"文学教师"（profesor de letras）的资格，而不是"在文学领域的教师"（profesor en letras）资格。从一开始他就对此很不满意，但有了它，他才有资格在中学任教。据科塔萨尔本人所言，这个东西让他变成了万事通，因为他必须教授几何、历史、地理、公民教育、语法和逻辑。"我成了货真价实的万事通，但我并不是很欣赏这种层面上的万事通。"[1]

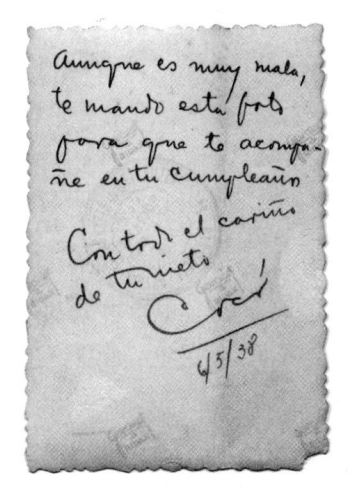

1938年拍摄的胡里奥照片，时年24岁　　年轻的胡里奥在照片背面手写的文字

在马里亚诺·阿科斯塔学校度过的时光并没有在学习方面为科塔萨尔带来实质性的智识增长。或者说他的进步并非学校提供

---

[1] 1977年，科塔萨尔在参加名为《深度》的访谈节目时，对主持人如此说道。

的，而是他日益增长的阅读量提供的——每天都随着人名和作品的扩展而触及更多内容。入学一年后，胡里奥开始明白自己很难在这里获得丰富的书目，也无法收获什么深刻的友谊。当时与他交往相对密切的人有弗朗西斯科·雷塔（绰号"小猴子"）、爱德华多·A.容基耶尔、丹尼尔·德沃托、爱德华多·A.卡斯塔尼诺、阿道夫·坎西奥和奥西里斯·D.索尔代利。最后两位在1937年作为教师同事与科塔萨尔再次相遇于玻利瓦尔国立学校。然而，在那里，索尔代利与科塔萨尔保持的更多的是一种无法避免的（且随着时间推移而冷淡的）同事关系，而非友谊。

虽然马里亚诺·阿科斯塔的教学模式享有盛誉，在布宜诺斯艾利斯地区得到广泛认可，但科塔萨尔对此并不满意。他声称这所学校是一个彻头彻尾的骗局。由于学校过于重视经典性和权威性，在科塔萨尔就读的七年时间里，有超过一百位老师给他上过课，但他们都没有发掘科塔萨尔身上的任何天赋。有两位老师是例外，一位是教授希腊文学和西班牙文学的阿图罗·马拉索，另一位是教授哲学和逻辑学的老师文森特·法托内。他们逃过了科塔萨尔直接而尖锐的批评。还有一位被历史铭记在册的是负责教育学的老师哈辛托·库卡洛。出于友谊，科塔萨尔将自己的短篇小说《小公牛》（收录在短篇集《游戏的终结》一书中）献给了他。"其他八九十位老师像鹦鹉一样重复着课程内容，而我们也必须重复。"[1] 科塔萨尔始终铭记着马拉索和法托内老师，他深深地怀念且感激他们："因为他们是真正的老师，能够迅速发现学生的兴趣，并尽力帮助我们，激励我们。"[2]

在马里亚诺·阿科斯塔求学期间，他还重新发现了布宜诺斯

---

[1] 奥马尔·普雷戈，《词语的魅力》，穆奇尼克出版社，巴塞罗那，1985年，第31页。
[2] 同上书。

艾利斯这座城市。对他来说，这些城市（巴黎和布宜诺斯艾利斯，或者说，布宜诺斯艾利斯和巴黎、伦敦、罗马。按这个次序排列）宛若情人。在那些年，布宜诺斯艾利斯处于真正美丽的时期。这位年轻、瘦削且身高在当时就已经非常显眼的年轻人，会探索城市的每个角落，并迷失其间。他在这座城市漫游，而当他1949年第一次到达巴黎的时候，他也将如此漫游。

每个下午，他都逐渐地深入布宜诺斯艾利斯的腹地。从宪法广场出发，乘坐地铁，抵达各种各样的糖果店（如"卡斯"、"谱系"和"雄鹰"），沿途有各种卖炸馅饼、甜面包和甜奶夹心饼的流动摊贩；报童叫卖着最新一期的《新闻报》，成千上万的公交车穿梭于街头；优雅的圣菲大道上坐落着圣马丁广场，广场上遍布着19世纪的建筑。北对角线街和埃斯梅拉达街交会的十字路口有商店、酒吧和文具店（如准时文具店），有轨电车紧贴着人行道行驶，让人不禁怀念起从前骑马摇铃为电车开路的工人。科连特斯街从雷孔基斯塔一直延伸到共和国广场，巨人雕像就矗立在街角，走在其间仿佛置身于曼哈顿中心。男人们戴着礼帽，或船工帽，而女人们则穿着白色皮鞋和修身套装。罗克·萨恩斯·佩尼亚大道和苏伊帕恰街（"您去了巴黎，我住在苏伊帕恰街上的公寓"[1]）尽显庄重，而大都会大楼则令人联想起纽约的熨斗大厦。巴托洛梅·米特雷大街与迈普街交叉口的一带布满了服装店（穆罗服装公司）以及小买卖铺子，还有无序穿行的马车和行人。河岸边的夜间烟火和海滨大道上的大众舞会由城市广播电台转播出去。还有国家剧院——弗洛伦西奥·帕拉维奇尼和巴卡雷萨领导的剧

---

1 原文出自科塔萨尔小说集《动物寓言集》中的《给巴黎一位小姐的信》。

团[1]活跃于其间,科隆剧院、喜剧剧院和斯马特剧院。除此之外,还能见到各种报刊亭、阿根廷商店、拉法沃丽塔裙装和家居服店、草鞋店、药店、水果店和台球厅——例如瑞奇温顿好序台球厅、学院台球厅和电流台球厅,它们都位于科连特斯街的电影院附近(20世纪30年代,布宜诺斯艾利斯有超过160家电影院)。电影院的门卫戴着白手套,穿着带有金色纽扣的制服和军帽。佛罗里达街上是随处可见的金融办公室,而圣马丁街上也有银行和换汇处。还有托托尼咖啡馆、命中咖啡馆、军舰咖啡馆和皇家凯勒咖啡馆,以及每周六晚上都举办拳击赛的月亮公园。那时候是路易斯·安赫尔·菲尔波("潘帕斯的野牛")、胡斯托·苏亚雷斯("马塔德罗斯的小牛")、胡里奥·莫科罗亚、何塞·M.加蒂卡或帕斯夸尔·佩雷斯("门多萨的狮子")的时代,他们都在国家拳击史上留下了属于自己的印记。城市里还遍布着各种小巷,如古夫拉小巷、德芬萨小巷、阿尔韦亚小巷、步行小巷和太平洋小巷,但最著名的还是古美斯拱廊街,它位于佛罗里达剧院旁,无论白天还是黑夜,那里都是人头攒动:"在1928年那会儿,古美斯拱廊街就像是堆满宝藏的山洞,罪恶的暗影和薄荷片饶有兴味地交织在一起,高声叫卖的晚报整版整版登的都是犯罪新闻,地下影院闪着亮光,放映的是难以企及的色情影片。"[2]布宜诺斯艾利斯以及它带给科塔萨尔的体验,是一种与世界的孤独相遇——它总是

---

1 弗洛伦西奥·帕拉维奇尼(Florencio Parravicini)和巴卡雷萨(Vaccarezza)领导的剧团在20世纪初期非常有名,主要演出探戈剧和其他社会题材的剧本。帕拉维奇尼和巴卡雷萨都是阿根廷戏剧界的重要人物,他们的剧团在布宜诺斯艾利斯及其周边地区享有很高的声誉。——译注
2 文段摘自科塔萨尔短篇集《万火归一》中的《另一片天空》。
译文引自《南方高速》,[阿根廷]胡里奥·科塔萨尔著,金灿、林叶青、陶玉平译,南海出版公司,2017年。——译注

能中和孤独的苦涩，在他身上留下深刻烙印，与此同时深深地激励着他。这座城市在他与之正式告别后的33年里一直陪伴着他。但如果当时他放弃了法国政府授予他的1951—1952年度在巴黎学习的奖学金[1]，留在了布宜诺斯艾利斯，那么他对这座城市的书写或许会少许多。

那就是他在师范学校学习期间的收获。除此之外，还有对罗伯特·阿尔特作品的阅读，他那犀利而真实的话语，如同鞭子一般有力。他将鲜活的俚语引入到叙事中，文本中的黑话颠覆了拉雷塔主义美学。接下来读的是博尔赫斯，然后是马雷查尔的《亚当·布宜诺斯艾利斯》，这一切在日后都成了科塔萨尔学习的范本。在马里亚诺·阿斯科塔学校那些保守而封闭的课堂里，莱奥波尔多·迪亚斯和"深切灵魂"[2]的诗歌，米格尔·卡内和欧亨尼奥·坎巴塞雷斯的叙述，罗伯托·J.派罗的乡村现实主义，以及里卡多·吉拉尔德斯或是吉列尔莫·E.哈德森的传统批判主义，有些被淡化，有些被保留。所有正统的、僵化的观念或许都将驻留于此，科塔萨尔注定将目光投向别处。他身上展现出的特质已经预示了未来胡里奥·科塔萨尔的风格概念，这一概念无论是在

---

[1] 2010年，位于巴黎国际大学城的阿根廷之家的主任亚历杭德拉·H.比尔金友好地批准了我查阅当年科塔萨尔的住宿申请文件的请求。这份文件表明，科塔萨尔于1951年8月10日写信给当时"阿根廷馆"的主任奥拉西奥·豪尔赫·格里科，自我介绍说是一名作家，已经出版了两本小说，《国王》和《动物寓言集》，此外还负责对约翰·济慈的作品进行全面研究。他在信中表示："法国政府已授予我1951—1952年度的文学研究奖学金，我打算在11月初抵达巴黎；当然我非常希望能够入住巴黎国际大学城的阿根廷之家。"他在信中提到他"对法国的诗歌和小说特别感兴趣，并将在让-玛丽·卡雷教授的指导下研究一些英法文学的交叉，这些年来我一直在研究这些内容"。由于没有收到回复，差不多过了一个月，科塔萨尔再次写信给格里科。这两封信都署有"胡里奥·弗洛伦西奥·科塔萨尔"的签名，地址是布宜诺斯艾利斯拉瓦列街376号12C。

[2] 这是阿根廷诗人佩德罗·博尼法西奥·帕拉尔迪的笔名。——译注

布宜诺斯艾利斯，佛罗里达街，位于科尔多瓦与比亚蒙特之间。自20世纪初以来，这座城市及其居民展现出的浓厚欧洲风情和优雅气质，显而易见地体现了其国际化特征

布宜诺斯艾利斯。苏伊帕恰街与北对角线街、罗克·萨恩斯·佩尼亚大道的交会处

布宜诺斯艾利斯，位于罗克·萨恩斯·佩尼亚大道上的一座独特建筑

词典，还是在皇家语言学院的论坛里都没有占据一席之地。正如他多次回忆的那样，风格并不是书写水平的问题，而是对真实本质的把握，是对叙事真实性的回应——反映了街头人们的表达方式和语言。新的叙事语言和结构，远离刻板印象和标准化的表达。这是他的追求，也是他创作之旅的方向。

以上的这一切我们会在他的小说《考试》[1]中看出端倪，书中的人物胡安、克拉拉、安德烈斯和斯特拉等人终日在布宜诺斯艾利斯的街头游荡。该小说是后来他在巴黎写就的作品《跳房子》的雏形。然而，由于编辑目光短浅、缺乏热情且保守，这部小说因其语言和结构上的独特性而未被接受，尽管科塔萨尔认为这部作品的完成度值得在50年代初（这部作品创作于1950—1951之

---

[1] 小说出版于1986年，作者逝世的两年之后。

间）出版。然而，我们可以说，那时科塔萨尔的创作就已经初具雏形，尽管当时他主要创作的是诗歌，并且仍在实践着一种非常考究且过分修饰的十四行诗风格。不过，当时的他还受到兰波、马拉美或是聂鲁达的影响，并且追随他们的风格（尽管他远未料到自己会于1972年在位于诺曼底的拉曼克尔庄园与聂鲁达相遇）。

    从这个时期开始，科塔萨尔萌生了对拳击的兴趣。他对拳击的爱好，一直以来都让读者觉得不可思议。对于科塔萨尔这样一个反对一切形式的暴力的人来说，这种兴趣听起来完全不符合他的心理和文化特征。似乎追随这样一种被认为是极为堕落和血腥的运动的科塔萨尔形象，与那个心思细腻、敏感，关注生活内在的胡里奥·弗洛伦西奥的形象无法产生联系。这种形象既不符合少年时期的科塔萨尔，也不符合成年后的科塔萨尔。但这是事实。科塔萨尔本人也多次解释过拳击对他来说意味着什么，以及它到底在哪一点上吸引了他。

    也许，当我们将视角置于那个年代，科塔萨尔的这个爱好就更好理解了。那大约是1923年，当时的报纸版面充满了有关拳击的新闻——无论是阿根廷拳击还是世界其他地区的拳击。广播电台也会对拳击比赛进行实况转播。科塔萨尔总是说，他童年和青年时代的拳击与他步入成熟期之后的拳击是不一样的。在不同的时代，拳击方式也有所不同。无论以何种方式，它都会流露出一种宽容的姿态，因此，随着时间的流逝，浪漫主义的光辉早已失落。然而，无论如何，拳击手们在20世纪20年代和60年代都是备受瞩目的，正如作家在某个时刻承认的那样。另一个原因在于拳击的氛围非常具有文学性，像是内容极为丰富的风俗画卷，充满了各种可能性，是一个群像式的符号，非常适合用来充当故事背景和描绘放纵的角色。它后来也成为电影的主题。

"那是拳击最后的时代,是它作为一项运动的最后一个辉煌阶段,因为从那时到今天,它一直在走向衰退,逐渐消失。现在仍然有优秀的拳击手,但无法与那个年代的相提并论,当时的观众比现在更加专注。"作家在 20 世纪 80 年代对奥马尔·普雷戈如此说道。"那个年代还没有电视,人们听收音机,听转播或听解说员描述他所看到的赛况。我和其他人一样,就听着。就这样一直到了 30 年代,或者更确切地说是 1930—1932 年,我开始去体育馆观看拳击比赛,看到了许多大人物,见证了阿根廷的伟大拳击。"数年后,在 30 年代末,科塔萨尔有一次与路易斯·安赫尔·菲尔波同乘一列火车,从布宜诺斯艾利斯前往奇维尔科伊。安赫尔·菲尔波曾是重量级冠军,他那时已年过 40,身材发福,岁月战胜了他,生活也击败了他。曾经的王者,如今被废黜。这是对辉煌过往的怀念。科塔萨尔犹豫着是否要上前打招呼。那是路易斯·安赫尔·菲尔波,一个带着被打碎的鼻子的神,如今已经有了双下巴,像公牛一样粗壮的脖子。但他仍然是菲尔波。作家未能克服自身的羞怯,他咬了咬嘴唇,错过了与他交谈的机会。那时候,距离 1920 年菲尔波与戴夫·米尔斯的对搏已经过去了很久。当时,他击倒了米尔斯,获得了南美冠军的头衔;而那场败给杰克·登普西的不公正比赛也过去很久了。那是在纽约的波罗球场,登普西在第一回合被击出拳台外,停留了 17 秒。[1]这场比赛几乎成为举国上下的情绪宣泄[2],因为按理来说,根据登普西在场外停留的时间,他理应被判定为输家。然而,在阿根廷人眼中,

---

1 这场比赛被《拳击杂志》评为 1923 年度最佳比赛。——译注
2 科塔萨尔曾在短篇小说《奸诈的女人》一文中提过这场比赛。小说收录于《动物寓言集》。

菲尔波还是摇身变为了一个活生生的神。他通过这场比赛赢得了超过15万美元，这笔巨款帮助他投身于农牧事业。尽管科塔萨尔的短篇小说《小公牛》的灵感来源于另一位英雄，胡斯托·苏亚雷斯——这位曾问鼎阿根廷轻量级冠军的选手在与比利·佩特罗利对擂的比赛中失去了一切，但菲尔波同样可以成为这篇小说角色的原型。这头"小公牛"以及他作为被废黜之王的独白，后来出现在了小说集《游戏的终结》中。

在童年时期，科塔萨尔对拳击产生了独特的看法，这一看法过滤了这项运动中血腥、残酷和无情的一面。忽视这些方面是很艰难，但无论如何，如作家所说，它们是他在拳击比赛中最不感兴趣的部分。"吸引观众的总是那种强力型拳击手，他们依靠蛮力向前进攻，并最终获胜。但我对这种类型的拳击手一直兴趣寥寥。始终让我感到着迷的是那种能够凭借闪避和技巧将对手置于劣势的拳击大师。"[1] 这一点成为他在以拳击为题材的小说中引入的重点：从上文提到《游戏的终结》中收录的《小公牛》，到《不合时宜》中的《第二场旅行》，再到《有人在周围走动》中的《"黄油"之夜》，以及他用拳击专用术语命名的作品《最后一回合》。

上文提到的《小公牛》以指示性的独白写就，支离破碎，如同发出这呓语之人的内心。里面充满了阿尔特式的阿根廷俚语，成功地描绘了伴随着这个世界的充满幻象的凄惨生活氛围。它可能是以上几篇作品中最好的一篇。在另外几部小说中，可以观察到对同一个失败世界的新浪漫主义式的再造。它们明显受到了20世纪30年代美国电影的影响。那个时代的美国电影都属于黑色电影，科塔萨尔充分利用了这一点，多次向它致敬。实际上，确实

---

[1] 奥马尔·普雷戈，《词语的魅力》，穆奇尼克出版社，巴塞罗那，1985年，第73页。

如作家所言，小说与50年代后的拳击关系不大。60年代全民心态的改变将拳击带走了。从那时候开始就很难接受和解释说拳击是一项运动，而且还是一项干净的运动：两个家伙在拳台上相互殴打，除了对拳击手造成身体和心灵上的伤害，观众还会觉得这一切很羞耻。"拳击已经死了（只要想想卡修斯·克莱是世界冠军就够了）。"作家在1964年这样说道。

1936年，科塔萨尔在布宜诺斯艾利斯大学的哲学与文学系注册入学，该校位于比亚蒙特街430号。当时阿根廷的社会经济状况远非稳定，这一点在家庭经济中的体现尤为明显。胡里奥的想法是获得学士学位，但国家局势动荡不安。伊波利托·伊里戈延的民粹主义在1930年的政变中走向衰败。这场政变由民族主义将军何塞·费利克斯·乌里布鲁领导，开创了军事武装干预的先例。结果，寡头政权获得了特权，而中产阶级和社会最为弱势的群体受到了持续的压迫。总体来说，这段时期被称为"臭名昭著的十年"。在1936年到1937年的这两年间，政府明面上的首脑是阿古斯丁·P. 胡斯托将军。

此外，在全球经济危机影响下，阿根廷对外贸易量的下滑，西班牙发生的血腥而悲惨的战争（众所周知，阿根廷总统以及多位部长对佛朗哥的反叛军有意识形态上的支持倾向），再加上对这一切不过是国际冲突试验场的预感，这位年轻的作家受到了影响，他意识到自己不能继续求学了：在他看来，拥有中学的执教资格，且有机会从事专职工作，在此情况下还让家庭负担学费是不公平的。于是，他决定接受圣卡洛斯·德·玻利瓦尔国立学校的教职。这所学校位于潘帕斯草原的一个小镇，距离首都360千米。

由于阿根廷幅员辽阔，距离几乎都是以几百千米来衡量。从这个角度来说，玻利瓦尔学校并不是世界的尽头。即便如此，科塔萨尔依然觉得这是一种放逐，仿佛被下放到了火地岛上的乌斯怀亚[1]。1937年秋天，更具体来说是6月12日清晨，科塔萨尔抵达了玻利瓦尔学校。就这样，他成了家里的主要经济支柱。后来，他的母亲和妹妹也曾几次前往那个他生活和工作的地方。她们坐火车沿着与他相同的路线去往那里，路上花了8个小时。

从布宜诺斯艾利斯到玻利瓦尔的变化起码是令人震惊的。举个例子，像是一下子从每晚7点时分的科尔多瓦大街与比亚蒙特街喧闹的交会路口，来到了小镇僻静的广场——同样都是7点，在这里只能听到教堂单调的钟声。这一切无疑是一场剧烈的变迁。

当然，从这个意义上说，班菲尔德更接近于玻利瓦尔而非布宜诺斯艾利斯。然而，在那个时期，科塔萨尔的生活已经完全融入了首都的大都会式文化中。值得探究的是，在玻利瓦尔的居住岁月到底给他带去了什么，以及在后来的诗集《存在》中，他本人到底在多大程度上试图将他那些年的经历掩盖在时间的洪流里。关于这一点，我们很快就会看到一些证据。

作家在比斯开旅馆下榻，招牌上缺少重音符号（尽管在信件中他又加上了）[2]，他害怕自己会变得和小镇居民一样。这间旅馆是一栋建于19世纪末的大宅，最初的经营者是一位巴斯克人，他当时怀念着家乡的坎塔布里亚海、可烹制成美食的鱼下颚，还有那里潮湿的风景。"这里的生活让我想到被轧路机碾过身体的人。

---

1 乌斯怀亚是阿根廷火地省的首府，位于大火地岛南岸，坐落在群山环抱之中，远眺比格尔海峡，被认为是世界最南端的城市。——译注
2 按照西班牙语发音规则，如果不加重音符号，单词的重音会移位。但有时候在商业广告牌或招牌上，为了简洁美观，人们会把这个重音去掉。科塔萨尔在信件里提到这个单词时，补全了招牌上省略的重音符号，可见他对于文法的严谨。——译注

唯一的逃生之法就是关上所居之处的房门（只有这样，人才会自我暗示，认为自己身处世界的另一个地方），然后找一本书、一个笔记本和一支钢笔。自从我来到这里以后，我对阅读产生了前所未有的渴望。幸运的是，我带来了一些东西。现在我的生活更加安逸，可以抽出时间来阅读它们。这里的环境，无论旅馆内外还是学校内外，都显得极其单调乏味。就连试管里的微生物也比这里的居民更为活跃。"[1]

至少我们可以谈一谈那段经历给作家带去的影响。在破晓时分抵达小镇，入住被他称为旅馆的地方，这些都算不上是什么令人振奋的体验。此外，他对学校状况的预感也很快得到了验证。学校看上去是一座使用率极低的大楼，后来它始终无法摆脱给人留下的这个第一印象。在5月23日写给卡斯塔尼诺的信中，科塔萨尔表示，学期开学已经一个月了，但只有生物和音乐两科在上课。镇上的居民也无法幸免于科塔萨尔的评论，尽管评论非常抽象——并非针对玻利瓦尔的某个具体居民，而是针对他们所处的与世隔绝且被人遗忘的境况："在那里，人们极为淳朴，正因如此，从逻辑上讲，他们的生活也幸福至极。"[2]

在20世纪的那一时期，农村地区的面貌是可以想象的：日常生活一成不变，只是偶尔会被一些小事打破节奏，比如说，某位教师的告别单身晚宴，或是当地的庆典，都可以算作玻利瓦尔的重大事件。当然了，重要的还有从欧洲传来的消息。当时科塔萨尔所住的房间正对一个种满木本植物的幽静广场，通过收音机，

---

[1] 奥罗拉·贝纳德斯，《1937—1963年的信件》，阿尔法瓜拉出版社，马德里，2000年，第27页。内容取自胡里奥·科塔萨尔写给爱德华多·A.卡斯塔尼诺的信，日期为1937年5月23日。

[2] 同上书，日期为1937年5月27日。

胡里奥与坎西奥和索尔代利,这两位是他在玻利瓦尔学校的同事。在乡间的休息日,他们正准备烤肉

他在房里持续地关注着这些消息。在那时，西班牙法西斯主义盛行已是不容置疑的现实，共和国被边缘化，处境极为艰难。希特勒以及墨索里尼的狂妄姿态，它带来的所有影响，以及伴随而生的恐惧和揣测，加剧了另一次世界大战爆发的可能性——尽管这些事件发生的地方可能离这里很远。此外，科塔萨尔遵循着日常生活的节奏——备课，在59号房间批改学生的作业——以此来抵御外部世界的影响。房间有窗户，这点对他的哮喘来说极为重要；他梦想着去墨西哥旅行（那是他当时正在考虑的想法）；如果他负责的是上午的第一堂课，那么他会在6点半起床，阅读。

阅读是他逃避生活的出口。他利用课后的一切时间来阅读，不管是节假日，也不管是晨间还是午后。他正是以这种方式，尽可能少地感受每天生活的沉重。他会在宽敞的房间里喝马黛茶——房间确实是相当宽敞——还会打开收音机，坐在女佣何塞法带来的旋转椅上听音乐。何塞法是个沉默但细心的女人。他阅读，反复阅读，并进行翻译活动，当时他已经开始与索佩纳出版社合作进行法语翻译了。从那时起，翻译就成为科塔萨尔的收入来源之一，并逐渐为他未来的职业发展提供了可能性。他读聂鲁达，但像《大地上的居所》这样的作品读得很少，类似《二十首情诗与一首绝望的歌》的作品倒是读得很多。他还读里尔克，在里尔克语言的影响下，他开始敢于挑战阅读以兰波为代表的法国象征主义（值得一提的是，正如我们上文提到的那样，他的第一本诗集名为《存在》，也是象征主义风格的作品。它的创作也可以追溯到这一时期）；他也读纪德、普鲁斯特、弗洛伊德、费德里科、康德、马拉美。《包法利夫人》，他直到1939年才读完；至于歌德，仍然未能打动他。玻利瓦尔的人们关于科塔萨尔的记忆就是一个总喜欢把书本夹在腋下的人。

科塔萨尔的阅读储备和文化修养水平是令人惊叹的。除了上文提到的作家，科塔萨尔涉猎的作者还有：卡夫卡、海明威、福克纳、贝茨、切斯特顿、奈瓦尔、王尔德、邓南遮、瓦莱里、荷马、达里奥、雪莱、济慈、庞德、艾略特、荷尔德林，或是黑人爵士乐手——在他看来，黑人爵士乐才是唯一的正统。他博古通今，知识范围不仅包括西班牙语领域，也包括其他语言领域。他不仅通晓传统文学，也关注有突破性的叙事。也许，这是他阅读西班牙语作家最多的时期，随着时间的推移，这种情况逐渐发生了改变。这一时期，洛尔迦在比斯纳尔被害，卢贡内斯[1]自杀身亡，巴列霍在贫苦中客死巴黎。马里亚诺·阿科斯塔学校未能给予他的那些东西，科塔萨尔却在玻利瓦尔学校平淡无奇的时光中找到了。有一次，科塔萨尔自己提到了在玻利瓦尔度过的那段带有双重情感的岁月。一方面，它是作品风格高强度地形成的时期，另一方面，它又是带有某种危险性的阶段，因为它剥夺了科塔萨尔真实的生命经验，部分的生活体验。此外，我们可以说，在这一阶段，他对欧洲和北美文学的了解达到了非凡的高度，但对美洲印第安文学知之甚少。他对后者只有一些基础的了解，而且那些还都是他在马里亚诺·阿科斯塔学校为了获得教资而被强制要求学习的内容，仅此而已。不过，他很快就将这部分缺失的

---

1 这段文字描述了一个有趣的事件，人们称之为偶然，而科塔萨尔则用另一种方式来描述。根据奥罗拉·贝纳德斯所说，科塔萨尔在1937年写信给卡斯塔尼诺，在信中评论了《我们》杂志对莱奥波尔多·卢贡内斯关于"无数次重复'蓝色、薄纱'（azul, tul）这种押韵"的批评。出乎意料的是，科塔萨尔以开玩笑的口吻——绝非预言发生在1938年2月19日的事情——写道："我遭受了这样一记重击后自杀了，成了受害者。但是不用担心莱奥波尔多先生会做出什么令人绝望的决定；无论是他还是那位远在千里之外的诗人（我指的是卡德维拉），在健康方面都是无须担心的。"九个月后，出于其他原因（可能是因为从1930年以来受到的对其法西斯思想的围攻），这位写出了《巴雅多尔》的作家在布宜诺斯艾利斯附近的泰格雷酒店开枪自杀了。

内容纳入到他的知识储备中。他几乎一到奇维尔科伊，就开始阅读以下作家：里卡多·莫利纳里、欧斯塔西奥·里韦拉、贝尔纳多·卡纳尔·费霍、西罗·阿莱格里亚等。

正因如此，科塔萨尔感受到自己被压抑的社会环境束缚，而毫无疑问，这里的学术活动无法充分调动他的能力。关于第一点，有趣的是他并未意识到自己在周围留下了什么痕迹。在那种环境里，一位像科塔萨尔这样的年轻教师——身披能遮住膝盖的大衣，戴着围巾且深居简出，并未受到小镇的忽视，而且尤其受到了由18人（其中五人与科塔萨尔一同到达，他们分别是坎西奥、索尔代利、阿里亚斯、杜普拉特和克雷斯皮）组成的教学团队的关注——团队包含了教师和管理人员，这一现象颇有意思。其中有一些喜爱文学的人，这些人从最开始就对科塔萨尔产生了一种混合着敬仰、不解和赞赏的情感，而这种感情并未随着时间的流逝而消散。这些人包括上文提到的阿道夫·坎西奥和奥西里斯·D.索尔代利，他们与科塔萨尔在班菲尔德时就有交集，还有胡安·奇科、鲁道夫·克雷斯皮、阿尔西德斯·洛伊蒂、劳尔·卡夫雷拉、M.波尔特、M.卡普雷多尼、梅塞德斯·阿里亚斯、图书管理员拉腊萨尔瓦以及玛塞拉·杜普拉特，他们都是作家的同事，和他分摊教学任务，一起参加庆典活动。

那个时期的图像资料有些被保存下来，流传至今，它们向我们展示了一个没有胡子、脸上长着很多雀斑的科塔萨尔形象，当然，他当时就已经是个瘦高个儿了。这个科塔萨尔的头发上抹着定型发胶（是"切西林"牌还是"菲克西娜"牌的？），总是面带微笑，看上去是融入了团体聚餐或是学术会议的氛围。通过图像资料，我们可以看到他在教师大会或是考试桌前端坐着，也可以看到他与别人共进午餐，或是在乡间度过星期日的夜晚。和大多数同事一样，科塔萨尔穿着正装，有时甚至打着领结，这一点极为罕见。这个时期之后，再要找他打领带的照片就很难了。除了萨拉·法西奥拍下的那张著名照片，它深受作家的喜爱，且被广泛复制，因为他将其视为自己的官方相片：眼神坚定，未点燃的香烟夹在紧闭的嘴唇间，嘴角微微上扬；身着灯芯绒外套和白色的衬衫。当然了，还有那个消失在他衣襟前的领结。

关于教学方面，科塔萨尔被指派担任地理老师，胡里奥讨厌这门学科，认为它过于平淡无奇，对学生缺乏吸引力。此外，他觉得光制作"小地图"是无法上好地理课的。然而，命运却做出了安排，因为这一切都是学校校长 M. 卡普雷多尼博士通过抽签而做出的安排。

在科塔萨尔到达玻利瓦尔的第二天早晨，老师们就聚在一个教室里，将各门课程的名称写在小纸条上，然后将纸条放进数学老师克雷斯皮的帽子里。接着，他们摇晃帽子，然后揭晓结果：胡里奥·弗洛伦西奥·科塔萨尔负责地理课。这一结果造成了他被要求输出的知识领域与他能提供的知识领域之间的极端不匹配。"我，地图啊，我对它们的记忆最多只能维持一周啊！"[1]

从个人发展的角度来看，除了让科塔萨尔得以自学到更为广博的知识外，在玻利瓦尔的经历只是加深了他那贯穿一生的个性：个体主义和孤独。虽然这一点在 20 世纪 60 年代有所改变，他在社交方面活跃了一些，但这一切都发生在他定居巴黎的日子里。再往后的岁月里，不管是在聚会中还是在参加国际会议的时候，他都会问自己在做什么。然而，在玻利瓦尔：

---

[1] 奥罗拉·贝纳德斯，《1937—1963 年的信件》，阿尔法瓜拉出版社，马德里，2000年，内容取自胡里奥·科塔萨尔于1939年写给爱德华多·A. 卡斯塔尼诺的信，第40页。

这里的娱乐方式是难以言喻的。包括两个方面：

a）去电影院

b）不去电影院

选项 b）进一步分为：

a）去社交俱乐部跳舞

b）去附近的乡村进行民族学研究

最后一个选项又可以进一步分为：

a）过一段时间后去诊疗所看病

b）说服自己晚上 9 点就寝是最好的[1]

正如他坦白的那样，这个地方的生活过度单调，简直是一种浪费。镇上有一家名为"环球"的书店，一家经常举办舞会的社交俱乐部——那里的窗帘都垂到了地板上，还有一家叫作"斗兽场"的剧院，充满了乡土的气息。有一次，卡洛斯·加德尔前去"斗兽场"演出，然而，看到剧院里空出了一半的座位，这位探戈舞歌手在开始的时候拒绝演唱，引发了一场小小的风波。还有一所学校，它曾因被强制关闭而中断办学，那时刚刚重新开放不久。学校有 13 间教室、1 座图书馆、1 个礼堂、1 间教师休息室和 1 个室外操场。上课时间从早上 7 点 45 分开始，到下午 6 点结束，工作日中午 12 点 15 分为午餐休息时间。周末的时光乏味且腻人。一些老师通过午睡、收听艾克塞尔西尔电台的经典节目来

---

[1] 奥罗拉·贝纳德斯，《1937—1963 年的信件》，阿尔法瓜拉出版社，马德里，2000 年，内容取自胡里奥·科塔萨尔于 1939 年写给爱德华多·A.卡斯塔尼诺的信，第 40 页。

排解烦闷。他们关注西班牙战事的动向，还会通过贝尔格拉诺广播电台收听罗伯托·泽里略和他的乐队演奏的管弦乐，或是佩特罗娜·C.甘杜尔福夫人主持的烹饪节目。其他人则会参加体育活动，特别是在阿根廷名将安娜利亚·奥瓦里奥·德·阿吉雷和费丽萨·彼罗拉的影响下，他们会选择打网球。他们也会（在夏季）到户外烧烤，或是（在冬季）选择布朗海军上将大道附近的一些场所办室内烧烤，活动通常以享用焦糖牛奶酱和玉米香草甜汤收尾。

对于胡里奥来说，玻利瓦尔还有杜普拉特夫人，她是和她的婆婆内莉·德·杜普拉特一同到达的，比她的女儿玛塞拉晚到了一周。此外，那个小镇上还有玛丽亚·德·梅塞德斯·阿里亚斯，别人都亲切地称呼她为"梅查"。杜普拉特夫人是一位画家，她师从阿根廷自然主义画家、雕刻家爱德华多·西沃里；她的女儿玛塞拉以及梅塞德斯则是玻利瓦尔的教师。前者负责教法语，后者负责英语。除此之外，值得一提的还有加利亚尔迪医生、比尼奥医生、波尔特以及印第安人卡夫雷拉。他们会定期举办名为"科塔萨尔的周四"的聚会，这个名字是露西娅娜（吕西安娜）·沙旺斯·德·杜普拉特取的，是她使得每周的沙龙活动固定下来，地点在委内瑞拉街174号。

基本上，聚会的成员由杜普拉特一家、梅查和胡里奥组成。这些活动是应典型乡村生活要求而产生的，以满足玻利瓦尔当时沉闷的氛围的需求，而这种需求正是科塔萨尔所厌恶的。问题在于，科塔萨尔想要修习英语，但阿里亚斯老师家不允许任何男性入内——无论他是教师还是访客，因此玛塞拉的母亲提议去她家上课，如今她故居的墙上还因此留有一块纪念牌。即使在玻利瓦尔，保守主义也并非完全占据主导。我们要指出，杜普拉特一家深受天主教信仰的影响，而科塔萨尔无论在当时还是在那以后都无法对此产生认同。实际上，随着时间的推移，正是这一点分歧使得杜普拉特和科塔萨尔渐行渐远。

吕西安娜·杜普拉特，在她位于玻利瓦尔的家中曾举办过"科塔萨尔的周四"沙龙。

玛塞拉·杜普拉特，胡里奥在玻利瓦尔学校的同事

玛塞拉·杜普拉特回忆说，1937年的胡里奥·科塔萨尔"具有一种怀旧的诱惑——关于过去的时代，以及一种迷人的魔力——关于新生的时代"。在聚会的场景里，科塔萨尔不仅能够增进自己的英语知识，还能在喝茶的时候畅谈绘画、文学（尤其是法国文学）以及音乐。当然他们也会谈论生活，但对于当时的科塔萨尔来说，生活首先是艺术的体现而非现实。根据杜普拉特一家的宗教信仰，我们推测，这家人的生活似乎与道德保守主义

紧密相连；然而，对科塔萨尔来说，这并非他关注的重点。无论如何，他在玻利瓦尔找到了一个可以畅谈文化、探讨不同意见的地方。在那里他提到兰波的时候无须解释此人并非法国的足球运动员。

如我们之前提到的那样，当时的科塔萨尔特别钟情于诗歌。诗歌的构建及其策略，叙事的设计，以及对十四行诗优雅的践行，这一切于他而言是至高无上的形式。正因如此，他的诗集《存在》便诞生于这一时期。这本书包含了43首十四行诗，由阿根廷"藏书家"印刷厂出版（在当时的阿根廷和西班牙，印刷商和编辑是同一职业的两个不同方面）于1938年，书本署名为胡里奥·丹尼斯。

科塔萨尔选择用笔名给他的诗集署名，这一点凸显了他内心的不安。这是事实。他当时倾向于等待，等到可以将真实的姓氏署在作品上的一天。在那个时期，他的心头总有一团挥之不去的疑影——作品是否达到了预期目标？因此，他一直在推迟自己的作品发表。而至于我们谈论的那本诗集，它是一个半公开的版本。总共只印刷了250册，专门为友人们准备的。聂鲁达、纪廉、瓦莱里、洛尔迦、贡戈拉、马拉美、里尔克和兰波，这些名字出现在一些晦涩的诗句中，让人觉得这些更多是出于借鉴，而缺少独特和个人化的意象。在这样的背景下，科塔萨尔的"儿童浪漫"诗歌系列带有明显的费德里科·加西亚·洛尔迦的色彩。科塔萨尔亲切地称他为费德里科，说他代表的是最高水准；他甚至会说，费德里科的成就在聂鲁达之上。

此时我们眼前的科塔萨尔是一位诗人，几乎是一个天真的诗人，他写作有些拘谨，语言不够松弛，缺乏生机："空中描绘着意图／掌声的抛物线／落在那些面颊上／已有泪水的防线／如此泪水涟涟，连柳树……/ 你为何哭泣？/ 我？没有什么。"许多类似的诗歌都是在杜普拉特夫人的家中那些聚会上被人所知的。他用带有法国口音的语调在那里朗读这些诗歌。谈话围绕着文化以及一切与之有关的变体展开。慢节奏的交谈，看似针锋相对，实则友好，一直到傍晚才结束。到那个时候他就必须回去了——散步回到他那小镇宿舍的孤独中。

科塔萨尔从童年起就是一个音乐迷。在位于罗德里格斯·佩尼亚街的家中，他的母亲和妹妹喜欢听古典音乐和探戈舞曲。对他来说，古典音乐尚有吸引力，但后者则完全没有。直到20世纪60年代，当时他身在巴黎，在音乐家埃德加多·坎顿和胡安·卡洛斯·赛德龙（塔塔）的引导下才发现了探戈的魅力。他尤其欣赏加德尔的老式探戈舞曲，以及奥梅罗·曼齐、恩里克·桑托斯·迪谢波洛、安赫尔·比略尔多、奥斯瓦尔多·普列塞、卡洛斯·德·萨利、塞莱多尼奥·弗洛雷斯和帕斯夸尔·孔图尔西的坎耶恩格探戈[1]。帕斯夸尔·孔图尔西的探戈舞曲尽管因为歌词中的黑话而遭到了政府的审查，但还是形成了一种"无赖"的风格。科塔萨尔在青少年时期曾被一种来自美国的音乐唤醒——那种音乐当时在阿根廷被认为是野蛮的旋律，它就是爵士乐。正是在玻利瓦尔生活的那些年里，他对爵士乐的兴趣越发浓厚了。在玻利瓦尔，听爵士乐就如同阅读，成了他逃离小镇孤立生活的另外一种方式。

---

1 坎耶恩格探戈（Tango Canyengue）是一种探戈舞和音乐风格，起源于阿根廷。它通常被认为是探戈的早期形式之一，风格上更加悠闲，带有浓厚的非洲节奏和步伐特征。这个词本身就带有一种街头和即兴的感觉，与现代探戈相比，坎耶恩格的舞步更贴近地面，舞姿更紧密，音乐节奏更加原始且有力。——译注

科塔萨尔曾经说过，他大约在 1928 年的时候开始通过收音机听爵士乐，并为之着迷，那时候他大约 14 岁。在那个时代，无论是布宜诺斯艾利斯还是整个阿根廷境内，没有任何一个乐队敢尝试这种类型的作曲或演奏。通过收音机，他开始对这些音乐家和演奏者的名字产生了印象：贝西·史密斯、比莉·哈乐黛、埃塞尔·沃特斯、艾灵顿公爵，以及路易斯·阿姆斯特朗。"在我第一次在收音机听到爵士乐的时候，那唱片的曲调几乎被我家人的惊恐尖叫声淹没了——她们自然而然地将其当作黑人的音乐。她们完全无法理解其中的旋律和节奏。"[1]

然而，科塔萨尔本人从一开始就非常欣赏爵士乐的奥妙。爵士乐向他提供了一些其他音乐所缺乏的东西：即兴创作，元创造力，不同的演奏版本以及自发的运动。有时候，他会提到探戈音乐在这些方面的贫乏，而相对于爵士乐的丰富性，我们可以将这种贫乏扩展到其他正式的音乐上。"探戈只允许基于乐谱的演奏，只有一些非常优秀的乐手——这里指的是手风琴演奏者——可以接受变奏或是即兴创作，而乐队中的其他演奏者则都会遵照乐谱进行表演。然而，爵士乐则基于一种相反的原则，也就是即兴创作的原则。一段旋律作为主导，一系列和弦构成曲调变化的过渡，在此基础上，爵士乐手们进行纯粹的即兴独奏，自然地，他们从不重复。"

随着时间的推移，科塔萨尔在早期对爵士乐的了解逐渐加深。直到他在步入成熟期之后，变成了这一领域的真正专家。在那一时期，有很多证据可以表明他的专业性。关于这一方面，格兰赫讲到了 1939 年在奇维尔科伊的一场聚会，聚会地点是苏亚雷斯大

---

[1] 奥马尔·普雷戈，《词语的魅力》，穆奇尼克出版社，巴塞罗那，1985 年，第 162 页。

街上的日本咖啡馆。"大家在谈论音乐,有人用轻蔑的语气提到了爵士乐。话音未落,原本几乎一直保持着沉默的科塔萨尔突然站起身来,以一种我们前所未见的热情和激动谈论起了这个话题。"[1]

此外,由于爵士乐的感染力,它在科塔萨尔的写作中也留下了痕迹,作家自己也承认了这一点。"我的写作方式带有一种节奏感,这与韵脚和头韵无关,完全没有关系。这是一种心跳般的节奏,正如爵士乐手所说的那样,是一种摇摆的感觉。如果我的叙事中找不到这种节奏,那么就证明我的写作尝试没有成功。"[2] 爵士乐的痕迹不仅体现在他的写作风格或策略上,还体现在他的写作主题上。值得一提的是,他的短篇小说《追寻者》——稍后我们会因为其重要性而再次提起——就是以查理·帕克的生活为原型创作的。《追寻者》被收录在小说集《秘密武器》中,而这本书标志着他职业生涯和生活观念的一个转折点。另外,《跳房子》和《八十世界环游一天》中也可以找到爵士乐的痕迹(如《塞隆尼斯·蒙克的钢琴回归》),这些文本我们也会按照其时间顺序回顾一遍。

事实上,我们很容易就猜出为什么爵士乐和科塔萨尔的文学之间存在着这种联系。上文已经提到,爵士乐通过即兴演奏和自发性来构建其表达,这些特质与非理性极为接近,而这正是科塔萨尔倾向的领域,正因如此,这种音乐带给他的亲切感可与自动写作相媲美。布勒东、阿拉贡、克勒韦尔都曾提出,"是爵士乐让我在音乐中找到了超现实主义的写照,它是那种不需要乐谱的音乐"。

---

[1] 尼古拉斯·科卡罗,《青年科塔萨尔》,撒贝尔出版社,布宜诺斯艾利斯,1993年,第92页。
[2] 1977年,科塔萨尔在参加名为《深度》的访谈节目时,对主持人如此说道。

在玻利瓦尔，只有为数不多的几个人可以与科塔萨尔谈论爵士乐，其中就包括同为爵士乐爱好者的梅查·阿里亚斯和她的几个兄弟。后来，搬到奇维尔科伊之后，在与梅查的通信中他仍会谈到此种音乐。他会与梅查分享自己的发现，与她交换关于斯皮克·休斯、米尔斯·布拉泽斯、霍基·卡迈克尔和克利福德·布朗等人的看法，他们也会谈及之前已经提过的几个名字：帕克、艾灵顿公爵，以及路易斯·阿姆斯特朗。在1939年的夏天，科塔萨尔告诉阿里亚斯，奇维尔科伊的黄昏让他感到惊艳，这种惊艳与他常常聆听的霍基·卡迈克尔的音乐交相辉映。

在这个时期，除了出版上文提到的诗集《存在》，科塔萨尔还在创作一系列短篇小说，如《德莉亚，来电话了》和《女巫》。我们之所以提到这两篇小说，是因为它们都被收录在科塔萨尔的遗作《彼岸》[1]中，不管是在构思还是出版上，它们都早于《被占的宅子》。尽管人们都认为后者是科塔萨尔在博尔赫斯的帮助下出版的第一篇小说，但事实并非如此。很有可能是博尔赫斯本人在无意中引起了这一误解（科塔萨尔也没有费心去澄清），因为众所周知，这位大名鼎鼎的作家在他的文章中提到，在1946年的某个下午——当时他身为《布宜诺斯艾利斯年鉴》的编辑秘书，协助时任主编萨拉·奥蒂斯·德·巴苏尔多。一个高而瘦的年轻人把一篇名为《被占的房子》的稿子交给他，请求发表，后来稿子被接收了。然而，在1967年10月，科塔萨尔向让·L.安德鲁透露，当时他把稿件交给了一位朋友，是那位朋友转交给博尔赫斯的，因为科塔萨尔当时还不认识博尔赫斯。

提到这个小插曲是有道理的，因为我们正要讲到科塔萨尔创

---

[1] 这本小说集收录了科塔萨尔创作于1937—1945年之间的13个故事。

作这几个故事的时期。《德莉亚，来电话了》于1941年10月发表在奇维尔科伊的报纸《觉醒》上，署名为胡里奥·丹尼斯；《女巫》则于1944年8月发表在布宜诺斯艾利斯的杂志《文学信使》上，署名为胡里奥·F. 科塔萨尔，当时他已经移居门多萨了。这两篇作品发表的共同点在于它们都有大量的排版印刷错误，这让科塔萨尔非常痛苦。对他来说，作家应该保持严谨，责任不仅在于监督原稿的排版，还在于监督后续的印刷校样。

《德莉亚，来电话了》是一个相当失败的故事。它与随后出现的《动物寓言集》在文稿质量方面有着显著的差异。这篇小说的结构基本上是以戏剧对话的形式为主，可以明显看到英美文学对其的影响。另外，小说还包含了一点奇幻元素（死后的对话）——对于这种体裁的作品来说，此类元素在当时已经不再新颖。比如，这篇小说会让人联想起丹尼尔·笛福的短篇《维尔夫人显灵纪实》。另外，这篇小说还具有类似阿加莎·克里斯蒂风格的戏剧性转折，它体现在试图改变整个既定叙事框架的意外结局上：索尼是一个纯粹的幽灵实体。然而，我们要强调的是，科塔萨尔与克里斯蒂的关联在另一个幻想故事《暗门》中有更为精彩的体现，关于这一点，我们会在适当的时刻讨论。从小说的形式上看，这个故事的风格也与他后期作品中展现出的生动、反修辞的叙事相差甚远。可以说，这个文本与《存在》中的十四行诗一样，缺乏真实感。

而至于科塔萨尔的短篇小说《女巫》，它更为清晰地预示了科塔萨尔未来的方向，尽管它因为构思和结构上的问题而显得逊色。在故事中，生活在小镇上的宝拉更喜欢读书而非在广场散步，埃斯特班给了她一个充满恋尸意味的吻——这种叙事张力非常明显，但仍未达到预期的效果。片段化、模糊而冷峻的故事并未让文本足以引发共鸣。科塔萨尔的特有魔力也并未显现。科卡罗将这篇小说与博尔赫斯的《环形废墟》相提并论，强调说"其中的奇幻元素，伴有微妙的残酷意味，结合了罕见的魔法元素，创造出一则杰出的短篇小说"[1]。我们并不赞同科卡罗，也不同意作者本人的评价——他曾于1944年对梅查·阿里亚斯说"这个故事的印刷排版很糟糕，错字连篇，标点符号非常随意……但它仍然是一个好故事"。不过，科塔萨尔步入成熟期之后，他就很少重新提及这则小说了。

在写这两篇小说的期间，科塔萨尔还创作了《手的季节》。这则故事写于1943年，但它最后发表在由阿梅里科·卡利主编的杂志《牧歌》上，发表的时候他移居门多萨。这篇小说非常有趣，它也许是作者在那一时期最喜欢的作品之一。在他看来，这篇小说有充分的理由可以被收录进《动物寓言集》中。

小说中的幻想色彩体现在一只出现、重现又消失的手上。这只手通过花园半开的窗户进入屋内，游走于书桌和钢琴之上。叙事者称之为"Dg"。主人公做了一个凶险的梦，梦到那只手渐渐靠近折刀——它爱上了主人公的左手。这一幻想元素已经不再具有颠覆性，因为它被视为现实的延伸，而非现实的对立面，这一点与之前的两个故事不同。另外，这个故事的结构非常松弛，它脱去了形式主义的外衣，语言更为日常化："我爱那只手，因为它不任性，更像是一只鸟或是一片枯叶。"它是一条走道，用科塔萨

---

[1] 尼古拉斯·科卡罗，《青年科塔萨尔》，撒贝尔出版社，布宜诺斯艾利斯，1993年，第68页。

[2] 后来，这篇小说经过修改后被收录在《八十世界环游一天》一书中。后还被墨西哥二十一世纪出版社出版。在作家整理的版本中，这篇小说正式收录在《游戏》一卷中。之后，根据实际出版的时间顺序，这篇小说又被收录于《彼岸》，即阿尔法瓜拉出版社推出的《科塔萨尔全集》第一卷。

尔的话来说,更像是一条"巷子",通向了他未来的创作,最终转化为了出版于1951年的短篇小说集《动物寓言集》中的一系列故事。

不过,这个插曲我们就讲到这里,下面我们需要回到玻利瓦尔。

玛塞拉回忆起科塔萨尔关于绘画的一桩逸事:"有一天,我们在家讨论弗朗索瓦·莫里亚克的《蛇结》;小说每章的开头都有一幅版画。科塔萨尔突发奇想,说想在我们四个之间举行一场比赛,每个人都选择一个自己喜欢的画家,尝试用选定的画家特有的配色模式来重新绘制这些版画。我母亲选择了塞尚,科塔萨尔选择了毕加索,阿里亚斯小姐选择了马蒂斯,我则选了凡·高。我对最后的结果非常满意,随后把书带回了国立学校。它却神秘地不翼而飞了。不过,科塔萨尔在1941年10月22日的信中提到了此事,表达了他对'迷恋我们杰作之人'的怀疑。对于自己喜爱的法国作家,他总有很多话想表达。比如,阿兰·富尼耶的《大莫纳》因其充满诗意和幻想的氛围而备受科塔萨尔喜爱。他会给我们朗读书中的段落,做出评述,让我们也喜欢上这本书。我也让他喜欢上了一首克洛岱尔的诗——他原本是无法忍受的。"[1]

在这里,我们可以重新提出上文谈到过的问题。在玻利瓦尔结交那些朋友到底给作家留下了什么?他后来是否出于主观意愿,忘记了那些无尽的聊天与喝茶的时光呢?在那些聚会里,他们常常会花上几个小时的时间来讨论真实与虚幻,谈论艺术家的文化空间,艺术与历史的联系,以及通过美学提案来理解历史的愿望,还有人性与神性的关联。这种遗忘是否算是一种自我防御

---

[1] 尼古拉斯·科卡罗,《青年科塔萨尔》,撒贝尔出版社,布宜诺斯艾利斯,1993年,第23页。

的产物？作者是否想要通过这种遗忘来摆脱那些不幸的岁月？在那些年里，他不但失去了对生活的体验，还要面对三位至爱的亲友的离世：他的朋友阿尔弗雷多·马里斯卡尔，1941年4月去世；他的妹夫佩雷拉，奥费利娅的丈夫，1942年年初去世；还有弗朗西斯科·克劳迪奥·雷塔（绰号"小猴子"），1942年年底去世。"那是三道令我欣喜的目光。"关于他们，稍后我们会详细谈到。

那一时期保存下来的信件显示，自从1939年7月因教职变动而搬去奇维尔科伊之后，科塔萨尔给他的女性朋友们寄出的信件有十几封：杜普拉特夫人和她的女儿都收到了信件，而科塔萨尔的老同事梅塞德斯·阿里亚斯收到的信则多出一倍。由此可以看出，他对这三位女性，以及在这个潘帕斯小镇上度过的两年时光怀有真挚的感情。在1939年12月的一封信中，科塔萨尔写道："尽管时间拥有不可否认的毁灭力量，但有些东西是它无法抹去的；那就是美好的回忆、过去的面孔、曾经欢乐的时光。"然而，我们很难断定，这些相遇对科塔萨尔来说到底有多难忘，这些回忆到底在他心里会持续多久。科塔萨尔一直以待人友善且彬彬有礼而著称，但在某些时刻，他似乎忘记了自己在玻利瓦尔和奇维尔科伊的任教经历，甚至忘记了那段岁月里的人们。正如《骑行》杂志所记载的："结束学业后，我去到了乡下，过上了完全与世隔绝的孤寂生活。我住在小镇上，在那里，有意思的人很少，几乎没有人与我志趣相投。"

无论如何，透过他信件中所表达的热情，我们可以看到科塔萨尔对这些朋友的欣赏以及与她们的亲密程度。他甚至花时间为她们写诗："她画的风景画（这里指的是杜普拉特的一幅画。科塔萨尔在奇维尔科伊的住所挂有一幅她的水彩画）饱含一些深深触动我的东西，是什么呢？我无法准确表达出来，因为这更多的是一种情感和感觉问题,而不是单纯的智力权衡。她的画总让我想起柯罗的一句话,这句话我是在那可怜的让·科克托——玛塞拉非常讨厌这位法国作家、画家——的一本书里读到的。伟大的风景画家说:'今天早上,我再次看到了我画的一小幅画,感受到一阵非凡的愉悦。画中什么都没有,但它很迷人,就像是由鸟儿绘制出的。'"[1]

同样,他在1940年又写了一封信,其中说道:"我不会向你们道歉的;我是个懒汉,夏天使我昏昏欲睡,我甚至忘记了保持好的风度。然而,在奇维尔科伊的孤独让你们的形象在我的记忆中愈加鲜明起来(这听起来很傻,但确实如此),我的悔意也愈加强烈,正因如此,我迫不及待地给你们写信,不耽搁一分一秒。"[2]

值得一提的还有科塔萨尔写给梅塞德斯·阿里亚斯的信件。阿里亚斯是位短发红唇的年轻教师,显然科塔萨尔被她深深吸引住了。信件的日期始于1939年8月,止于1945年7月,分别寄自奇维尔科伊、图库曼、布宜诺斯艾利斯、比尼亚德尔马和门多萨。与阿里亚斯的通信要比与杜普拉特及其女儿的通信随意得多,其中或许还带有某种柏拉图式的情感,更为清新、亲密,且充满暗示。书信中搏跃着反传统的脉动,混合了英文与西班牙文,而且涉及了各种各样的话题,从爵士乐谈到对死亡的反思,从旅行谈到书籍的世界,还有战争,等等;他还提到了一部正在创作中的长篇小说《独白》(后来改名为《云与弓箭手》,如今已经失传),还有他积累的数篇短篇小说——后来结集成册,取名为

---

[1] 科塔萨尔在发表《手的季节》这篇小说的时候,再次引用了让·科克托的这句话。
[2] 奥罗拉·贝纳德斯,《1937—1963年的信件》,阿尔法瓜拉出版社,马德里,2000年,第76页。内容取自胡里奥·科塔萨尔写给玛塞拉·杜普拉特的信,日期为1940年4月。

《彼岸》。透过字里行间，不难发现科塔萨尔对收信人的喜爱。通信中没有刻意维持友谊的勉强，有的只是与一个因为玻利瓦尔而产生交集的朋友交流的真正乐趣。那时，玻利瓦尔已经在他的记忆里逐渐模糊，因为随着时间流逝，"我很难想起在玻利瓦尔的生活"。而梅查却总能激起他的好奇心："您现在在做什么？过得怎么样？读些什么书呢？会去哪里散步？在研究什么吗？"

然而，通信在1945年突然中断。尼古拉斯·科卡罗——科塔萨尔的忠实崇拜者，他曾与科塔萨尔分享了许多经历和计划，尤其是在奇维尔科伊的那个时期——他也在通信问题上表达了抱怨之情："到了后来，没有来信，没有交流，不管是在布宜诺斯艾利斯还是在巴黎，再也没有见过面。我和玛塞拉·杜普拉特都没有再收到他的信，他也没有解释过一句。"梅塞德斯·阿里亚斯也再没有收到过。这对于像尼古拉斯·科卡罗这样的年轻人（他出生于1926年）来说是非常残酷的，他终其一生都对科塔萨尔保持着完整而全面的迷恋。

同样令人惊讶的是，通过这些信件，我们可以发现，1937年到1939年间的科塔萨尔是活力、乐观、智性和天真的结合体。这些信件投射出一种对职业顶峰的认知，似乎已经到达了某种极限，但实际上他的人生才刚刚开始。信中没有任何迹象，哪怕是最微小的暗示，提及他有可能在短期、中期或者长期内成为著名作家。它们仅仅是一位朋友的来信，表达的是他想传递的心情，围绕新生活的种种变化，家中的小小变故，还有搬迁带来的困扰。同样是在那几个月，他还从玻利瓦尔写信给前文提到的爱德华多·A. 卡斯塔尼诺。后来搬到了奇维尔科伊，他还给医生朋友路易斯·加利亚尔迪寄信，在这些信中，也可以看到类似的笔调。

科塔萨尔从不抱怨生活，总说自己生活得很好。他曾跌入谷底。令人惊讶的是他表现出的随遇而安的态度："我未能实现所愿之事，哪怕是最小的一部分。但也许这样更好；曾经设定目标，尝试过跨越，这样就够了……成就取决于偶然性，取决于运气的好坏……是的，我不会对生活有所怨言；面对未来，我唯一所求就是平静。"[1] 这话不像是出自一位 28 岁的年轻人之口。它们更像是出自一个自觉衰老、认为青春已随学生时代而去的人。如今，我们很难理解，为什么有人面对生活的失意，没有任何反抗就轻易放弃，选择随波逐流呢？一个 30 岁不到的年轻人，说自己在生活中只实现了一小部分愿望，他是怎么变成未来科塔萨尔的样子的？未来的他，始终活在当下，从而抵御衰老的感觉。

简而言之，我们首先需要强调的是，那一时期的科塔萨尔融入了一些社交圈子，比如杜普拉特太太的圈子或是加利亚尔迪医生的圈子，后者不仅是医生，还是钢琴家。此外还有比尼奥医生的圈子。其次需要说明的是，才过去五年多一点，这些圈子的聚会就被遗忘了。最后，那时候的科塔萨尔并没有在文学领域追求职业发展的野心。他自己曾多次坦言，那时他没有联系过任何编辑，也从未将手稿寄给任何一家出版社。

除了以上三点描述，我们可以再加上一点更深层次的描述：科塔萨尔对自己生活的时代保持着相对的冷漠，同时他也缺乏对现实的真正承诺——对于一个自我封闭的人来说，这些特点不足为奇。当然，他的智性和灵魂使得自己无法接受法西斯主义，然而，当时的他不管是对阿根廷（那一时期政府致力于消除萨恩斯·佩尼亚选举法带来的民主时代的痕迹），还是对世界其他地区发生的事件都几乎没有发表评论。由此看来，他似乎隔着一层玻

---

[1] 尼古拉斯·科卡罗，《青年科塔萨尔》，撒贝尔出版社，布宜诺斯艾利斯，1993 年，第 19 页。

璃观察现实。他确实在1939年的时候表示自己"每一根神经都在感受着战争",还对梅塞德斯·阿里亚斯说,"这个话题让我觉得很沉重";在写给加利亚尔迪医生的信中,他透露:"我亲身感受到了这场战争的痛苦。"又或是在1943年,科塔萨尔表示"幸亏极权主义的噩梦就要从地球上消失了,这已经是很大的进步",但这些似乎只是出于美学和情感角度的立场,是意识形态视角下的真实姿态,但这些立场终究是遥远的,被封闭在坚固的个人宇宙之中:现实止步于他回到书本、寄宿公寓、皇家牌打字机和马黛茶或是咖啡的时刻,因为那些才是他真正的现实。而其余的都只是外部世界,他早已放弃了与它的接触。

之所以要强调最后一点是因为那个时期的科塔萨尔与步入成熟期的他形成了鲜明的对比。众所周知,后来的科塔萨尔直面独裁政权,积极捍卫人权,这一点我们会在后文进一步说明。很显然,基于以上所述,我们不能认为科塔萨尔在对待独裁主义的问题上态度含糊。从这一点上来说,他反法西斯的价值立场是毫无疑问的。我们只是再次强调,在那段生活于玻利瓦尔的灰暗岁月里,个体价值对他来说极为重要:他对自己的世界观的坚持与最大程度的捍卫,与他小资产阶级的生活观念有着紧密的联系。

作家正在喝马黛茶

第二章

长着娃娃脸的教师
1939
—
1953

奇维尔科伊　地方主义
未取得学位的大学教师　庇隆主义
重返布宜诺斯艾利斯　私人生活
《动物寓言集》
巴黎之梦　根提利街10号（第13区）

从 1939 年秋至 1944 年秋，科塔萨尔生活在奇维尔科伊，一个约有 2 万人口的小镇。作家通常每周六会前往 160 千米以外、坐火车需要 2 小时的布宜诺斯艾利斯，并于周一返回。奇维尔科伊 1875 年建镇的时候被称为"奇维尔科沂"，之前那里有着阿劳卡尼亚人和潘帕斯人的部落，它得名于奇维尔科伊酋长，他曾住在萨拉多河畔，在英国入侵期间，他作为长矛手与圣地亚哥·德·利涅尔斯合作，保卫领土。科塔萨尔开玩笑般地称这个小镇为"维尔奇科"。他新岗位的酬劳为每周 640 比索，包含 16 个小时的工作量（9 小时历史，5 小时地理，以及 2 小时的公共教育）。这样的薪资让他具备了中产阶级的购买力，但由于需要养家，情况又变得复杂起来。当时他的母亲已经不再工作了，而奥费利娅也需要胡里奥的再次帮助——她于 1940 年结婚，但两年后丧偶。

根据何塞·玛丽亚·格兰赫所说，由于一个偶然的情况，科塔萨尔从圣卡洛斯·德·玻利瓦尔调到了奇维尔科伊，这个位于内省的城镇，不管从经济、政治、文化还是社会活动方面来说，都要优于玻利瓦尔。"当地一位姓库鲁切特（胡安·佩德罗）的教师被提拔为师范学校的校长"，这就意味着"按照当时的规定，新上任的校长需要腾出一些教学时间来安排新职位的事务"。这也使得"来自布宜诺斯艾利斯、年仅 25 岁的年轻教师胡里奥经过协商后调去了奇维尔科伊，并于 1939 年 8 月入职多明戈·法乌斯蒂诺·萨米恩托师范学校，成了那里的正式教师。"当年的 8 月 8 日，他上了第一堂课，而 1944 年 7 月，他离开了奇维尔科伊。他正式辞去教职的日子是 1946 年 7 月 12 日，这在师范学校所保存的作家官方档案中留有记载。

值得再度提出的问题是，从社会以及文化活动的参与度来看，科塔萨尔在奇维尔科伊的真实情况是怎样的？他是否参与了文化项目？是否涉猎讲座、诗歌比赛或是其他类似的活动？还是说，他一到雷斯特利酒店（实际上就是一家小旅馆）就把自己关进了"明亮的小房间"？然后紧接着就搬到了位于佩列格里尼街 191 号的、由瓦尔齐利奥家族经营的中心旅馆，闭门不出（在奇维尔科伊生活的几年，他一直住在那里）？他的日常活动是否仅限在师范学校教课，以及继续他那海量的阅读？他是否从一开始就喜欢奇维尔科伊这个地方？这个盛产谷物、羊毛、饵料和皮革的城镇，自 1866 年起就拥有自己的图书馆——多明戈·F. 萨米恩托公共图书馆。这里的建筑气派华丽，街道铺着沥青，布局方正（比如塞瓦略大道、比利亚里诺大道、萨米恩托大道以及索尔雷斯大道，或是靠近佩列格里尼街的比森特·洛佩斯街、罗德里格斯将军街和里瓦达维亚大街），还能找到花园和具有历史意义的景点（巴托洛梅·米特雷纪念碑，独立日宣言雕塑，商会中央喷泉以及国家银行分行），但这里的一切始终沾染着五彩斑斓的乡土气息。还是说他从未喜欢过这里，始终觉得格格不入？很难找出一个可以回答以上所有问题的答案。

通过一些文件，我们分几个部分来讲。

到达奇维尔科伊一个月后，他写信给路易斯·加利亚尔迪，称奇维尔科伊为"一座对自己感到骄傲的城市，没有意识到自身的严重缺陷，很乐意维持原状"。他还写道："这里有一群教师，他们的活动都在一种令人沮丧和恼火的氛围中进行——只有极少

胡里奥·科塔萨尔。1941年在摄影棚拍摄的照片,这位作家梳着油头,外表与他后来的形象大相径庭

20世纪40年代的胡里奥·科塔萨尔,在阿根廷的一列火车上

奇维尔科伊的岁月。这张照片拍摄于1942年,正是胡里奥在此任教的时期。胡里奥在前排右数第二位

数令人尊敬的老师例外。"同样，在1940年4月，科塔萨尔写信给梅查·阿里亚斯，告诉她说："假如奇维尔科伊存在与我'志趣相投'的人，那我现在尚未找到。"到了1941年8月，在新岗位上停留了两年多的科塔萨尔，似乎开始怀念玻利瓦尔，他又写信给梅查，说自己住在"一个没有灵魂的小镇"上。

是否应该把科塔萨尔的这些话当真？他是否夸大其词了？这些表达是否多少带有些顽劣的孩子气？是否需要根据那些集消遣与反思为一体的通信语境来解读这些话语？有可能是这样。不过，无论如何，科塔萨尔确实带有些避世的倾向，关于这一点，他在给路易斯·加利亚尔迪的信中说道："重点在于要找到一个与世隔绝的房间，有若干书本和难得的安宁作伴；到了傍晚，在灯下阅读朋友们的来信，给他们回信是一种甜蜜的负担……当知道远方还有人在心中牵挂自己的时候，你还会有其他所求吗？不，我觉得只要这样，人就可以拥有一点幸福了。"

然而，根据科塔萨尔在奇维尔科伊生活期间交往的朋友与熟人（其中包括尼古拉斯·科卡罗、戴维·阿尔米龙、埃内斯托·马罗内、何塞·玛丽亚·格兰赫、多明戈·泽尔帕、弗朗西斯科·门塔、弗朗西斯科·法拉韦利亚、何塞·玛丽亚·加略·门多萨、何塞·斯佩兰萨和埃内斯蒂娜·亚维科利）的各种证言，科塔萨尔确实融入了奇维尔科伊的社交生活，至少从1941年就开始了，也就是他搬到那里两年之后。格兰赫指出，科塔萨尔在奇维尔科伊的岁月"构成了作家生活中一个不可忽视的阶段，特别是因为它揭示了科塔萨尔的某种人格特质，这与他广为流传的形象不相符"。针对这一方面，格兰赫[1]对科塔萨尔参与的一些

---

[1] 何塞·玛丽亚·格兰赫，《当年轻的科塔萨尔在奇维尔科伊工作》，文段引自尼古拉斯·科卡罗的《青年科塔萨尔》，第80页。

活动进行了回顾，活动类型都很有趣。具体如下：

  1941年8月，青年协会庆祝学生节。师范学校的学生们开始排练贝利萨里奥·罗尔丹的剧作《剑客的匕首》——胡里奥·弗洛伦西奥·科塔萨尔老师提前对剧本进行了改编。

  1941年10月，奇维尔科伊艺术团成立，胡里奥·科塔萨尔、多明戈·泽尔帕、赫苏斯·加西亚·德·迭戈、里卡多·德·弗朗切斯科、胡安·贝拉和何塞·玛丽亚·加略·门多萨都是艺术团的成员。

  1942年5月，庆祝即将到来的阿根廷国旗日。胡里奥·弗洛伦西奥·科塔萨尔发表演讲，随后举行"鸡尾酒会"。

  1942年6月，艺术团组织文学沙龙。沙龙上介绍了"书页编年史"，其中提到了胡里奥·弗洛伦西奥·科塔萨尔的一本幻想文学小说集。

  1944年4月，艺术团组织文学沙龙。科塔萨尔在活动上向诗人米格尔·A.卡米诺致敬。

  1944年7月，科塔萨尔成为艺术团文化沙龙组织的绘画比赛的评委之一。

还应该提到科塔萨尔根据勃拉姆斯的《摇篮曲》写就了歌词——那是应音乐老师埃尔西拉·戈麦斯·奥尔蒂斯·德·马特拉的请求而写的，多年来一直由师范学校的合唱团演唱。[1]

---

1 歌词如下：
  睡吧 / 甜蜜的宝贝 / 在百合和玫瑰簇拥下 / 我将把你放进芬芳的摇篮中 /
  我凝视着你入梦 / 如同一个幸福的天使 /
  睡吧 / 梦见耶稣 / 将你引向他的安宁 /
  当光明归来时 / 你将回到我的爱里 /
  当画眉鸟歌唱时 / 上帝会唤醒你。

与此同时，奇维尔科伊的本土作家加斯帕尔·阿斯塔里塔补充了另一些重要事件，比如科塔萨尔曾在1942年5月18日在市政厅发表了演讲，这是围绕庆祝即将到来的国旗日举办的系列活动之一，演讲的主题是关于加强历史事件相关教育的重要性。此外，阿斯塔里塔还提到了一篇名为《教师的本质与使命》的文章，文章发表于1939年，刊登在《阿根廷评论》的第31期——此杂志是由师范学校学生代表编辑的。另外，在卡洛斯·圣蒂利（与编辑部有交情）的帮助下，1941年10月，科塔萨尔的小说《德莉亚，来电话了》以笔名胡里奥·丹尼斯发表于社会主义报纸《觉醒》；而他的诗歌《心不在焉》则于1944年发表在《西方》杂志上。他还参与了《往事的阴影》电影剧本的创作——导演是伊格纳西奥·坦克尔，该片在奇维尔科伊拍摄完成，并于1945年在布宜诺斯艾利斯首映。

当然了，对于在奇维尔科伊生活了五年之久的科塔萨尔来说，这样的活动参与频率并不算高。不过，毫无疑问的是，对于他来说，1943年的奇维尔科伊如同一潭静水，时间恍若停滞。这座小镇永远都保持着安宁静谧，"周围有数不清的牲畜在走动，亲切友好的居民在广场上做着小买卖，或是四处闲逛"。不过，值得强调的是，如果研究他在这段时间与他人的通信，就会发现作家完全没有提到他参加的那些活动。彻头彻尾的省略。也许，这是他良好职业素养的体现：他提到和学生有关的事情，并表达了在教学中的愉快经历。他似乎很受学生欢迎，也热衷于教学工作。然而，除了这些，他对自己在奇维尔科伊生活的其他方面只字不提。

尼古拉斯·科卡罗和多明戈·泽尔帕与科塔萨尔合作编辑《西方》杂志，三人平摊出版费用。出于文学兴趣的契合，他们俩与科塔萨尔的关系最为亲近。就科卡罗而言，他深刻地回忆起与科塔萨尔一同在奇维尔科伊那些"笔直"而"单调"的街道上漫步的许多时刻。他们沿着城市的网格布局路散步,有时走到市中心,绕过广场,穿过教堂、社交俱乐部和市政厅,偶尔也会走入邻近的街区,那里到处都是俱乐部和小酒馆。在这些消遣的场所,科塔萨尔并不能放松,因为它们令他感到不安。

作家后来在作品《八十世界环游一天》中收录了一个有趣的片段,其中涉及一位真正的"植物人",他正是来自奇维尔科伊。"当得知这座城市里住着一位后来被他称为'植物人'的异士之后,科塔萨尔便决定去拜访他。科卡罗陪他一同前去。这位异士就是弗朗西斯科·穆希塔尼,他酷爱绿色,他的整个家都被绿意覆盖。为了保证绿色的纯净,他还给自己的房子取名为'净翠居';他那伟大的妻子和不知所措的孩子们都身着绿色。作为一家之主,他亲自为所有的家庭成员裁剪、缝制衣物,以避免分歧,减少不和谐。他还经常骑着一辆绿色的自行车在小镇上转悠。"[1] 穆希塔尼确实是一个相当特别的人,但也许不至于像科塔萨尔在书中描绘的那样极端。比方说,他并没有把马涂成绿色而导致马匹死亡。马身上只是部分染上了绿色,而且是无意间染上的:他确实给几个麻布袋子涂上了绿色,马是用来放袋子的,上面的涂料渗透出来,就印染到了马身上。他自己身上穿的也不全都是绿色的衣物。根据格兰赫的说法,穆希塔尼习惯穿白色,不过他确实会用绿色的饰物装点细节:领带、袜子、手帕以及帽子上的带子。"也就是说,对于穆希塔尼而言,绿色是一种指导原则。"[2] 同样确切的是,"弗朗西斯先生一贯极富创意。正因如此,在建造'净

---

[1] 胡里奥·科塔萨尔,《八十世界环游一天》,第二卷,第130页。

[2] 何塞·玛丽亚·格兰赫,《当年轻的科塔萨尔在奇维尔科伊工作》,文段选自尼古拉斯·科卡罗的《青年科塔萨尔》,第86页。

翠居'的时候,他决定加大后屋房间到街道这段距离的坡度,以便极大程度地减轻妻子的清扫工作(他外出的时候把妻子锁在家里);这样一来,只需要在后屋倒一桶水,这种温顺的元素就会倾泻到大街上,带走家里所有的尘垢(绿色的。)"。[1]

费尔南德斯·奇科提到了穆希塔尼其他的创举。比如,他设计了一种由三部分组成的梳子,还有他在骑自行车长途跋涉归来之后发明的"防爆胎"——因为在旅途中,他的车胎被破瓶子的碎片扎爆了,在步行回家的路上,他一直在想怎么样才能解决橡胶轮胎的这一缺陷。到家之后,他没有倒头就睡(他步行了15千米),而是用钉子将三个自行车旧轮胎一个个连接在一起,制造出了一种实心的、内部没有空气的、坚如磐石的轮胎。事实上,给自行车装上这样的轮胎,需要双倍的气力才能前进,但是改造过后的自行车比他的母亲还要可靠。[2]

还有其他逸事:他抗议公共路面的损坏,因此与政府发生了冲突;他还因为面包师在制作面包的面粉中掺入了粗麻布的线头而向对方抗议。穆希塔尼是个性格古怪的长寿老人:他去世的时候就快迈进95岁大关了,离开的时候身上的"皮肤像小伙子一样",他的女儿罗莎如是说道。而他的另一位女儿露西娅·穆希塔尼则说:"晚上八点他就让我们回家,然后就不准我们出门了。他用冷水给我们洗澡,不让我们用吸管喝马黛茶,因为他说那不卫生。他不用外面的餐具,总是自己随身携带食物。他不希望别人靠近我们。我们甚至用过他设计的围嘴,上面清楚地写着:'请不

---

[1] 胡里奥·科塔萨尔,《八十世界环游一天》,第二卷,第130页。
[2] 埃米利奥·费尔南德斯·奇科,《科塔萨尔的秘密》,贝尔格拉诺出版社,1999年,第115页。

要亲吻我们。'"[1]这样一个人，是不可能逃过科塔萨尔的眼睛的。

此外，科卡罗本人的话语使得科塔萨尔与内莉（科卡）·马丁之间本就暧昧的传闻显得更为扑朔迷离。内莉·马丁是奇维尔科伊的一位知名运动员，身材高挑迷人，曾就读于师范学校，毕业时获得了教师资格证。她和科塔萨尔的关系有些超过了友谊的范畴。这位年轻的女士住在学校附近。"正因如此，"科卡罗说，"她经常能看到科塔萨尔经过。"科塔萨尔在奇维尔科伊生活的日子里，一直都在市中心主广场附近的瓦尔齐利奥旅馆过夜。"我们俩经常一起在小镇沉闷的街道上乱晃，所以我可以肯定，他经常会在西班牙广场遇到马丁小姐。"[2]

说到这方面，关于科卡·马丁或其他女子与科塔萨尔之间似是而非的恋爱问题，目前从他在那一时期与他人可考的通信中并未透露端倪。不过，他确实提到流言蜚语在小镇上引起了轰动，他本人因此感觉非常不适。在1942年10月22日写给玛塞拉·杜普拉特的信中，科塔萨尔向她讲述了奇维尔科伊的闲言碎语，还说这些都是由他"与一个女孩之间的友谊引起的，那个女孩是我1939年刚就职时教过的学生"。科塔萨尔认为那些流言都是"歹毒之语"，它们"以一种可怕的方式蔓延开来，尽管我大多数时候都选择哈哈大笑，但确确实实因此度过了一段极为苦涩的时光"。在那段时间里，科塔萨尔的处境变得微妙起来。对于奇维尔科伊的某些保守派人士来说，他们并不赞同科塔萨尔这位年轻教师的某些态度，这也很大程度上导致了他在短时间内就被调到了门多

---

1 埃米利奥·费尔南德斯·奇科，《科塔萨尔的秘密》，贝尔格拉诺出版社，1999年，第121页。
2 尼古拉斯·科卡罗，《青年科塔萨尔》，撒贝尔出版社，布宜诺斯艾利斯，1993年，第65页。

萨。关于这一点，我们稍后会详细谈到。

费尔南德斯·奇科观察到，科塔萨尔与科卡·马丁的关系始终停留在柏拉图式的体验上。据他所说，科塔萨尔与马丁常在西班牙广场见面，此前，他们在梅特罗波尔电影院相遇，一同看了由剧作《剑客的匕首》改编的电影，但这并非偶然，事实上这是作家与电影院售票员共谋的结果。他们一周会安排几天来见面，约会的时候，他们会坐在广场的一张长椅上交谈，他会给她一些诗歌，除此之外并无其他。同样，内莉也表示："我从来没有和胡里奥接过吻。"[1]

在科卡罗的印象中，科卡·马丁是一位"高挑，非常高挑，和科塔萨尔一样，眼睛充满神采，嘴角的微笑酷似蒙娜丽莎"的年轻女子。不管如何，很明显这名女子并未在科塔萨尔的回忆中留下持久的印记，尽管他的诗作《西班牙广场——与你》与这段关系密切相关。1942年年底，科塔萨尔正要出发去智利的时候，他将这首诗寄给了杜普拉特，并表示那些诗句"是在她的激发下产生的灵感，只有被她接收的时候才具有价值"；诗中提到了"奇维尔科伊最美的广场、正午和一次约会"。就像科塔萨尔当时的诗歌创作一样，这首诗表现得过于形式化，旨在通过存在主义的背景来构建一种艺术效果。这与我们在《动物寓言集》中发现的科塔萨尔形成了鲜明的对比。尽管后者的许多特质在这一时期已经开始萌芽。

然而，科塔萨尔在奇维尔科伊生活的五年里还经历了更多的事情。这座城市，不管是叫奇维尔科伊，奇维尔科沂还是维尔奇科，对他来说都是一样地令人厌倦。正如之前我们提到的那样，

---

[1] 埃米利奥·费尔南德斯·奇科，《科塔萨尔的秘密》，贝尔格拉诺出版社，1999年，第135页。

惯常的乡村生活让他恐惧，他害怕自己会成为他们中间的一员。然而，如前文所证实的那样，从某种意义来说，他在奇维尔科伊社会的融入度是无法否认的。除此之外，还必须提到的是，这五年里发生的诸多事件都占据了他生命的重要位置：参加诗歌比赛（1940），在国内周游城市（1941），失去三位至亲好友（1942），以及首次与当局产生分歧（1944）。此外，这一时期，科塔萨尔在阅读和写作上未有丝毫松懈，阅读数量和产出作品量都只增不减。这里分享一个小插曲：科塔萨尔在奇维尔科伊生活的时期就已经掌握了德语语法，因为他还在玻利瓦尔的时候就已经开始了德语学习；他开始翻译《鲁滨孙漂流记》，还发现了一些新的作家，例如西班牙流亡作家拉斐尔·迭斯特（著有《红灯情人》）。他坦言自己被华特·迪士尼的《幻想曲》、约翰·福特拍的《愤怒的葡萄》，以及奇幻电影《绿野仙踪》所吸引；他当时正在写（或是开始写）一些后来没有出版或是无法出版的作品，其中有诗集《这边》，短篇小说集《彼岸》《动物寓言集》，以及长篇小说《云与弓箭手》。

上文提到的诗歌比赛，是由阿根廷作家协会（SAE）组织并由布宜诺斯艾利斯著名杂志《马丁·菲耶罗》推动的。这场比赛面向30岁以下的诗人，参加评审的评委团由爱德华多·冈萨雷斯·拉努萨、豪尔赫·路易斯·博尔赫斯和路易斯·埃米利奥·索托组成。比赛的年龄限制阻挡了较为资深的诗人参赛，而评审团成员的名誉也保证了比赛的严肃性，这两个条件使得科塔萨尔在那年8月——刚满26的时候，鼓起勇气参加了比赛。

《这边》是一本未曾出版、如今已经遗失的诗集，那是科塔萨尔以笔名胡里奥·丹尼斯投出稿件的标题。根据科塔萨尔透露，《这边》是与《存在》性质互为对立的诗歌集。如果说，《存在》

是以象征主义和兰波风格的韵律诗占主导地位的作品，那么在《这边》中，科塔萨尔选择了解构诗歌，试图建立与他第一部诗歌作品中的叙述相对立的表达："一种完全自由的素体诗；直指诗歌根源的直觉。"这样的诗句是科塔萨尔所喜欢的。或许它们包含了一些精髓，在不久之后开始专心创作短篇小说的科塔萨尔身上有所体现。无论如何，根据作家对路易斯·加利亚尔迪所说，在诗集《这边》中，晦涩的成分被削弱，语言和结构更为灵活，不再试图拒绝"喜欢简单和正确的读者"——尽管在1940年，科塔萨尔自己曾说过："写作时我从未考虑读者。"[1]

显然，科塔萨尔从来都不是一位易于理解的作家。根据当时的迹象，如果我们说科塔萨尔似乎在尝试接近更广泛的读者，那是在试图解释他是如何逐渐形成一种明确的反学院派的诗学风格。这种诗学风格虽然在形式上反对学院派，但其表达的复杂性却是一致的。从20世纪50年代开始，这一点就开始成为科塔萨尔作品的特点。

科塔萨尔并未获奖。提交作品一个月后，结果揭晓，花落别家，他尽可能体面地面对了这个事实，但他还是在信中透露说，在他心目中，1940年只剩下"几乎毫无价值的生活"的延续[2]。实际上，科塔萨尔一度确信他的诗集会赢得这个奖项。他曾对此抱有很大的期待。他认为那是一部成熟的作品。终于拥有了一些值得出版的诗歌，也许作为整体稍显松散，但足够有力，足以标志他作为诗

---

[1] 奥罗拉·贝纳德斯，《1937—1963年的信件》，阿尔法瓜拉出版社，马德里，2000年，第73页。内容取自胡里奥·科塔萨尔写给路易斯·加利亚尔迪的信，日期为1940年2月。

[2] 奥罗拉·贝纳德斯，《1937—1963年的信件》，阿尔法瓜拉出版社，马德里，2000年，第76页。内容取自胡里奥·科塔萨尔写给路易斯·加利亚尔迪的信，日期为1940年2月。

人的创作生涯的转折点。梅查·阿里亚斯对科塔萨尔说，她反复确认了获奖者的名字，对结果感到非常惊讶，还说："在获奖作品出版之前，我不会对此发表任何意见。"然而，至少评审团提到了科塔萨尔的作品，他们在声明中向媒体说起了它。对此，科塔萨尔表示："这一点也证实了博尔赫斯与其他作家的智慧。"25年之后，阿根廷国家文化部将肯尼迪奖授予了小说《跳房子》，和科塔萨尔共同获得这一奖项的还有作家穆希卡·莱内斯。科卡罗当时也是该奖项的评审之一，他说："虽然（科塔萨尔）在国际上享有盛誉，但这是阿根廷对他作品表示的唯一认可。"

上文提到的长途旅行，科塔萨尔当时在他的朋友弗朗西斯科·克劳迪奥·雷塔（绰号"小猴子"）的陪同下出发。前面我们曾交代过，雷塔是作家在马里亚诺·阿科斯塔学校的同学，科塔萨尔将《彼岸》和《动物寓言集》都献给了他，两本书的题词几乎一致。[1] 旅行从1941年1月底一直持续到同年2月中旬，行程约5 000千米。他们从布宜诺斯艾利斯出发，乘坐汽车、船以及火车，前往内地，穿越阿根廷的西北和东北地区，途经：科尔多瓦、拉里奥哈、卡塔马卡、图库曼、萨尔塔以及与智利和玻利维亚接壤的胡胡伊；接着是查科、科连特斯、米西奥内斯（巴拉那河上游）以及圣达菲——与巴拉圭、巴西和乌拉圭接壤的地区，最后返回布宜诺斯艾利斯。

这场旅行对于科塔萨尔来说非常重要。它不仅加深了作家与雷塔之间本就深厚的友谊，还让他探索了这个国家里一些他不曾了解的地方，而它们无疑让他着迷。在每天长达16个小时的行程中，有"可怕的炎热、温热而肮脏的饮用水、成群结队爬过的

---

[1] 《彼岸》的题词："献给帕科（雷塔的昵称），他喜欢这些故事。"《动物寓言》的题词："献给喜欢我的故事的帕科。"

大型昆虫",不同的河流(杜尔塞河、萨拉多河)、山谷(乌玛瓦卡)、峡谷(莫霍托罗),或是一些其他的地方(类似波萨达斯),在那里"我们捕猎为食(千真万确!),在我见过最为原始的丛林中开辟路径——一片阴暗的丛林,巨大的蓝色蝴蝶在其中缓慢起舞;地面上发出的任何动静都可能引出蝮蛇,招致袭击;奇异的鸟儿在那里创造出了一种原始的音乐"。在这些地方,"我感到很快乐,感受到了热带的气息,仿佛回到了孩提时代"。作家将他克制的城市生活化为冒险故事,既不过分夸张,又显得真实可信。他曾对梅查说,那里的一切让他想起了"萨尔加里、奥拉西奥·基罗加、萨默塞特·毛姆和吉卜林"。只有在蒂尔卡拉时,他感到受限。那里靠近玻利维亚,海拔 2 500 米,他说:"我的心脏总是背叛我,不让我再往上爬。"而在回程中,他发起了烧,虽然并无大碍,但还是持续了数天。

  这是科塔萨尔在那一时期最为重要的旅程之一。1943 年夏天,他又踏上了前往智利的旅途。那次旅行历时 23 天,从门多萨乘火车出发,然后乘汽车跨越安第斯山脉,到达圣地亚哥,接着向南行驶,途经延基韦湖和托多苏斯桑托斯湖,再到奥索尔诺、瓦尔迪维亚,最后返回圣地亚哥,从那里继续前往瓦尔帕莱索和比尼亚德尔马。那些粗犷的、视觉对比鲜明的风景,以及原始的山谷,在此后很长一段时间都牢牢刻在他的心上。然而,这次旅行无法像之前那样,在他的朋友雷塔的陪伴下完成。正如我们之前提到的,在那一时期,科塔萨尔的三位至亲好友接连去世,而雷塔正是最后那一位。

  如果说失之交臂的奖项和启蒙之旅是科塔萨尔在奇维尔科伊岁月的标志性事件,那么还有一点不得不强调的,便是死亡的存在。1941 年 4 月 16 日,阿尔弗雷多·马里斯卡尔去世,他是科塔萨尔在马里亚诺·阿科斯塔师范学校的老同学。科塔萨尔为他写了诗篇《死亡寓言》；1942年3月15日，佩雷拉去世。他是科塔萨尔的朋友，是他在班菲尔德的邻居，同时也是他的妹夫——他两年前与妹妹奥费利娅结婚；1942年12月，帕科（小猴子）逝世，这点上文已经提过。这三人去世皆因突发疾病。马里斯卡尔和佩雷拉的死是出人意料的，而雷塔的去世则没有那么猝不及防，因为他从小就患有慢性肾病。对于年轻的科塔萨尔来说，这些人的离世是巨大的打击。

科塔萨尔曾多次提到这三位友人，以及他们的死，他称此为在内陆生活的年岁中最为痛苦的时刻。他深刻地感受到死亡的存在，而且三者的亡故给他带去的感觉是相似的：他曾用"残酷的猛击"来形容那些时刻。此外，根据科塔萨尔式的巧合游戏，有趣的是这三人的死亡在某种程度上都相互关联，或者说，相互交织在一起。

科塔萨尔得知他妹夫的死讯的时候，他和雷塔在图库曼，当时在场的还有雷塔的姐姐、姐夫，以及他的两个外甥女。作家不得不乘坐飞机（那是他第一次坐飞机）回布宜诺斯艾利斯。他在1941年1月至2月的那次美妙旅行结束一段时间后才得知了马里斯卡尔去世的消息。尽管在看到"我朋友的遗体——因为死前的噩梦般的一周而被折磨得面目全非"之前，作家与马里斯卡尔有过短暂的会面，但那时似乎没有什么迹象预示着如此悲惨的结局。而雷塔则在马里斯卡尔去世满一年的那周住进布宜诺斯艾利斯的拉莫斯·梅希亚医院。

根据马里斯卡尔去世的情况，他的死很可能是医疗疏忽造成的，这使得作家不禁感叹"医生们无意识中犯下的罪行终结了一条极其年轻、平和而美丽的生命"。而科塔萨尔在雷塔的身体逐渐恶化的过程中尤其感到痛苦，因为他早已把雷塔视为自己家庭的一员。这些经历对作家来说区别在于，妹夫和马里斯卡尔的死让作家感到意外，但他并未与他们共同承担疾病在身体和心灵上造成的痛苦：死亡仿佛是一纸讣告，是他母亲通过电报发往图库曼的科连特斯街 203 号（小猴子姐姐的住址）的消息；或是死者的姐姐打电话通知的噩耗，就像何塞·马利亚在《天堂之门》中传递塞利诺的死讯一般。然而，与雷塔在一起，他经历了日复一日的焦虑、在守夜中逐渐滋长的绝望和夏日清晨靠近病床时的清明，带着痛苦目睹了一个与自己亲密无间、相伴十余年的好友逐渐丧失活力，身体无力承担肾脏的衰竭，"随之而来的是心脏衰竭、贫血、高尿素指标，总之，那是一幅可怕的病床画面"，并最终走向死亡。

雷塔的死或许为科塔萨尔揭示了他生命中那个最终奥秘——生活和存在的真相。他当时的思考基于"人类是一种有限的存在，为死亡而生"这一原则，而这一切都记录在了写给杜普拉特夫人、梅查和加利亚尔迪的信件中。当时，科塔萨尔虽然不是无神论者，但他像雷塔一样，忽略了信仰。科塔萨尔将这一观点传递给了虔诚的杜普拉特夫人，作家认为，死亡对于她来说是一种过渡，但对他来说是一种终结。谈及雷塔去世的那个夜晚，科塔萨尔向杜普拉特夫人坦言，那一刻，在没有任何宗教信仰的支撑下，他理解了死亡的含义。他理解了彻底的死亡意味着什么，以及如何从存在主义的角度去解读它："生理上和生物学意义上的死亡，停止呼吸，看不见，听不见"。

更值得一提的是，那段陪伴在临终的朋友身边的日子让他明白了"另一件事（虽然他早已通过里尔克的诗歌从理论层面上了解过）：死亡会带来无法言喻的孤独。站在一个人身边，触碰他，帮助他，然而，不得不承认的是，巨大的深渊将彼此隔开；死亡是唯一的、完全个人化的、不可分割的、无法分享的事。在那一瞬间，人是孤独的，绝对孤独，被世界剥离；那一刻，曾经如若同一棵树上的不同枝丫般紧密相连的生命，此时已不再有任何共融的可能"。

谈到如此重要的议题，有一点值得强调——虽然那纯粹是个小插曲：从图库曼紧急返回布宜诺斯艾利斯的那次，科塔萨尔乘坐的是泛美航空公司的一架三引擎飞机，他只花了四个半小时就回到了首都，而前几天的车程却花了48个小时。那是1942年，更确切地说，尚处于第二次世界大战的中期。客运航班并不多见，除非有特殊情况。正因如此，尽管当时的科塔萨尔因为妹夫的离世而沮丧不已，但他还是被几千米高空中的景象迷住了。他告诉加利亚尔迪："图库曼山脉陡峭，从千米高空向下望去，峰顶上最细微的景致都一览无余；还有穿越盐滩的道路，科尔多瓦地区的山峦，以及蜿蜒曲折的巴拿马河流，它们激荡着我的心胸，留下深刻的烙印。"此外，他还向加利亚尔迪表达了自己希望尽快再次体验高空飞行的想法。更令人觉得不可思议的是，当向这位朋友透露他对此次旅程的惊叹时，科塔萨尔的表达不像是出自一位不可知论者，更像是出自一位极度虔诚的教徒："路易斯，我不后悔生于这个时代；它让我们得以从人类前所未见的角度观察上帝的作品。"

而我们在上文提到的第四个大事件，即科塔萨尔在奇维尔科伊岁月里的核心事件——首次与当局产生分歧，我们将其定性为与权力的割席，它对作家的生活产生了决定性的影响：他放弃了自1939年就开始胜任的教职，并且几乎没有向奇维尔科伊的任何人告别（除了最亲密的朋友，比如科卡罗和泽尔帕），就动身前往在门多萨新成立的国立库约大学。

1942年，阿根廷深陷威权政府政策的余波，这一政策的根源可以追溯到1930年由何塞·埃瓦里斯托·乌里布鲁策划的第一次政变，也正是此次政变导致了伊波利托·伊里戈延民主政权的垮台。阿根廷民众对此已经习以为常，见怪不怪。1943年6月4日，又一场政变发生了。此次政变的发起者是一群亲德的军队领袖（核心成员包括阿图罗·罗森将军、佩德罗·巴勃罗·拉米雷斯将军和埃德尔米罗·法雷尔将军，以及胡安·多明戈·庇隆上校），其中有一部分人有明确且公然的亲纳粹意识形态。这场政变推翻了拉蒙·S.卡斯蒂略领导的政府。在这一背景下，国家实施了一种具有深远影响且具有煽动性的民粹主义政策，这最终导致庇隆在1946年当选为共和国总统。

这就是事件发生的背景：事实上掌权的政府（法雷尔和拉米雷斯）强化了日益加剧的审查氛围，不管是在布宜诺斯艾利斯还是在其他省城，当局的制约因素渗透到了各个地方和社会领域。似乎无论做什么都无法逃离这种控制，而在很多时候，这种控制被认为投射到了短篇小说《被占的宅子》中，关于这一点，我们稍后会进一步介绍。

1944年初冬，科塔萨尔在奇维尔科伊的境况开始变得越发复杂，到了同年7月，情况变得更为不利。造成这种局面的并非学校的同事，而是当地的某些民族主义团体。这些团体对科塔萨尔的教学工作颇有微词，除此之外，他们还试图找理由质疑科塔萨尔没有尽到应尽的社会责任。例如，科塔萨尔没有亲吻主教的戒指，而只是向他伸出了手；又例如，他在宗教课程的开幕仪式当天缺席了。

科塔萨尔本人提到这些事件的时候说："我被（'民众舆论'）指控犯有以下罪行：a.缺少支持政府的热情；b.共产主义；c.无神论。"他讲授的革命相关的课程被指责说是"非常冷漠且充满暗示和保留的"[1]，这证明了他的共产主义倾向，因为"有了a就会有b"。再加上科塔萨尔是25名教师中唯一没有亲吻塞拉菲尼主教大人（当时他出访奇维尔科伊）的人，因此，"他们把a、b、c三项罪名都扣在了我头上，美国黑帮头子约翰·迪林杰在我面前简直就是天使"。

6月最后几周，实际上也是科塔萨尔生活在奇维尔科伊的最后几周，他过得很难。压力不断增加。舆论不但没有平息，反而愈演愈烈。科塔萨尔真正担心的并不是由于他的态度而可能引发的那些愚蠢的社会丑闻，而是他丢掉教职的风险。他的家人的生存完全依赖于他的月薪；他的家庭状况十分脆弱，正如他向梅查所说的那样，一切问题都源于"衰老"或是"身体缺陷"。然而，命运与他的预料大相径庭，暂时阻止了他原本认为不可避免的一场悲剧。7月4日那周临近独立日，他回到了位于阿蒂加斯将军街3246号的公寓里，"确信随时都有可能发生爆炸"。

然而，"爆炸"没有发生。尽管科塔萨尔的担心并非多余，但事情的走向出现了一百八十度的大转向。这并不是因为奇维尔科伊的那些重要势力对作家生出了悔意，而是因为科塔萨尔收到了国立库约大学发出的工作邀请。值得一提的是，胡里奥·科塔萨尔并没有获得过任何大学学位。但这个问题并未造成什么困扰，因为向他提供这个临时教职的人吉多·帕尔帕尼奥利，是科塔萨

---

[1] 奥罗拉·贝纳德斯，《1937—1963年的信件》，阿尔法瓜拉出版社，马德里，2000年，第163页。内容取自胡里奥·科塔萨尔写给梅查·阿利亚斯的信，日期为1944年7月。

尔在哲学与文学系的同学，当时在教育部任职。科塔萨尔觉得他们在布宜诺斯艾利斯大学求学的岁月里就已经彼此疏远了。帕尔帕尼奥利知道他没有学士学位，但是，很显然，他在法语以及法国文学方面的知识是非常充裕的。

国立库约大学向科塔萨尔提供的工作包含三门课程，两门关于法国文学，一门关于北欧文学。与在奇维尔科伊的教职相比，尽管薪水相当，但区别在于每周的授课时间从16小时减少到了6小时。而且，学生的数量也大幅减少，大三的学生只有两个。然而，最重要的是，接受这个职位不仅能让他远离奇维尔科伊的激烈纷争，而且终于能让他在智识上发挥自己的最大潜能，而不必让教学囿于极其有限的层次和科目。

受安第斯山脉（阿空加瓜山）的影响，库约地区成为一个主要种植葡萄等水果的地区，背后是被积雪覆盖的火山。它囊括的省份有圣胡安、圣路易斯和门多萨。在这三省中，门多萨尤为惹人注目。它距离布宜诺斯艾利斯1 000多千米，距离智利首府圣地亚哥390千米。在20世纪40年代，对于一些人（门多萨人）来说，门多萨市是阿根廷第二大城市；而对于另一些人（科尔多瓦人）来说，它是第三大城市，因为他们觉得科尔多瓦才是仅次于布宜诺斯艾利斯的城市。而对于罗萨里奥人来说，位于巴拉那河畔的罗萨里奥才是阿根廷的第二大城市。不论竞争如何，事实上在20世纪40年代初期，门多萨，作为在1561年由佩德罗·德尔·卡斯蒂略创立的城市，提供的文化机会远比奇维尔科伊要多，就比如它于1939年创立的大学；特别是与综合实力显然要小得多的玻利瓦尔相比，更是如此。

在那次令人难忘的旅途中——科塔萨尔在朋友雷塔的陪伴下

游历了阿根廷的西北部、北部和东北部，门多萨被暂时略过了。由于科塔萨尔的朋友吕西安娜和玛塞拉·杜普拉特经常提及科尔多瓦，因此这座城市在那次旅行中被选中作为前往拉里奥哈的起点。然而，门多萨，这个西面与智利接壤的城市，当时成为他待访的地点之一。他前往国立库约大学任职的一年半以前，也就是他开启智利之旅的行程时，他曾在门多萨待了两天。1944年7月8日，他再次踏足那片土地，而同一天，庇隆在共和国副总统的选举中获胜。

理论上，科塔萨尔从入职起到1946年6月25日，即他辞去大学教职的那一天，一直住在门多萨。然而，从1945年12月底开始，他就已经在布宜诺斯艾利斯工作了。也就是说，他实际上在门多萨生活了将近一年半的时间。在那期间，他一直辗转于旅馆和画家阿夫拉姆·比戈的家（戈多伊克鲁斯市，拉斯埃拉斯街282号）。他在门多萨生活的最后时期一直住在马丁内斯·德·罗萨斯街955号。

国立库约大学是一所新兴的教育机构。而与之相比，科尔多瓦大学已经有超过四百年的历史了。然而，除了崭新的校园面貌，国立库约大学还提供了一种师生之间真正流畅沟通的可能性，而这一点正是因为学校没有僵化的体制和历史的桎梏。科塔萨尔很快就发现了这一特质，尽管薪水微薄，但他还是积极投身于学校的建设。在作家看来，这一阶段的生活像是一场美丽的传道布教的经历，事实也确实如此。门多萨聚集了各种以教学为职业志向的教师，他们来到这里，憧憬着把平生所学教授给学生，哪怕只比学生略懂一些，而科塔萨尔出色地履行了这一职责。关于这一点，科塔萨尔昔日的学生、后来在国立库约大学任教的多莉·玛丽亚·卢塞罗·翁蒂韦罗斯表示，学生们"之所以能发现文学的魔力，是因为一堂堂精妙绝伦的文学课，教授它们的人拥有卓越的智慧，娴熟的语言技巧以及充盈着美的灵魂"，这里指的正是科塔萨尔。

正如我们上文所介绍的那样，科塔萨尔做出搬到门多萨的改变，至少首先是为了远走他乡，从而摆脱奇维尔科伊给他带来的困境。他认为，有了教育部的任命，关于他的那些争议可能会被平息（这一推测非常合理）——他担心自己会被迫回到奇维尔科伊，这一点让他很焦虑。不过，他担心的情况并未发生，因为他离开门多萨之后，既没有回到奇维尔科伊，也没有继续从事教学工作，而是回到了布宜诺斯艾利斯，转向了阿根廷图书商会的行政管理工作。

另外，如我们刚透露的那样，在最初的几周，门多萨让作家心潮澎湃，不仅是因为他的生活经历以及他在教学中取得的职业成就，还因为一些重要的友谊。其中，与他在国立库约大学的同事——雕刻家兼画家塞尔希奥·塞尔希（艺名为塞尔希奥·霍塞瓦尔）以及其妻子格拉迪斯·亚当斯的友谊尤为重要。此外，他珍视的朋友还有胡里奥·佩塞瓦尔和伊雷内奥·费尔南多·克鲁斯，后者是教授古典文学和希腊语的教师：他与科塔萨尔共同发明了"芒库斯比亚"这一口头禅，用来形容过度和无节制，不过在短篇小说《剧烈头痛》中，这一词指的是一些需要悉心呵护方能存活的虚构动物。

为什么我们会说这一时期的门多萨让作家心潮澎湃呢？简而言之，是因为他在那里过得非常愉快。尽管他确实非常怀念布宜诺斯艾利斯，但他被这里山峦起伏的风景所吸引。此外，作家的课堂教学表现也非常出色，他的博学和谦逊令人惊叹不已。他继续阅读和写作，写作内容包括诗歌、短篇小说和长篇小说。他还加入了大学里的一个俱乐部，这个俱乐部拥有极强的国际氛围，这让作家大为惊讶。他写信对梅查说:"学院里有一个装潢精美的大学俱乐部,占据了地下室好几间房。那里面有酒吧,舞厅内回荡着'布基乌基'的旋律,到处都插着美洲各个大学的旗帜,老师和学生们都去那里聊天,在那里上未完的课,喝酒甚至跳舞。您相信这一切有可能在门多萨发生吗?当他们把我带去那里的时候,我仿佛觉得自己进入了哈佛或是康奈尔大学,但不可能是在门多萨。然而,这就是现实:让我们为此庆祝吧。"无论如何,正如我们接下来会看到的那样,这种理想化的氛围很快就会幻灭。

在门多萨生活的那一年半时间里,科塔萨尔因高大的身材而被亲近的朋友亲昵地称为"高个儿萨尔"。那段时间,他全身心地融入到周围的环境中。他的教学工作令人称道,每天备课要花费大量的时间。他的教学内容涵盖了法语文学中的浪漫主义(如拉马丁)、象征主义(如兰波或马拉美),还有英国湖畔诗人(科塔萨尔翻译了华兹华斯的作品)、英国撒旦派诗人(如雪莱、拜伦和济慈等)。在这方面值得强调的是,他的个人风格和教学方式被学生们全盘接受了。对此,多莉·玛丽亚·卢塞罗·翁蒂韦罗斯表示:"我觉得,当时的他根本不会想到,他对各种美学流派的开放态度、对阅读的推荐、对广泛吸纳所有时代的艺术表现形式以求更好地了解普世思想的态度,这一切都在学生的内心留下了永恒的印记。"[1]

有趣的是,随着时间的推移,科塔萨尔回忆起了自己从像马拉索和法托内那样的老师身上获得的积极影响;同样有趣的是,他也给许多学生留下深刻印象。对此,多莉·玛丽亚·卢塞罗·翁蒂韦罗斯本人也在以下的话语中提到了这一点:"1951年到1952年间,我在西班牙首都马德里的康普顿斯大学攻读研究

---

[1] 多莉·玛丽亚·卢塞罗·翁蒂韦罗斯,《科塔萨尔:门多萨访客》,文章选自文集《石与歌》,1996年出版于门多萨。

生。那时，门多萨的学习生活于我来说已成为过去。在那里，我有幸成为胡里奥·科塔萨尔的学生。他在我们省工作的那段时间创作了许多短篇小说，有一部分后来被收录到《动物寓言集》中。老师他并不知道，正是他在课堂上用欧洲诗人、散文家和剧作家的口吻为我们描绘的引人入胜的美妙景象，促使我最后决心投身于文学研究，将其作为职业进行发展。在国立库约大学短暂的停留中，通过与学生之间亲切、友好的交流，他的教学事业得到了发展。他总是将学生们视为'朋友'，正如他从布宜诺斯艾利斯发来的信件中所提及的那样。信件的大概内容如下：'向我们共同的朋友致以最亲切的问候'，'向您的同学们转达我最诚挚的问候，他们也是我的朋友'，又或是'请向您所有的朋友问好，并祝他们1947年的课业一切顺利'。"[1]

除了专注于教学，科塔萨尔完成了短篇小说集《彼岸》，长篇小说《云与弓箭手》，还完成了《动物寓言集》中的几个重要篇目。但是，他没有出版任何一本书。

关于出版这件事，科塔萨尔一直是非常抗拒的，至少在20世纪50年代之前都是如此。从很年轻的时候起，他就坚持将送印的作品尽可能地打磨成熟，这样以后就不会后悔。他从不认同那种普遍存在于年轻作家身上的过度自恋——他们急切地想要看到自己的名字出现在书本的封面上。然而，需要指出的是，在门多萨生活的某个时期，科塔萨尔曾动摇过，他一度想要自费出版自己的书，例如短篇小说集《彼岸》。1942年，科塔萨尔曾对梅查·阿里亚斯提到说，如果资金允许，他打算出版这本书。同年，他还向吕西安娜·杜普拉特坦言，希望1943年能有机会出版一些他的作品，因

---

[1] 选段摘自2001年4月笔者对多莉·玛丽亚·卢塞罗·翁蒂韦罗斯的采访。

为"书稿越积越多，我清楚地知道它们在我的书架上占据了多少位置"。1944年3月，科塔萨尔刚搬到门多萨不久，他写信给杜普拉特夫人，透露他非常希望"今年能将我中意的一些幻想故事（指的是《彼岸》）集结成一个小册子，然后付印成书"。然而，他的这一愿望在门多萨并未实现，这一点并不难预料，特别是考虑到科塔萨尔对出版的要求："我在出版上的困难纯粹是因为一种贵族式的选择：如果问世的版本丑陋、粗糙和庸俗，那么我宁愿不要出版。因此，我一直在等待某位既有品位又有财力的编辑的出现，不过，能集这两个条件于一身的编辑并不多见……"

1946年2月，诺瓦出版社即将要出版《彼岸》的时候，项目突然被搁置，导致该书后来一直未能出版——科塔萨尔之后不愿意再重新推出这部作品。不过，他确实在哲学与文学系的《古典研究杂志》上发表了论文《约翰·济慈的希腊古瓮》，并在《牧歌》上发表了前文提到的短篇小说《手的季节》。

那么，除了与霍塞瓦尔一家建立的友谊外，门多萨的氛围是从什么时候开始变得消极的呢？

事实上，仅仅在门多萨待了两个月，科塔萨尔对这所大学的印象就发生了改变，他觉得这里的地方主义已经深入骨髓。在最初的新鲜感过后，现实浮出水面：学生们的水平低下，教师和当局之间存在着激烈的政治纷争，后者对他影响至深。因此，可以这么说，并不是这所大学完全背离了他眼中最初的样子，而是它没有变成他所希望的那样。另外，政治环境再次变得暗流涌动，它对作家产生了直接的影响。不过，1942年，作家曾对梅查·阿里亚斯说过："我永远不会参与政治。"那时正是阿尔贝托·巴尔德里奇在由埃德尔米罗·J.法雷尔领导的实权政府中担任司法与公共教育部部长的时期。

当时的局面极其复杂，为了解释这一点，有必要回溯1944—1946年之间阿根廷发生的事情。那时，门多萨当地不偏不倚上演着布宜诺斯艾利斯正在发生的事件，那就是庇隆主义的崛起。庇隆主义是一个至少在思想和特点上显得模棱两可的象征。我们说它模棱两可，是因为，一方面，庇隆主义在实践中对金融领域进行了干预，实行了价格控制与外贸管理，推动了精心设计的国有化计划，并且推出了有利于"无衫者"（工人阶级和平民阶层）的社会项目；但另一方面，这只是华丽的说辞，这一切不过是为了谱写极端民粹主义的颂歌。

我们在这里并不试图像教科书那样对庇隆主义下定义，但可以指出的是，它是一种受法西斯主义启蒙的意识形态运动。早在胡安·多明戈·庇隆于20世纪30年代担任罗马军事专员的时候，他的思想就受到了墨索里尼主义的明显影响。他的理念基于一种煽动性的民粹主义，与西班牙的何塞·安东尼奥·普里莫·德·里韦拉的国家工团主义，或是弗朗西斯科·佛朗哥将军的专制主义有很大的相似性。与此同时，面对40年代中期军事权力的呼声，庇隆及其妻子、女演员埃维塔·玛丽亚·埃娃·杜瓦尔特（1952年逝世，她个人形象的神化使得她在绝大多数公众眼里具有超越善恶的历史地位）提出的主张，传达了阿根廷这样一个因多年来的制度危机和"二战"的结束而停滞不前的国家将要重新分配财富的信息。

必须记住的是，随着战争的结束，阿根廷在"二战"期间因保持中立地位而享有的肉类、谷物和皮革的出口优势也随之消失。正因如此，庇隆的煽动性言论迅速引起了共鸣，底层民众在他的口号中看到了摆脱社会边缘的可能性，而寡头和资产阶层则认为庇隆以及他推动成立的阿根廷总工会（CGT）可能会产生一个带有共产主义色彩的政权。随着时间的推移，围绕新政权的疑虑逐渐消散。毫无疑问的是，庇隆的上台（他于1974年去世）彻底改变了阿根廷民众的生活，并产生了显著的影响，这些影响一直持续到他的第二任妻子玛丽亚·埃斯特拉·马丁内斯（伊莎贝尔）的统治在1976年被魏地拉的政权取代为止。

然而，我们要记得的是，当时正处于1944年到1945年之间（庇隆在总统府阳台发表的历史性的演讲发生在1945年10月17日），科塔萨尔仍然以胡里奥·弗洛伦西奥·科塔萨尔署名。然而，由于他参与了国立库约大学发生的一些事件，他再次成了攻击的目标，而这次的攻击则来自所谓的"门多萨民主党"。

上文提到的国立库约大学事件，指的是科塔萨尔参加了发生在里瓦达维亚大街的大学占领运动，这一运动带有浓厚的法国五月风暴[1]前阶段的气息。国立库约大学的情况与国内其他大学的情况并无二致，因此他们决定做出回应。科塔萨尔当时向哲学与文学系的学生们表示："在这个价值观几乎发生畸变的时刻，大众依附于那些用低劣手段取胜、难以为继的权势，让它们得以自封为阿根廷现实的真正代表，并对任何揭露与反对这种虚伪罪行的行为发出诅咒。"[2]不过，要强调的是，科塔萨尔并不是一个煽动性的领袖（他从来都不是），他更应当被看作是一个坚持自我、不愿意屈服于政治压力的品格坚定者。

这时候值得停下来探讨一下科塔萨尔在这一时期的意识形态

---

[1] 法国五月风暴是指1968年5月在法国爆发的一系列学生抗议、工人罢工和社会动荡的事件。它反映了对传统权威的反抗，影响了法国社会的政治和文化格局。——译注

[2] 奥罗拉·贝纳德斯，《1937—1963年的信件》，阿尔法瓜拉出版社，马德里，2000年，第199页。内容取自胡里奥·科塔萨尔写给哲学与文学系全体学生的信，日期为1946年4月。

成分，这一意识形态一直持续到大约 1959 年——他创作《追寻者》这一短篇小说（该作品被收录在《秘密武器》一书中）的时候。如我们之后会看到的那样，这部作品的问世标志着他对世界态度的重新定调。在上文中我们曾经强调，这一时期的科塔萨尔是反庇隆主义的，但这种反庇隆主义究竟意味着什么呢？这种反对由什么元素构成呢？他主张的是不是一种温和的反庇隆主义？[1]谈到这一方面，我们还需要记住科塔萨尔曾对奥斯瓦尔多·索里亚诺和诺韦贝托·科洛米纳说的话："我真的不在乎拉丁美洲，我来到欧洲的时候，真的一点也不关心拉丁美洲。我是一个完美的小资产阶级个人主义者。"

我们提到了科塔萨尔在国立库约大学事件中的参与，然而，不容忽视的是，他参加这种反庇隆主义运动，更多的是出于一种个人主义的冲动，以及某种审美标准，也就是说，这一举动与政治立场无关。实际上，不管是在国立库约大学事件发生之前还是之后，科塔萨尔并未表现出明确的政治意识形态，也没有准备组织大规模的反对庇隆政权的行动。真正占据他内心的是一种知识分子的、小众的、关乎自由主义且属于小资产阶级的拒斥情绪，这一点我们在上文已经提到过。

我们会发现，为了坚持这一方向，作者几年后会将他的那一时期（大概可以定位于 1946—1951 年）总结为"生活在布宜诺斯艾利斯，孤独而独立；坚信自己是无法改变的老光棍，朋友极少，痴迷音乐，全天阅读，热爱电影，对发生在美学领域之外的事情视而不见"的状态。那一时期，他住在自己位于拉瓦列街（拉瓦列 376 号，12 单元）和雷孔基斯塔街的家中，面朝拉普拉塔河。

---

[1] 奥罗拉·贝纳德斯曾多次向我提到，科塔萨尔的短篇小说《乐队》是最能体现他在庇隆主义盛行后离开阿根廷的原因。

除了与奥罗拉·贝纳德斯有选择地分享一些信息外，他几乎与外界现实隔绝。

科塔萨尔生活在对阿根廷以及其时局的回避状态中。他自己也承认了这一点，并因此将自己视为"赶时髦分子"，不过这些都是后话了。"我们（这里指的是四十年代一代[1]）很少阅读阿根廷本国作家的作品，并且几乎只对英国文学和法国文学感兴趣；其次是意大利文学、美国文学和德国文学。我们都是借助译本来阅读外国文学。我们深受法国和英国作家的影响，直到某一天——大约是在25岁到30岁之间，我和许多朋友忽然发现了自己的这一传统。那时的人们梦想着去巴黎和伦敦，而待在布宜诺斯艾利斯则像是一种惩罚，生活在这里就像是身在囚禁中。"

就这样，阅读外国文学成了政治时代的避难所，其中最响亮的反对声音即沉默本身："面对大众呼声的泛滥，我们每天都在承受那种被侵犯的感觉；我们这些整天读外国作品的资产阶级年轻一代无法理解这种现象。角落里的喇叭高喊着：'庇隆，庇隆，您真伟大。'对此我们觉得异常烦躁，因为这一声音打断了我们正在聆听的阿尔班·贝格的最后一场音乐会。"总体来说，《动物寓言集》中的那篇《天堂之门》是科塔萨尔回应这种情况的代表作品。这篇小说讲述了在巴勒莫舞厅上发生的故事，且重点描绘了常被称为"黑头小子"[2]的那一人群的样貌举止。这些人是外来者的象征，代表的

---

[1] 在阿根廷，"四十年代一代"通常指的是那些在20世纪40年代活跃的文艺先锋，他们在当时的社会和政治背景下形成了独特的文化和艺术风格。这一代人包括作家、诗人、艺术家等，他们的作品往往反映了那个时期的社会和政治状况。——译注

[2] "黑头小子"是阿根廷人用来贬低他人的话语，指的是与有着较暗肤色和土著特征的工人阶级人口相关的一个群体。这个词语主要在20世纪中期被布宜诺斯艾利斯大都市地区的中高层阶级使用，在其他地区则使用得较少。——译注

是内陆的阿根廷人入侵了布宜诺斯艾利斯的中产阶层。

感性一点来说，以上描述恰如卷入国立库约大学混乱后的科塔萨尔的状态。现在让我们回到门多萨。

那次占领大学事件发生在1945年10月的第一个星期，总共持续了五天。活动集结了50名学生和6名教师，除了科塔萨尔之外，还有教授社会学的胡安·比利亚韦德老师，教授地理的彭多拉·马丁内斯老师等。据海梅·科雷亚斯说，在占领运动期间，大伙儿举行了一个比赛，看谁创作的歌曲最能代表这所反叛的大学。最终，胡安·比利亚韦德获胜，而科塔萨尔创作的歌词则入围了决赛——他还为歌词谱写了钢琴曲。[1] 在这几乎长达一周的占领运动中，有人试图用催泪瓦斯驱逐，以职业报复为严肃警告，还进行明确违法的威胁。最后所有的一切都以警方介入并逮捕领头人告终。不过，"由于一个单纯的幸运巧合——10月11日的突如其来的变故[2]，事态没有进一步恶化"，作家这样说道。

---

1 埃米利奥·费尔南德斯·奇科，《科塔萨尔的秘密》，贝尔格拉诺出版社，1999年，第192页。文中记录了《国立库约大学之歌》，歌词如下：
让我们在回廊中 / 保护知识与真理 / 回应暴君的压迫 / 大学万岁！ / 老师和学生 / 齐心协力 / 共同抗击野蛮 / 大学万岁！ / 包围和毒气 / 无法令我们屈服 / 捍卫我们的家园 / 大学万岁！ / 同学们，老师们 / 全力以赴 / 让大学在库约蓬勃发展 / 大学万岁！ / 学生们，伙伴们 / 坚持奋斗 / 让你们的勇气激励人心 / 大学万岁！ / 门多萨、圣路易斯和圣胡安的骄傲人民 / 让我们共同维护文化 / 大学万岁！ / 围攻的同志们 / 请永远牢记 / 这一事业的口号：大学万岁！

2 1945年10月初，庇隆的政治对手们联合起来，迫使他辞职并计划将他逮捕。10月11日，庇隆意识到自己即将被捕，于是他和伴侣埃娃·杜瓦尔特（后来的埃娃·庇隆，或称为"艾薇塔"）一起逃到了阿根廷三角洲的一座岛屿。然而，尽管他们尝试躲避，庇隆还是在10月13日被逮捕并被送往马丁·加西亚岛，这是一座位于阿根廷和乌拉圭之间的岛屿，长期以来被用作关押政治犯。这个事件是阿根廷历史上著名的"10月17日事件"的前奏。庇隆被捕后，工人阶级和支持他的民众在10月17日发起了大规模的抗议和罢工，最终迫使政府释放了庇隆。这一事件被认为是庇隆主义运动的重要转折点，并最终使庇隆在1946年当选为阿根廷总统。

科塔萨尔在这场运动中的参与是导致他最终离开门多萨的决定性因素，这次介入使得他因与所谓的民主党关系不佳而持续受到调查。在大学占领运动之前，曾有人发起了一场针对科塔萨尔的"大字报"活动，抨击他所捍卫的信仰。那些"大字报"不仅强调科塔萨尔缺乏与他的职位相匹配的学士学位，还称他为纳粹分子、选举工具、宣传代理人、民族主义者和法西斯主义者，而这些指控与他在奇维尔科伊受到的指控恰恰完全相反。在1945年6月21日写给梅查·阿里亚斯的信中，作家这样抱怨道：

嗯，这封信看起来确实很悲观，不是吗？它多多少少会受到我这两个月以来情绪的感染。这段日子以来，我被困在这个小小的库约地狱里煎熬，这个地狱属实是太精致了一些。我不知道什么时候或者如何才能摆脱这里。接下来是简报时刻：

a) 继被指控为共产主义者、无政府主义者和托洛茨基主义者而离开奇维尔科伊之后，我很荣幸地在门多萨被人称为法西斯主义者、纳粹主义者、塞皮奇主义者、罗萨斯主义者和长枪党。这两边的指控（那些来自奇维尔科伊和来自门多萨的）就像是称我为垂柳、奇彭代尔风格的桌子或是小威利·温基一样，荒谬至极。

b) 我与库约大学的政治领导人发生了激烈的争执，关于其中的细节，我会通过寄给您的简报告诉您，供您消遣。那个收信人曾是大学校长的候选人，所幸，我们成功地让他输在了自己主张的策略上（他属于国家民主党）。不过话说回来，现任校长对我们也没有任何帮助。

c) 问题的根源：我就职的时候恰逢著名巴尔德里奇领导

下的灾难时期。这一巧合（在我看来确实是巧合）似乎经常被解读成别的意思：无条件的支持、宗派主义等等，因此产生了各种指控，也因此您会在简报中读到一些句子，我相信它们会向您解释清楚这个问题。（顺便说一下，那封信中提到了被称为"政客"和"骗子"的那位先生，他只是温和地回应说承认我的教学能力［您看，也不是多么糟糕的家伙］，但还是对我在巴尔德里奇时期任职一事感到困惑。）[1]

那段日子充满了极度的愤怒，时不时还伴随着疲倦；间歇性的罢工充斥着日常生活（每学期平均有 50 节课，但实际上只上了 30 节；6 月份的课程进度完全停滞，而 9 月份只有部分时间是照常上课的）；正是这些时刻使得作家开始考虑回到布宜诺斯艾利斯。没有什么比他的时间、写作和学习更有价值，正如他继续向梅查坦言的那样："（在关键的那几周）我晚上回到家，翻开书本，仿佛在为冷落它们而道歉。我已经知道了什么叫连续 24 小时不停地游说、盘算计谋、对抗攻击、起草声明、组织新闻抗议，用一切体面的手段回击敌人。一个人可以从这样的境况中摆脱出来吗？我不知道。您应该看看门多萨的水是如何冲掉肥皂的……"[2]

1945 年 12 月底，随着夏天的到来，科塔萨尔清楚地意识到，面对这样的情形，他不愿意继续留在门多萨，因此他申请了无薪休假，然后前往布宜诺斯艾利斯。不过，他正式脱离国立库约大学是

---

1 奥罗拉·贝纳德斯，《1937—1963 年的信件》，阿尔法瓜拉出版社，马德里，2000 年，第 187 页，内容取自胡里奥·科塔萨尔写给梅塞德斯·阿里亚斯的信，日期为 1945 年 7 月。
2 奥罗拉·贝纳德斯，《1937—1963 年的信件》，阿尔法瓜拉出版社，马德里，2000 年，第 187 页，内容取自胡里奥·科塔萨尔写给梅塞德斯·阿里亚斯的信，日期为 1945 年 7 月。

在1946年6月25日，那天他正式辞去了所有的职务。因此，除了一些友谊的牵连，例如作家与塞尔希奥·塞尔希、阿门瓜博士、埃塞尔·格雷以及一些座谈会上的朋友，阿佐尼·达内奥或是科尔迪维奥拉（还有大学里为数不多的同事，比如费利佩·德·翁鲁维亚）等人保持的关系，门多萨于科塔萨尔而言，再次成为一个距离布宜诺斯艾利斯1 140千米的西北省份，而他在那里居住的时间还不到两年。门多萨像玻利瓦尔或奇维尔科伊一样也成了回忆，而他在这两地的回忆并不都是愉快的。作家用一句话不容置疑地总结了他对那段生活的看法："于我而言，那确实是残酷而苦涩的一年。"

在同样的语境下，科塔萨尔向塞尔希坦白，说对自己在门多萨所受的对待深感愤怒，还说那里的生活令他极度不适。他的生活被夹在政治的交火之中。"我在门多萨的处境是非常矛盾的，这就是为什么我坚持认为自己做了非常正确的决定：离开门多萨。如果当时是联合民主党（我为之奋斗的政党）获胜，那么我自己在门多萨的日子也就到头了。您认为仅仅因为我在被围困的学院里待了五天，他们就会原谅我面对他们的平庸而毫不妥协的态度吗？您认为他们会原谅我和克鲁斯交朋友，与索亚赫打招呼，或是同费利佩结盟吗？不，我亲爱的塞尔希；联合民主党的胜利就是我的通行证。联合民主党的胜利在本质上与庇隆的胜利是一样的，但这里的原因却截然不同。我无法忍受耶稣基督重回学院，塞皮奇和索亚赫登上权力的宝座。所以，在第一种情况下，'他们要对我下手'，而在第二种情况下，我是自己主动离开的。我抢先一步避开了这两种情况，我对此感到非常高兴。"[1]

---

1 奥罗拉·贝纳德斯，《1937—1963年的信件》，阿尔法瓜拉出版社，马德里，2000年，第213页，内容取自胡里奥·科塔萨尔写给塞尔希奥·塞尔希的信，日期为1946年7月。

从严格意义上说，离开门多萨意味着教学生涯的终结。不过，从更广泛的角度来说，他在此后的生活中依然会不时地参与世界各地的课堂，和学生进行交流。不管怎么说，随着门多萨时期的结束，"教师科塔萨尔"逐渐隐去，而"作家科塔萨尔"则开始占据了主导的位置。几年后，科塔萨尔移居布宜诺斯艾利斯，多莉·玛丽亚·卢塞罗·翁蒂韦罗斯问他为什么不重新回到讲台上，对此，科塔萨尔毫不犹豫地回答道："因为我想成为的是作家，而不是老师！"接下来我们要提到的那些日期都意味着科塔萨尔人生的转向——开始寻找一份谋求经济收益的工作。他后来在位于首都萨米恩托大道的阿根廷图书商会找到了工作，接替作家安蒂略·加西亚·梅利德担任商会主管一职。此外，他还利用空闲时间继续写作和翻译，而他的作品也显得越来越专业。[1] 从1946年到1949年，他每天下午都在做商会的管理工作，与此同时，他也着手准备考取官方翻译资格证，计划成立一个专门处理英语和法语翻译的事务所。也就是在那个时候，去欧洲旅行的念头变得越发强烈起来——多年来，这个梦想一直被默默埋在心底。和许多的拉丁美洲作家一样，他的目标是去往巴黎。

正如我们在上文所提到的，1946年到1947年之间，科塔萨尔在《布宜诺斯艾利斯年鉴》杂志上发表了短篇小说《被占的宅子》，当时该杂志的主编是萨拉·奥蒂斯·德·巴苏尔多，秘书是

---

[1] 1944年2月，科塔萨尔开始翻译《鲁滨孙漂流记》，该书先由布宜诺斯艾利斯的维奥出版社（Viau）出版，而后到了20世纪70年代，该译本由巴塞罗那的布鲁盖拉出版社（Bruguera）出版；他还翻译了切斯特顿的《知道太多的人》，译本由诺瓦出版社（Nova）出版；瓦尔特·德·拉·马雷的《一个侏儒的回忆》的译本，由阿尔戈斯出版社（Argos）出版；安德烈·纪德的《背德者》的译本，由阿尔戈斯出版社出版；霍顿勋爵的《济慈的生平与书信》，阿尔弗雷德·斯特恩的《笑与哭的哲学》，以及让-保罗·萨特的《存在主义哲学》，以上三部译著都是由伊曼出版社（Imán）出版。

豪尔赫·路易斯·博尔赫斯。另外，在1947年2月的时候，他已经完成了戏剧诗《国王》，该作品于1949年由古拉布和阿尔达巴霍尔出版社出版。

关于《布宜诺斯艾利斯年鉴》以及科塔萨尔，博尔赫斯本人曾回忆说，某天下午，一个瘦削的年轻人带着一份打印出来的稿件来到了编辑部，希望自己的作品能被收录到杂志中去。博尔赫斯提到，他告诉科塔萨尔，自己会阅读这份稿件，让他十天之后再来。不过，科塔萨尔，急性子的科塔萨尔，比约定的时间提前到了。博尔赫斯回应说，稿件被接收了，甚至还告诉他发表时会让自己的妹妹诺拉配图。实际上，这篇于1951年被收录进《动物寓言集》中的小说，见刊时配有一些插图，但它们并未让科塔萨尔感到满意。科塔萨尔的挚友塞尔希，众所周知，他是这一领域的专业人士，他也不喜欢这些插图。科塔萨尔对其中的一幅图稍有好感：故事中的两位主人公身处灯下的场景。但他对另一幅插图却非常不满：图中出现了一座房子，画面透出的哥特式的阴森风格与故事的氛围以及历史背景显得格格不入。

《被占的宅子》是科塔萨尔最为著名、被研究最多的小说之一，这绝非偶然，因为它是一篇圆满的小说。毫无疑问，它远远超越了《德莉亚，来电话了》或《女巫》所达到的平庸水平。这篇小说的问世标志着科塔萨尔开始掌控他的素材，巧妙地控制叙事的张力，并成功地与读者建立了一种真正的共鸣，而这一切的实现则归功于他不再拘泥于形式主义。据说，科塔萨尔在描摹这篇小说的氛围时，隐约地受到了埃内斯蒂娜·亚维科利老师家族的房子的启发。那座房子位于奇维尔科伊的内科切亚街，一条与七月九日大道平行的街道，一直延伸到比利亚里诺大道为止。然而，1967年，科塔萨尔向让·L.安德鲁坦白说，那座房子实际上位于布宜诺斯艾利斯的区域内:"根据我的设定,小说中的房子所在的区域是一个安静的、属于资产阶级的家庭住宅区。我想要展现的是一座充满了小资产阶级的沉寂和体面的房子,里面浸透着被侵蚀的颓废感。"[1]

这个故事的内在逻辑并无矛盾,反而通过一种恰到好处的语言,紧密地契合了恋家的科塔萨尔在20世纪40年代末和50年代初的特有的幻想风格。它讲述了一对兄妹在一座家宅中的日常相处,在那座宅子里,某种东西——某种从外部空间向内部施加压力的东西,将他们逐渐围困,直到他们被迫离开那个地方。尽管科塔萨尔始终否认自己有意赋予这个故事明确的工具性的含义,但最终他还是在事后接受了这一解读;不过,他从未认同说这是对故事唯一的解释。从一开始,这篇小说就受到了与庇隆主义相关的象征性解读。[2] 正因如此,故事中的人物被认为正在遭受一种专横、庸俗、残暴而同质化的力量,这种力量的目的不外乎是剥夺小说中人物的自由意志和隐私,而这些人物正是当时的阿根廷的象征。

尽管作家承认潜意识中可能存在的暗示带去的影响,但他始终坦言,这个故事直接源于一场噩梦。在梦中,由于一种无法识别的存在,或者说,一种仅能听到其声音的东西的存在(但无论如何,它是一种令人惊恐的存在),他(独自一人,没有妹妹)被迫离开家宅。"有一种解释是无法排除的:我作为阿根廷人,用小说给出了对政治形势的反馈,因为我很可能确实有过这种感觉,

---

1 奥罗拉·贝纳德斯,《1964—1968年的信件》第一卷,阿尔法瓜拉出版社,马德里,2000年,第1196页。内容取自胡里奥·科塔萨尔写给让·L.安德鲁的信,日期为1967年10月。
2 2004年3月,在加的斯大学的一场致敬科塔萨尔的活动结束后,奥罗拉·贝纳德斯私下里告诉我,科塔萨尔曾经对她说,小说里的"某种东西"其实是鬼魂。

布宜诺斯艾利斯。夜间视角下,从雷孔基斯塔街到共和国广场的科连特斯街的街景。在 H. 科波拉拍摄的这张照片中,远处的方尖碑映衬出这座城市的风貌,乍一看仿若纽约

在噩梦中,它以一种奇幻的、象征性的方式表达了出来。"[1]

正如在本书的前一章节所探讨的那样,我们面对的是一个介于幻想和现实之间的宇宙。幻想(恐怖的、可怕的)与日常生活(兄长阅读法语书籍,泡马黛茶,而伊雷内奥则不停地编织着白色、绿色和淡紫色的围巾)紧密地交织在一起,幻想并未颠覆现实,而是与现实齐头并进。也就是说,幻想元素的介入并不会使现实失衡,也不会使其错位,它的出现只是补充了现实——这一点在经典的幻想小说,比如洛夫克拉夫特式的叙述中是极为常见的。在这种情况下,幻想与眼下的现实秩序是并置的、相互渗透

---

[1] 1977 年,科塔萨尔在参加名为《深度》的访谈节目时,对主持人如此说道。

的、非互斥的，它是现实中的补充元素。

在这则故事中，科塔萨尔还展现了那伴随他一生的喜好：对房屋的热爱。这种热爱不仅是针对房子的建筑设计（虽然这一点也包含在内），更是因为他将房屋视为生命和经历的庇护所。有一次，他告诉玛塞拉和吕西安娜·杜普拉特，未能在朋友搬家之前最后一次造访对方位于玻利瓦尔的房子（一栋位于里瓦达维亚大街的房子），他深感遗憾。科塔萨尔曾在那栋房子里度过了美好的时光，对于那些曾让他感觉到幸福、留下极为深刻的生活体验的宅子与房间，作家希望将它们的面貌永存在回忆中。在回忆中，他重新登上那些房子里的楼梯，抚摸一扇扇的门、一面面的墙壁，欣赏画作和家具，呼吸并感受它们的气味，重新寻找光照亮的地方。而上述的一切都可以在这个故事中感知到。关于那栋面朝罗德里格斯·佩尼亚街的房子的描述中，充盈着一种愉悦，一种缓慢的快感。那栋房子里有一个餐厅，一间饰有挂毯的客厅，一间图书室，五间卧室，一间起居室，一个浴室以及一个厨房。故事中的兄长通常会带着仪式感在厨房烹制午餐，而妹妹伊雷内奥则负责准备晚上的冷盘。

正如之前提到的那样，那段时间科塔萨尔正创作戏剧诗《国王》，并将其付诸出版。该作品的编辑是丹尼尔·德沃托，除了编辑的身份外，他还是一位诗人、哲学家、音乐家，也是科塔萨尔的朋友。

据作者自己所说，《国王》是他在三天内写就的，这部作品保留了他早期风格的很多特点。"写这本书的点子是我坐公交车回家的时候突然在脑海里闪现的；我当时住在城外，离市中心相当远。一天，在某次百无聊赖的车程中，我突然感受到了一种强烈的存在感，它全然来源于希腊神话。我认为这一点印证了荣格的原型理论，即一切都存在于我们的体内，某种祖先的记忆存续下来。正因如此，或许你的一位四千年前住在克里特岛上的远祖，通过基因和染色体，将一些属于他那个时代而非你这个时代的东西传递给你。"

《国王》与《被占的宅子》之间没有任何共同之处——无论是在内容上（如果非要找的话，这一点除外：作家在二者中都运用类似迷宫的意象来展现生活中的过渡、曲折的事件和存在主义困境。这个主题在后来会再次出现，同样反复出现的还有关于面对集体入侵时的反抗原则：忒修斯和弥诺陶洛斯之间的对决），还是在形式上，因为前者选用了过于奢华和富有音乐性的语言。《国王》的主题无非是以忒修斯和弥诺陶洛斯为主角的神话，但作品情节发生了显著的变化，因为科塔萨尔将这一神话进行了全新的诠释。忒修斯象征压迫，是现有秩序的捍卫者（忒修斯为米诺斯效力，"有点像国王手下的黑帮"），而弥诺陶洛斯则代表的是自由人、诗人和差异性，"因此，他代表的是那种会被社会和制度即刻囚禁的人"。

《国王》这部作品只在包含作家朋友圈子的一小群人之内传播，值得一提的是，直到1955年，科塔萨尔位于布宜诺斯艾利斯的家中还有两百余本的《国王》静静地躺在柜子里。尽管这部作品挑战了当时的文学规范，但它未能引起任何轰动。多年以后，科塔萨尔曾隐晦地表示这部作品曾在学术界引起了一定的轰动，但现实情况是，那一时期的科塔萨尔在文学领域依然只是无名之辈。他当时已经出版了《存在》，发表了一些零散的诗作、五篇短篇小说，以及若干文章。除了在与博尔赫斯相关的杂志上发表的作品，其他作品都是通过半秘密的渠道发表的，这使得他在文学圈成为一个透明的存在。即便后来在乌戈伊蒂（他是在阿根廷图

在圣米歇尔大道上。20世纪50年代初,奥罗拉·贝纳德斯挽着诗人兼音乐学家丹尼尔·德沃托的手臂,后者刚刚抵达巴黎。而胡里奥·科塔萨尔则被吉达·卡赫尔挽着

书商会上接触到科塔萨尔的）的帮助下，他的小说集《动物寓言集》得以在南美出版社出版，但这距离他的名字横空出世并获得应有的认可，还有很长的一段时间。

让我们也来聊一聊科塔萨尔作为文学评论家的活动。正如我们上文所提到的，他早在数年前就开始尝试文学批评，而在1948年到1953年，他开始为《南方》杂志正式撰写评论。作家在文学批评活动上显得非常活跃，尽管他刊登在媒体上的批评文章保持着低调不张扬的风格。例如，科塔萨尔在20世纪40年代的中后期撰写了一系列精彩的随笔（其中有一部分直到90年代才得以发表），探讨了小说这一文体以及其演变，反思了他的"隧道理论"，或是讨论了上文提过的关于牧歌时期的济慈研究。在此期间，科塔萨尔在维多利亚·奥坎波主办的杂志上发表了六篇作品，涵盖了诗歌（如《马萨乔》），关于奥克塔维奥·帕斯、西里尔·康诺利、维多利亚·奥坎波以及弗朗索瓦·波尔谢的文学评述，一篇风格独树一帜的影评，一则关于安托南·阿尔托的讣闻，以及一篇涉及探戈和卡洛斯·加德尔的文章。科塔萨尔与奥坎波的紧密关系一直保持到作家与杂志的风向出现分歧为止。分歧主要集中在二者对马雷查尔的小说《亚当·布宜诺斯艾利斯》的看法以及对黑色小说的评价上。科塔萨尔拥护的是与侦探小说相对立的黑色小说，而前者则在《南方》杂志上受到博尔赫斯与比奥伊·卡萨雷斯的推崇。

在那一时期，科塔萨尔开始着手成为独立公共翻译员。为此，他在1948年的3月和4月进行了高强度的准备工作，学习了关于法律的不同科目，并进行了与考试相关的实践练习，最终通过了所选语言考试的笔试和口试。作者回忆起那几个月的生活，称它是真正焦虑而痛苦的时期。事实上，1948年被他称为"诅咒之年"。后来,他回忆起这个时期创作短篇小说带来的精神力量,这种写作过程对于他来说是一种疗愈。

1948年4月中旬,科塔萨尔通过了考试。因此,在同年冬天,他获得了官方的法语翻译资格,并在1949年年初获得了英语翻译资格。从那以后,他便具备了从事与这两种语言相关翻译的官方资质。不过,他最初的计划是开设一个独立的事务所,但他最后没有这样做。1951年,他加入了匈牙利翻译家佐尔坦·哈瓦斯那位于圣马丁街424号的翻译事务所。他协助哈瓦斯进行工作,一直到他开启第二次法国之旅为止。就这样,在1948年到1949年间,科塔萨尔在完成翻译工作的同时还要兼顾其他工作。他每天上午都会前往事务所,在匈牙利翻译家哈瓦斯的指导下学习各种公共翻译的技巧。而到了下午,他还需要兼顾商会的半天工作。一直到1949年,作家才彻底从图书商会离职。

科塔萨尔与哈瓦斯的相处一直都很融洽,但他们之间远未建立起亲密的友谊,他们相互欣赏,但并没有情感上的联结。这二人从未理解过彼此,但相互尊重。作家多次将哈瓦斯称为"绅士",却从未称其为朋友——这个词承载了情感的含义。哈瓦斯并不是充满距离感的人,但他已经构建起了自己的生活,而且常常将大量的精力投入工作中。他有固定的客户群体,也有一套自己的工作准则。此外,由于他们在文学上的兴趣并不一致,各自的世界、面对的问题也完全不同,除了翻译工作中的商业事务外,二人没有任何交集。在年龄上,哈瓦斯比作家大了将近四分之一个世纪,虽然这一点并不妨碍他们之间顺畅交流,但也确实难以帮助他们建立更为私人的友谊和默契。除此之外,根据科塔萨尔的各种描述,可以推测出,哈瓦斯在那一时期有些神经衰弱方面的问题。比如,他曾一度执意要去塔希提旅行,认为自己会在那里找到"天堂"——这是科塔萨尔对他们共同的朋友、诗人弗雷迪·古特曼所说的。古特曼是一位博学的犹太裔德国人，他曾在布宜诺斯艾利斯的佛罗里达街经营着重要的家族珠宝生意。

哈瓦斯设想的是一种启蒙之旅，一段漫长的旅程，并在旅途中寻找答案——由生活的流逝所引发的关于某些存在主义问题的答案，这些疑问似乎极度困扰着他。这个计划最后得以实施，却以令人不安的失败告终：这位匈牙利翻译家抵达玻利尼西亚三个月之后便返回了布宜诺斯艾利斯，而精神状态也变得更加脆弱。科塔萨尔向古特曼回忆说，哈瓦斯在经历了这次挫败之后，变得更为封闭了。为了再次追求精神上的平静，哈瓦斯去往了印度。1954年，他意外去世，当时科塔萨尔已经定居巴黎了。得知此事后，科塔萨尔也回忆起了哈瓦斯的好意——1952年从塔希提岛回来后，他邀请作家成为事务所合伙人。

1948年11月或12月，科塔萨尔强烈地萌生出了开启首次欧洲之旅的念头。他计划在意大利待两个月，然后在巴黎停留一个月。最终，这次旅行得以成行（在旅途中他遇到了"玛伽"），成为他迈出的关键一步，因为在那之后，他回到了阿根廷，但对巴黎的思念一直无法消散，他的愿望始终是回到巴黎，并在那里生活。但是，作家不想以旅客的身份临时住在巴黎，而是想以永久居民的身份在那里定居。同年，奥罗拉·贝纳德斯也走进了他的生活。这名拥有加利西亚血统的年轻姑娘毕业于布宜诺斯艾利斯大学，后来成了一名杰出的翻译家，她翻译了伊塔洛·卡尔维诺、让-保罗·萨特和劳伦斯·达雷尔的作品。科塔萨尔与她分享了自己在欧洲最初的经历。

贝纳德斯比科塔萨尔小四岁，根据作家的描述，她长着"非常翘的鼻子"。贝纳德斯在科塔萨尔的生活中占据了相当重要的位置。1953年，他们在巴黎结婚，贝纳德斯成为作家的第一任妻子，同时也是他的灵魂伴侣。他们之间的默契几乎称得上神奇，而且达到了令人惊叹的地步。巴尔加斯·略萨在回忆20世纪六七十年代在巴黎与二人的交往时评价说，他们的同时出现总能在所到之处产生强烈的影响：

> 在四分之一世纪前，我在巴黎一位共同朋友的家里认识了他们二位。从那时起一直到1967年最后一次在希腊见到他们，那时我们三人都是翻译，参与一个以棉花为主题的国际会议。每当看到奥罗拉与胡里奥交谈的场景，我总是感到惊叹。其他所有人似乎都是多余的。他们说的一切都充满智性、文雅、有趣而又饱含活力。我常常在想："他们不可能总是这样吧？他们一定事先在家里排练过这些对话，然后在合适的时机，通过不同寻常的逸闻、精彩的旁征博引以及那些恰到好处的玩笑，震惊他们的听众。"他们像是两位技艺高超的杂耍艺人，相互抛出话题，和他们在一起永远不会感到无聊。我所羡慕和钦佩的，是这对夫妇间完美的默契，以及那种似乎将他们紧密联系在一起的秘密智慧，除此之外，还有他们的友善，他们对文学全身心的投入（这似乎是排他的、彻底的）和他们对所有人的慷慨，尤其是对像我这样初出茅庐的人。很难说清他们之间谁读的书更多、更好，谁在谈论书籍和作家时做出的评论更犀利、更出人意料。[1]

胡里奥和奥罗拉从一开始就是那种"懂得如何不断加深彼此

---

[1] 此句话出自巴尔加斯·略萨为《科塔萨尔全集》所作的序言中（2000年由位于马德里的阿尔法瓜拉出版社出版），第13页。

奥罗拉·贝纳德斯。奥罗拉在科塔萨尔的人生中占据着非常重要的地位

胡里奥、他的祖母、奥罗拉

胡里奥、奥罗拉、奥罗拉的妹妹特蕾莎及其丈夫豪尔赫

> Queridos:
> Ahí tienen una muestra de la vida bohemia en París. De paso verán un rincón de nuestro bulín. El que está con la "pipa in bucca" y el tambor hindú soy yo. Como pueden ver, Teresa y Jorge resplandecen, y Glop, aunque me tiene agarrado del pescuezo, no tiene intenciones de estrangularme. La biblioteca que se ve era una puerta. La sacamos y yo puse los estantes. La viga de hierro que se ve detrás de Jorge está pintada de rojo y de negro. Queda muy bonita.
>   Abrazos fuertes de
>   Aurora y Julio

科塔萨尔在上一张照片背面的手稿

默契的爱侣",索尔·尤尔基耶维奇如是说道。

奥罗拉(曾)是一位眼神温柔、表情甜美、声音坚定、面容如若天使的女人。她待人接物的方式轻松愉悦,却并不流于表面。那时候,她可能比胡里奥更喜爱社交(她活跃在诗人兼译者阿尔贝托·希里和其他布宜诺斯艾利斯作家的圈子里,她和自己的亲哥哥弗朗西斯科·路易斯一样,与马里奥·平托、里卡多·莫利纳里、豪尔赫·拉斯科或埃内斯托·阿兰西维亚等人都有往来),相较之下,胡里奥总是显得非常吝于将时间分给他人,也不轻易谈及自己的隐私。不过,他们最终还是融入了彼此的生活。可以说,由贝纳德斯陪伴的岁月代表了这位作家最不政治化的时期。更准确地说,是尚未显著政治化的时期。或者说,作家的承诺体现在其文学作品中,以及他那种完美主义的追求上(这是科塔萨尔式的完美主义,而非形式主义)。

在科塔萨尔写给弗朗西斯科·波鲁瓦的信件的某些片段中,他深情地描绘了奥罗拉与他生活的片段——我们可以称之为在最初的甜蜜岁月里充满酒和玫瑰的片段。也就是那几年,他在巴黎发展的职业作家生涯正逐渐走向成功:

> 关于这本书[1],我就什么都不多说了。我们让它自己说话吧。如果它沉默,那就有点耐心。但我需要你的批评,我知道它会像你一样诚实。这本书只有一位读者:奥罗拉。根据她的建议,我把原本打算保留的、由英语和法语写成的长段翻译成了西班牙语。或许我可以这样总结她对这本书的看法:

---

[1] "这本书"指的是《跳房子》。

在读到结尾的时候,她哭了。[1]

奥罗拉和我隐居在我们的小屋里,我们专注于工作、阅读,聆听阿尔班·贝尔格和阿诺德·勋伯格的四重奏,享受着这里无人打搅的宁静。[2]

另一边,路易斯·哈斯首次与科塔萨尔夫妇碰面之后,他这样描述道:

科塔萨尔和他的妻子奥罗拉将自由视为至高无上的价值,他们喜欢一起在街头散步,寻找奇特的事物。他们也经常光顾省城的博物馆,探寻边缘的文学作品和隐秘的小巷。夫妻二人厌恶一切对私生活的干扰,他们避开文学圈的社交,极少接受采访:他们更希望谁都不见。

不过,上述发生的一切都是后话了。在 1949 年计划的旅行中,作家唯一的愿望就是到达那个目的地:巴黎。

"要我说,巴黎是一个女人,有点像我生命中的女人"[3],作家在他成熟的时期这样说道。至于这个女人的魅力,科塔萨尔和其他来自阿根廷乃至北美洲、中美洲和南美洲的年轻人一样,对此从未有过隐瞒。在第一次的欧洲之行中,他探索了那片土地。这场旅行使得作家对她的爱变得更为坚定,因为她在途中给他提供

---

[1] 奥罗拉·贝纳德斯,《1937—1963 年的信件》,阿尔法瓜拉出版社,马德里,2000 年,第 483 页,内容取自胡里奥·科塔萨尔写给弗朗西斯科·波鲁瓦的信,日期为 1962 年 5 月。

[2] 同上书,第 465 页。

[3] 这句话出自阿拉因·卡罗夫和克劳德·纳梅尔摄制的电影《胡里奥·科塔萨尔》。

了各种各样丰富的体验，尽管他每月只有那微薄的 1 500 比索。这点钱只够他勉强生存下来，因为巴黎在当时已经是欧洲生活成本最高的城市之一了。钱，确实是个问题。

面对拮据的经济状况，有什么解决办法呢？解决办法就是在价格更为实惠的巴黎国际大学城落脚，租住在一个小房间里：每天都只吃些粗茶淡饭，饮食以椰枣、酥脆而美味的法棍搭配上格吕耶尔奶酪、葡萄酒和速溶咖啡为主。虽然住宿的地方远离市中心，但地铁可以解决这个问题。地铁的路线有无数的分支（15 条线路，300 多个地铁站，首班车于早晨 5：30 出发，而末班车则要到半夜 0：30），作家在不远的将来，即他的第二次也是最终的巴黎之旅中，掌握了地铁的运行时间和路线。而也就是在后一次的旅行中，他将游客护照换成了长久居留卡，随后又换成了法国公民护照。

巴黎对作家的触动远远超过了意大利留给他的印象，尽管佛罗伦萨和新桥、罗马、比萨或威尼斯都让他联想到了拜伦的遗风。而巴黎是另一番景象。这座城市有着与布宜诺斯艾利斯非常相似的分区形式，各个区域都以不同的大道为界（如塞瓦斯托波尔大街、圣米歇尔大道、香榭丽舍大道）。城市里还有许多被遗忘的角落（如玛莱区、太子广场、阿瑟纳尔图书馆），还有不知名的街道（如伦巴第街、韦纳伊街、沃日拉尔街），以及那些同样具有布宜诺斯艾利斯风情的拱廊街；那些桥梁（如艺术桥、新桥），运河（圣马丁运河），广场（如圣日耳曼德佩广场，圣叙尔比斯广场，康特雷斯卡普广场），塞纳河岸边的书摊，整个拉丁区，各色博物馆（如卢浮宫，现代艺术博物馆，位于多梅尼尔大道的非洲艺术博物馆以及罗丹博物馆），花园（巴黎植物园、卢森堡公园、蒙索公园,以及肖蒙山丘公园),各种建筑物(从埃克托尔·吉马尔的建筑设计到简单的窗户——透过窗户可以看到房梁和植被,还有正拿着杯子喝水的人),以及那些充满萨特和加缪式存在主义精神的咖啡馆(花神咖啡馆、双叟咖啡馆、多摩咖啡馆、圆亭咖啡馆、圆顶咖啡馆和老海军咖啡馆),这些地方也充满了爱因斯坦、海明威、乔伊斯和毕加索的回忆。

在巴黎待了四周,这座城市成了一个不断缠绕的渴望,科塔萨尔内心产生了一定要回到那里的强烈愿望。当那一天终于到来的时候,作家将巴黎称作日常的神话。

> 我的巴黎神话有助于我。它让我写下了一本书,《跳房子》,在这本书里,以神话般的方式看待一座城市,成了现实。第一部分的整个故事发生在巴黎,以一个拉丁美洲人微微迷失在梦境里的视角展开,它在一个庞大的隐喻之城中漫步。我记得,故事里有个人物说,巴黎是一个巨大的隐喻。一个隐喻,隐喻什么呢?我不知道。但巴黎从未改变,这座城市于我而言依然无比神秘。人们以为自己了解巴黎,但其实并非如此;那里布满了角落和街道,人们可以于其间探索,尤其是在夜晚。那是一座迷人的城市;它并不是唯一的……伦敦……但巴黎就像是一颗永远跳动的心脏;它并不是我的居住之地。它是另一样东西。我身处此地,这里存在着某种渗透感,是一个生动且与自然接触的地方。[1]

在这次旅行中,科塔萨尔不仅感受到了城市的脉动,他还去了

1　出自电影《胡里奥·科塔萨尔》。

电影院、剧院以及许许多多的画展。正如我们之前提到的,他找到了《跳房子》中的玛伽——与主人公奥利维拉在一起的人物,还有巴黎的更多部分。尽管这部小说尚未被完全呈现(如果它曾在某一刻被展现出来,那也更多是一种反话语的形式),但它在科塔萨尔当时(1950年冬天)正在创作的另一个故事《考试》中已经初见雏形。这个故事我们在前文提过,接下来会进行进一步探讨。

埃迪丝,一位年轻的女子,她以一种意想不到的方式出现在了作家的生活中,就像玛伽[1]出现在奥利维拉的生活中一样。她某部分的性格成了科塔萨尔创作玛伽这个角色的灵感来源。"她和我一样坚信,那些看似偶然的邂逅实则是我们生命中早已注定的事情,而那些对约会都锱铢必较的人,也正是那些必须用有线条的纸来写字,或者从牙膏管底部开始挤的人。"[2] 阿根廷记者玛丽亚·埃斯特·巴斯克斯曾多次与埃迪丝接触,后者讲述了她与作家如何在从布宜诺斯艾利斯港出发前往欧洲的"比安卡曼诺伯爵"号上相识的经过。命运、偶然、运气、宿命、预兆,对于作家来说,所有这些词语,都因其语义价值而显得无关紧要,因为它们要么被认为是空洞的,要么就被赋予了不同的含义。而正是因为这些因素将他们聚到了一起:先在邮轮的三等舱,然后是在圣日耳曼大道的书店,接着是在电影院以及卢森堡公园中,最后——多年之后——在伦敦地铁中。巴斯克斯说,根据埃迪丝的说法,作家对"这些命运般的相遇"非常重视,"他们成了朋友,他还送给她一首诗,讲述了在船上度过的时光,这首诗的标题为《夹在

---

[1] 玛伽仍然是一种虚构的存在,尽管她被试图赋予具体的面貌和姓名,这是因为读者通常会在现实与虚构之间寻找因果关系。我们不谈论一个具体的人的实际细节,因为玛伽是许多女性的综合体现。

[2] 《跳房子》,第15页。

括号中的日子》"。

埃迪丝·阿伦，也就是玛伽，她的父母是德国人，但她被一个阿根廷家庭收养。她会说法语、英语和德语。她与胡里奥·科塔萨尔一起在巴黎漫游，探索这座城市的最初的魅力（尽管并非决定性因素，真正的关键在于之后的旅行中），聆听巴赫的音乐，在巴黎圣母院观赏月食的景象，在塞纳河上放纸船，而科塔萨尔为这些偶然的相遇赋予了形象和姓名。科塔萨尔爱上了她，并把一件毛衣借给了她，还与她保持着零星的通信和若即若离的关系。科塔萨尔认为她是一个不羁而迷人的榜样。1951年，科塔萨尔从布宜诺斯艾利斯（当时他身在美洲，她在欧洲）写信给她，请求和她在巴黎重聚。他希望在重逢的时候，她能继续保持从第一次相遇起就表现出来的那种"粗鲁、复杂、讽刺和热情"。他会与她一同沿着皇家港大道散步，经过圣马塞尔和医院，到达植物园——他就是在那儿第一次观察到那些状似蝌蚪的生物，即美西螈。不过，当时科塔萨尔对爱情的选择已经是毫无悬念了：他选择了奥罗拉·贝纳德斯，并和她于1953年8月22日结婚。

《考试》是科塔萨尔在那一时期创作的长篇小说，不过作家未能见证它的出版。类似的情况还发生在《娱乐》和《安德烈斯·法瓦日记》这两部作品上。[1] 1958年，作家将《考试》的文稿投给了洛萨达出版社举办的国际小说比赛，但并未入围决赛，因此他决定将其搁置。1951年，科塔萨尔向弗雷迪·古特曼提到说，《动物寓言集》已经由南美出版社付印，与此同时，作家还透露，《考试》一书已经完成，但因其主题和语言的问题而被编辑拒绝。多年后，作家对出版社的那一决定深表遗憾，因为《考试》符合了他个人要

---

[1] 《考试》出版于1987年，《娱乐》出版于1988年，而《安德烈斯·法瓦日记》出版于1995年。

求的标准。早在1951年，这本小说就已经通过了他严格的审定。

这是一部故意采用"断裂式"风格的长篇小说——受到了贝克特、卡夫卡与阿尔特的影响，但它的叙事框架又做到了足够连贯，讲述了一群朋友的故事：他们分别是克拉拉、胡安、安德烈斯和斯泰拉。在一场重要且具有决定性意义的考试的前一天，他们在布宜诺斯艾利斯闲逛。这四个年轻人，连同一位"编年史家"，在他们的城市中游荡。在不知不觉中，威胁向他们逼近：城市中涌现出了一种异乎寻常的雾气，以及铺天盖地的蘑菇。和我们上文提过的《被占的宅子》一样，这个故事也有了不同的解读以及主观的细节分析。不过，相比较描述的手法，这部长篇小说在形式上还是明显偏好于将对话作为叙述工具，而通过这些对话，某些部分进行了排版上的解构。小说再次象征性地探索了当时阿根廷社会的隐蔽现实，以及政治时刻与叙事隐喻之间的关联。作家一直认为，这本书的出版可能会对当时阿根廷的时局产生影响。那么，当时的阿根廷发生了什么事情呢？造成眼下现实的根源可能要追溯到上一个十年。

从这方面来说，20个世纪50年代，阿根廷的政治局势是由庇隆主义这样的政权决定的。类似政权的生存依赖于支撑它的一系列意识形态的矛盾——这些矛盾在上文有过提及，它们包括内部的各种团体（伊里戈延主义者、工人、某些非共产主义工会领袖、天主教群体、中产阶级联盟，以及具有隐性影响力的军队——庇隆的实际政党）之间的冲突，以及第二次世界大战胜利国施加的外部压力，这些国家将"二战"中所有的中立国视为叛徒，例如阿根廷。正因如此，那些被广泛称赞的、关于工人立法的成就，实际上是政权自身面临困境而做出的举措：它需要内部的支持和拥护，以应对来自外部的挑战，这一点无疑加剧了混乱。

其他的思潮接踵而至：民族主义、独裁主义和民粹主义。而这一切事实上转化为了一种令人不安、艰难、同质化、矛盾而荒谬的生存图景——这些正是该时期隐含的许多特征。

《考试》也是一部马雷查尔式的小说，它预演了《跳房子》的风格。可以说，确实有借鉴的成分在，但它们并非出于机会主义，不会贬损科塔萨尔的创作（正如我们不能因为《亚当·布宜诺斯艾利斯》与乔伊斯的《尤利西斯》有联系而贬损它一样），因为科塔萨尔的作品已经超越了马雷查尔小说的界限。

需要记得的是，《亚当·布宜诺斯艾利斯》在南美出版社出版于1948年。科塔萨尔当时并未忽略这本小说，他在《现实》杂志第14期（1949年3—4月刊）中发表了关于此小说的评论。这本杂志是在弗朗西斯科·阿亚拉的推动下在布宜诺斯艾利斯筹办的。顺便提一下，直到19年后，马雷查尔才写信给科塔萨尔感谢他对该作品的评价。

在那篇评论中，科塔萨尔写道："一种巨大的痛苦标志着亚当·布宜诺斯艾利斯的行动，而他对爱情的绝望则是另一种痛苦的投射，这种痛苦是本源性的，指向命运。亚当深深地扎根在布宜诺斯艾利斯这片土地上，他在迈普度过童年，在欧洲度过青年时代，从始至终都是一个远离完美秩序、脱离群体（人们认为这便是天堂）的流浪者。他身处在一个既定的现实中，但他与现实的契合只是表面的，即便如此，他仍然抗拒那些通过情感和脆弱性所施加的秩序。他的痛苦正是源于此种不协调，而从根本上说，此乃阿根廷人（从一切精神、道德和情感的层面来说）的特性，尤其是布宜诺斯艾利斯人，他们被不可调和的风暴所折磨。"所有的这一切感知都将会在这些游荡于城市中的人物身上重现，他们漫无目地到处转悠，这预示着十年后奥拉西奥·奥利维拉的出现：在这些人物、场景和预设中，我们看到了幽默的结晶（一种我们不断重复的马雷查尔式的幽默），如科塔萨尔所说，这正是亚当·布宜诺斯艾利斯回归到"曼西利亚和派罗风格[1]，以及不断被纯粹文学的喧闹存在所笼罩的叙述——它既是游戏，又是和解与讽刺"的源头，而这样的模式在其后期作品中同样可以识别。

正因如此，《考试》成为伴随作家一生的怀旧之作（"也许当初出版它会是件好事"），但这部小说并不幸运，被最终搁置在一旁，原因正是这部小说除了在情节上开启了我们刚才提到的那些脉动，还远离了所谓"雅致"的诗学，远离了那种基于和谐叙事的思想，远离了形式主义的结构和表达方式。科塔萨尔选择了异端：从贝克特和卡夫卡，到阿尔特和马雷查尔，这种选择既不被理解也不被接受。这一点将我们重新引回关于风格的话题：这部小说被拒绝，是因为审稿编辑对文本的表达有着清教徒般的评判标准，他认为这部作品的语言过于粗俗。这本书叙述的语言和现实中使用的语言无异，其中的年轻人以世界上任何一个大都会中的年轻人都会使用的方式表达自己，这是一部不试图掩饰现实、改变现实，而且展示现实的小说。

《安德烈斯·法瓦日记》不仅属于科塔萨尔这一阶段创作的作品，还是他自发从《考试》这个有机整体中分离出来的一部分，因为作家觉得它具有独立性。这是一部微型的元小说，里面布满了复杂的笔记，情节上充满了倒错，并且充斥着贯穿作家一生的自传性暗示：关于文学的反思、梦境的存在，以及其对生活的影响、童年

---

[1] 曼西利亚和派罗是阿根廷作家兼记者，他们在阿根廷文学史上占有重要地位。曼西利亚以其敏锐的社会观察和丰富的叙述风格著称，特别是在他的游记《一次对印第安人朗克尔斯的探访》中。派罗则以其讽刺性和现实主义作品而闻名，如《劳查的婚礼》。

的世界、记忆的力量、小说作为其他虚构作品的来源等。这部作品中的人物形象模糊，情境带有印象派色彩，在很大程度上表现出了作家年轻的自负。科塔萨尔曾尝试在没有任何预设的情况下开始创作一部小说，一部应该没有任何主题的小说。这个原则也奠定了小说《装配用的 62 型》的基础，该作品于 1973 年出版。

《娱乐》同样是一部作家去世后才出版的中篇小说，它沿袭了前两部作品的路线：主要是对叙事传统的背离。这是一部文化主义的作品，除了文学，背景中交织着对绘画与音乐的指涉。在这样一个故事中，人物生存于一个充满随机命运的世界，而这些命运则由我们生活所在的世界环境相互连接。事实上，从结构的角度来看，这部小说和前两部小说一样，可以被视为微型版的《跳房子》，但也仅此而已。这部作品几乎没有什么特别突出的地方（再次重申，如果真要说点什么话，里面有一些科塔萨尔式的视角），唯一值得注意的是，这部作品预示了 1963 年《跳房子》的问世。

然而，就在 1951 年——那一年他的脑海中不断涌现出回到巴黎的念头，南美出版社出版了《动物寓言集》，科塔萨尔始终认为那才是他真正的第一本书。这本书中收录的短篇小说让他第一次感觉到自己确实表达了想要传达的内容。

《动物寓言集》署上了科塔萨尔的真名，不再是笔名或是中间名。这部含有八则短篇的作品标志着他作家生涯的真正开端。之前的一切，包括已经出版的《存在》和《国王》，未出版的《这边》《彼岸》《考试》《安德烈斯·法瓦日记》《娱乐》和《三场戏中的一幕》[1]，还有已经遗失的《云与弓箭手》，或是其他那时

---

1 这部创作于 1948 年的戏剧作品将在作者去世后出版，并被收录在《再见，鲁滨孙及其他短篇》中，这本集子还包括了 1950 年创作的《风筝的时光》和 20 世纪 70 年代的《佩乌哈霍什么都没有》，这些作品与广播剧本《再见，鲁滨孙》创作于同一时期。

正在创作中的作品,比如他多年来持续雄心勃勃撰写的关于济慈的随笔,都将留在他生命的另一角落,正如他在玻利瓦尔、奇维尔科伊,甚至是门多萨的日子,逐渐变得模糊不清。

《动物寓言集》标志着科塔萨尔人生的一个分水岭,之前的一切逐渐消散,他甚至中断了与一些旧友的通信——他在五年前还十分珍视这些友谊,比如杜普拉特一家、梅查·阿里亚斯或是加利亚尔迪(尽管他仍然偶尔会和爱德华多·A.卡斯塔尼诺联系)。而他之后的生活则转向了欧洲,但奇怪的是,他并没有忘记班菲尔德。可以说,班菲尔德代表了作家的童年(带着淡淡的悲伤、轻度的病弱,但纯正的童年),它作为科塔萨尔的王国,不但没有像绝大多数人身上发生的那样,随着岁月的流逝而逐渐消失,反而变得更为枝繁叶茂。然而,虽然玻利瓦尔、奇维尔科伊和门多萨这些地方也承载了他重要岁月里的经历,却在某种程度上被他刻意遗忘了。

在《动物寓言集》中,科塔萨尔式小说的范本出现了,这种作品风格使得他的叙述即刻显得极具个人特色,打上了科塔萨尔的烙印:他创造了自身所属的世界,并有能力用独特视角和个人化的眼光将这个世界表达出来。与小说集同名的那篇《动物寓言集》,还有《被占的宅子》(上文我们已经讨论过)、《给巴黎一位小姐的信》、《远方的女人》、《剧烈头痛》、《公共汽车》、《奸诈的女人》或《天堂之门》,这些故事引起了人们对科塔萨尔的关注——他在当时的阿根廷作家圈尚属无名之辈。作家已经不再年轻了(确实,他已经37岁了),但已经读过数千本书,凭借充分的才华,他要求获得应有的地位。无论如何,所应得的一切并未立刻到来,至少这部作品在读者群体中的传播并不算迅速(尽管它在文学圈里产生了一定的影响,他的名字得到了口口相传,这种赢得追随者的方式显得最不正式,却是最可靠的),因为这本书在出版后的最初几个月里并未被发行:它们被囤积在出版社位于布宜诺斯艾利斯的地下仓库中。

关于这一点,弗朗西斯科·波鲁瓦这样说道:"当我到达南美出版社的时候,《动物寓言集》已经出版了,但书几乎都被堆在仓库里,没有卖出去。这样的情况时常发生,因此布宜诺斯艾利斯有一种传闻,说南美出版社里藏着一本好书。阿尔多·佩列格里尼以及超现实主义刊物《从零开始》的读者们发现了胡里奥·科塔萨尔,但普通的读者还没有。"[1]这似乎表明当时科塔萨尔的知名度就是如此。

同样,定居在帕尔马(马略卡岛)的秘鲁作家卡洛斯·梅内塞斯曾在巴黎和西班牙与科塔萨尔有过交集,他告诉我们:"1952年,当我第一次去布宜诺斯艾利斯的时候,我不知道有位名叫科塔萨尔的作家的存在。他的作品并未突破阿根廷的国界,甚至也许都没有传出首都。因此,当我还是一名文学系学生的时候,感兴趣的作家是马列亚、莱内斯,特别还有博尔赫斯,但我从未听过科塔萨尔的名字。直到四年以后,我才接触到他的作品《国王》。当我1960年在巴黎的时候,人们开始和我谈到他。大家谈论一部名为《中奖彩票》的伟大小说,谈论若干本短篇小说集,谈论他发表的那几篇反对独裁的文章。于是,我产生了认识他的想法,并通过不懈的努力,得到了这样的机会。"[2]

此外,阿根廷作家拉萨罗·科瓦德洛也对《动物寓言集》表达了类似的看法,并进一步强调说:"我手头有一本南美出版社于1964年再版的一本《动物寓言集》,书页已经泛黄,书本几乎要散架了。几乎整整第一版印刷的小说都在出版社的仓库里沉睡

---

[1] 卡莱斯·阿尔瓦雷斯·加里加,《ABC文化报》,马德里,2000年12月9日。
[2] 选段摘自2000年11月笔者对卡洛斯·梅内塞斯的采访。

了大约十年之久,直到编辑部主任帕科·波鲁瓦发现了它们,并开始推广(传奇的波鲁瓦:他是《百年孤独》的首任编辑,还是雷·布拉德伯里的译者和编辑。不过这属于另一个话题了)。是的,在波鲁瓦让科塔萨尔走进众人的视野之前,他一直遭受着'小众作家'的诅咒。确实,在20世纪五六十年代之交,布宜诺斯艾利斯开始流传一些关于科塔萨尔的传闻,与此同时,阿尔多·佩列格里尼——当时拉普拉塔河流域超现实主义的精神领袖,也对他进行了推荐,但胡里奥·科塔萨尔依然只是一个伟大的隐形人。我是在1959年的时候知道他的,当时南美出版社出版了小说集《秘密武器》,直到那时他才声名大噪起来。"[1]

在《动物寓言集》这本册子中,与书名同名的那一则故事或许是从结构意义上引入最多颠覆性元素的一篇。小说中运用了一种迷宫式的策略,而这只是作家在这个故事中采用的众多省略手法之一,其他还有比如对位、叠加或是碎片化手法,而且情节还是从一个变化的视角中展开的。如果说《被占的宅子》虽然含有一种隐形的紧张感,但其氛围仍然投射出一种和谐而宁静的宽宏感,那么在《动物寓言集》这一小说中,这种氛围就被一种解构性的风格所颠覆了。传统叙述结构中的某些元素,例如连贯性,在文本里被刻意打破,而且叙述还追求一种复杂的信息,但其复杂性并不在于内容本身,而是在于表达的方式。

根据小说的描述,小女孩伊莎贝尔受邀去尼诺的乡村别墅小住几天(这是科塔萨尔故事中为数不多的背景设定在城市之外的作品)。伊莎贝尔所经历的感受与一系列快速进展的事件环环相扣。这些事件围绕的是雷玛和内内这两个看似次要的人物之间的相遇和错过。值得一提的是,情节中的某个视角中提到了老虎的

---

[1] 选段出自2001年6月2日西班牙《国家报》的文化附刊《巴贝里亚》。

与弗朗西斯科·波鲁瓦。他不仅是科塔萨尔在阿根廷的编辑,还是他的一位挚友

存在,虽然它只是故事结构中的一小部分,但并未因此而丧失重要性。老虎的出现象征着幻想元素,它在屋内屋外徘徊,最终引发了故事结尾的意外情节。

根据这些小说,需要强调的是它们标志着科塔萨尔在20世纪40年代末和50年代初的文学创作开始转向一个更具质感的维度。在编撰《动物寓言集》的初期,科塔萨尔犹豫是否要将《德莉亚,来电话了》和《女巫》这两篇纳入其中,不过,最终他还是将它们排除在外,因为这些故事仍然停留在我们所说的一个尚未成熟的早期阶段。同样,《动物寓言集》所收录的作品释放出一个简洁明了的讯息,它可以被概括为一种征服的观念,即奇异入侵日常生活的观念。关于这种入侵,评论家们再次倾向于将其视为庇隆主义及其社会影响的象征性或隐喻的力量。它体现在方方面面，例如《被占的宅子》中兄妹俩被驱除出祖屋，《天堂之门》中那些象征着普通市民的"怪物"或是"小黑头"给中产阶级带来的压力，《动物寓言集》中我们曾提到过的潜伏的老虎，或是《给巴黎一位小姐的信》中那位在苏伊帕恰街的公寓中吐出兔子（也是一种入侵）的主人公，那间公寓是一位住在巴黎的女士借给他住的，而她对布宜诺斯艾利斯家中发生的一切一无所知。

1951年1月，回到布宜诺斯艾利斯的科塔萨尔在写给弗雷迪·古特曼的信中坦言道，他对巴黎充满了思念，如果有机会永远留在那里，那么他会毫不犹豫地选择巴黎。

在那之后的几个月里，渴望只会不断增长。记忆的视网膜中，留存着塞纳河、林荫大道、玛伽、拉丁区、电影院、紧挨着人行道的人造瀑布、咖啡馆，以及那纯色的巴黎天空。不过，尤为重要的是，这种自愿流放的可能性意味着他可以远离自己所厌恶的阿根廷现实。1951年秋末，这种愿望开始变为现实：在戴高乐暂时下台的当口，巴黎政府授予了科塔萨尔一笔奖学金，让他去巴黎学习。他在超过一百名竞争者中脱颖而出（根据履历和研究计划，他的研究项目涉及英国文学与法国文学之间的假设性关联），这一结果使得他获得了从1951年11月到1952年7月——为期九个月的资助，唯一的条件是要完成他所提交的项目计划。

起初，尽管他强烈渴望去往巴黎，但这件事还是让他有些焦虑。许多问题涌上心头。他不仅要像后来做的那样卖掉自己的爵士唱片，或是将书送给朋友们，还必须解决母亲和妹妹的经济保障问题，因为正如之前提到的，她们依赖作家的收入生活。除此之外，他还需要考虑清楚，自己是否能依靠这份奖学金提供的15 000法郎在巴黎生活下去。

根据经验,科塔萨尔知道,即便挑选便宜的地方,那笔钱也不足以让他吃饱一日三餐。那些便宜的地方,可以是学生食堂,也可以是那些无人光顾的小餐吧,它们通常会供应洋葱汤、里昂风味香肠——在那里它会简单地被称为烤猪肉香肠,但绝对不配大蒜:科塔萨尔对大蒜深恶痛绝。他喜欢称自己为出色的吸血鬼学家。事实上,作家对大蒜过敏,而且经常因为这种食物而头痛。尽管如此,他还是满怀热情地面对这个"美丽的混乱",尤其是作为一个极其节制的食客,他一直习惯于粗茶淡饭,因为"只有无耻之徒才会由于蛋白质和碳水化合物的问题而一惊一乍"。[1]

至于养家糊口的问题,科塔萨尔通过与南美出版社达成协议而解决:他承诺为出版社翻译书籍,而出版社则会向埃米尼亚女士和梅梅支付足够的阿根廷比索作为报酬,以维持她们的生计。然而,他在巴黎的生存更依赖于运气,不过,在奖学金固定额度的补贴之外,他总能找到一些办法来增加微薄的收入。在做出这些决定后,旅行的准备工作也逐渐提上日程。出发的日期为10月15日星期一,他乘坐"普罗旺斯"号(这里再次浮现了科塔萨尔的某一种形象:20世纪60年代,他和贝纳德斯在普罗旺斯的地区买下了一幢小屋),并于11月1日抵达法国马赛。两三天之后,科塔萨尔抵达巴黎。后来他在朋友塞尔希奥的建议下,在位于塞纳河左岸的一个房间内落脚,月租7 000法郎,租金比奖学金官方安排的房间稍贵(位于巴黎国际大学城,月租6 000法郎),但后者远离市中心,出行多有不便。

然而,在出发前,作家不得不做一个痛苦的决定,那就是要卖

---

[1] 奥罗拉·贝纳德斯,《1937—1963年的信件》,阿尔法瓜拉出版社,马德里,2000年,第263页,内容取自胡里奥·科塔萨尔写给弗雷迪·古特曼的信,日期为1951年10月。

掉自己珍藏的宝贝:他收藏积累的爵士乐唱片。他的这一举动揭示了自身并不算隐晦的真正意图——彻底搬到巴黎。除非已经做好了短期内不会返回家乡的准备,否则没有人会轻易放弃自 1933 年以来精心收集的两百张唱片,其中有帕克、阿姆斯特朗、史密斯、查尔斯、哈乐黛、沃特斯,以及艾灵顿公爵的作品。为了收集这些唱片,他花费了将近 20 年的时间,因此对它们有非常特殊的感情。他只带了一张唱片到巴黎,那就是《斯塔克·奥利布鲁斯》(Stack O'Lee Blues),它收录了一首在他学生时代非常流行的同名蓝调曲子。据他自己所说,这张唱片承载了他所有的青春回忆。

再次来到巴黎,但这次与她的相遇是以另一种方式展开的。科塔萨尔不再是那个急于看遍一切的匆忙游客,而是变成了一名从容的居民;他不再时刻盯着钟表,而是去触摸,去闻,去看,沉浸其中,融入其中,并最终成为这座城市的生活的一部分。

科塔萨尔离开的时候布宜诺斯艾利斯正值夏天,而到达巴黎的时候,那里正被冬季笼罩,城市的气温甚至降到零下 8 摄氏度。他开始发现那些角落,正如他多年后所说的一样,那些角落让他感受到一种奇妙的状态,而超现实主义者们正是以此来描述某几种精神状况的:薇薇安拱廊街、全景廊街、茹弗鲁瓦廊街、开罗拱廊街、圣福伊画廊,以及肖塞尔画廊,这些地方宣告着一种与外部世界截然不同的时间与空间;给人同样感受的还有地铁,一旦步入其中便仿佛"进入了一个全然不同的逻辑范畴";还有咖啡馆[1],阿瑟纳尔

---

1 有人曾猜测位于圣日耳曼大道 150 号的老海军咖啡馆是不是科塔萨尔的最爱,尤其是自从加夫列尔·加西亚·马尔克斯在一篇著名文章中提到他第一次见到科塔萨尔便是在那里,当时由于羞怯而未能上前打招呼。事实上,科塔萨尔确实曾经时常光顾这家既是小餐馆又是酒吧的咖啡馆,但据奥罗拉·贝纳德斯告诉我:"胡里奥(科塔萨尔)出门散步时,随遇而安,在任何碰到的地方都可以喝咖啡,并没有固定的地点。"

图书馆；圣马丁运河上不受游客侵扰的孤独船闸、蒙苏里公园。这些地方都带着些许的神秘色彩。罗昂宫的院落带着一种妙不可言的氛围，与它遥遥相对的是巴黎新桥，而亨利四世的雕塑就位于新桥之上，那景象宛若一幅保罗·德尔沃的画作；菲尔斯滕贝格街（事实上它是一个小型广场）、大皇宫的花园、胜利广场、洛特雷阿蒙区的街巷，旺多姆广场的黄色芬芳、巴黎的寒冷，那种痛苦、绵延不绝而迟缓的寒冷，几乎一直持续到6月，但人们可以像应对雨水一样应对它。从9月到来年5月，巴黎几乎一天隔着一天地下雨，在寒冷和雨水的驱使下，人们躲进了小酒馆（地板上散落着锯末，而空气里弥漫着刺鼻的酒气），点上一杯咖啡和一个羊角面包，便可以感到幸福。"我对廉价的浪漫主义不感兴趣。我不想谈论改变的状态。不过，显而易见的是，每当我在夜里穿行于巴黎这样的城市，城市与我之间建立了一种被超现实主义者称为'特权'的关系。也就是说，在那个特定的时刻，通道、桥梁、相互渗透，各种符号和象征会慢慢浮现出来。漫步于巴黎，意味着向自我迈进，这就是我将巴黎称为'神话之城'的原因。"

毫无疑问，在到达巴黎最初的那段岁月，科塔萨尔将住宿地点选定在了巴黎国际大学城。为了节省一千法郎，他做出了这个选择。多莉·玛丽亚·卢塞罗·翁蒂韦罗斯向我们确认了这一点。她和其他几个女伴在马德里攻读研究生期间，到巴黎匆匆一游，当时她特意与作家见了一面，重温了他们在门多萨结下的友谊。此前，科塔萨尔向她宣布了自己将永远留在巴黎的决定（"多莉，我在此和您告别，期待我们在巴黎的重逢！"）。对此，多莉·玛丽亚·卢塞罗·翁蒂韦罗斯回忆道：

我们热情高涨，开始各种探索巴黎的计划，不过我在这座城市没有一个熟人。真没有熟人吗?如果科塔萨尔也在巴黎呢?但是我没有他的地址,也完全不知道去哪里才能找到他。不过,总得设法试试。也许他住在巴黎国际大学城呢?那里有很多阿根廷人。那天上午,差不多到了快要吃午餐的时候,我在巴黎国际大学城里徘徊,寻找阿根廷馆。一位友善的女士在门房处负责管理的人员,听到我的询问之后,她证实我的直觉是对的:"哦,是的,是的,科塔萨尔先生(原文为法语)……他就住在这里,一般下午两点会回来。"她指给我一个座位,我决定等他回来。和门房说的一样,科塔萨尔一向准时,很快我就看到了一个骑在自行车上的高大身影。他就是科塔萨尔,我在巴黎找到了他。哈利路亚!我仍坐在长凳上,惊讶而又难以置信。骑着自行车的人从他的坐骑上跳下来,正要路过我所在的长凳,而那一刻我呆坐着,就像一尊来自过去的雕塑。某种力量驱使他回过头,我看见他的面庞上浮现出了一种绝对震惊的神情。他只说了一句:"多莉·卢塞罗,你怎么在这儿!"在一阵惊呼和笑声中,我告诉他我早上刚到巴黎,履行了来拜访他的承诺。正是在那时候,作家以他一贯的机智,给我冠上了一个新称号,那也是我的第二次洗礼:"多莉,您是萨米恩托的追踪者。"虽然他工作繁忙,但出于真挚的感情,他还是毫不意外地抽出时间陪我游览巴黎。他带我去参观博物馆,游览巴黎中世纪的遗址——他说身在其中的感觉就仿佛置身于一颗宝石的内部。他还带我去了公园和幽静的小道散步。他的陪伴是一份真正的礼物:能够再次聆听他对古代以及现代艺术的解释,感受他对希腊艺术的热情,还有对埃及艺术的热爱。科塔萨尔为巴黎所倾倒。难怪他在后来游览伦敦之后写给我的信中提到说:"我喜欢伦敦。在那里度过的一周很愉快。但我更爱巴黎,世界上任何东西都没法从我这里换走巴黎。您是见识过巴黎的,您可以理解我的感受。"[1]

不久之后,科塔萨尔搬到了阿莱西亚街56号,当时的他在位于雷蒙德·洛瑟朗街上的一家图书发行公司找到了一份包装工的工作。那段时间,他身兼数职,因为他已经开始在法国国际广播电台担任播音员了。不过,需要说明的是,这并非什么高端的工作,因为这家电台位于巴黎郊区(科塔萨尔骑自行车去那里),主要播出一些西班牙语节目。随着奥罗拉·贝纳德斯的到来[2],他和玛伽的关系也仅限于友谊的层面。1953年春天,科塔萨尔搬到了意大利广场附近的一间两居室中,那间公寓位于根提利街10号,带有一个狭小的厨房,但没有淋浴设施(附近有一家公共浴室,洗澡每次收费25法郎),家具也极少(唯一值得一提的是弗雷迪·古特曼送给他们的一台收音机)。作家认为这个街区没有什么娱乐,但明亮而安静。贝纳德斯和科塔萨尔为此每月要支付12 000法郎。考虑到如果要分开租房的话,他们每人每月都要支出7 000法郎的房租,而共同住进根提利街的这套公寓可以为他们节省2 000法郎,他们用省下的这笔钱去买了一辆伟士牌摩托车。一段时间后,他们又辗转搬了几次家(马萨林街54号,布罗

---

1 选段摘自2001年3月笔者对多莉·玛丽亚·卢塞罗·翁蒂韦罗斯的采访。
2 奥罗拉·贝纳德斯于1952年12月到达巴黎。她告诉我,当时正值暴风雪。她在搬去与科塔萨尔同住之前,原打算先住在巴黎国际大学城的美国馆,她在那里找到了一处住宿,因为正值圣诞节假期,许多学生都已返回各自的国家。但大雪将她挡在巴黎国际大学城的门外。多亏了一位目睹她艰难处境的强壮的黑人青年,他让她抓住他的腰,奥罗兰最后才得以到达住所。虽然这住所就位于巴黎国际大学城地铁站斜对面,两地之间不过百米的距离,但她是在距离相当远的奥尔良门站下的车。

巴黎。这张由阿尔贝·莫尼耶拍摄的圣母院回廊街的照片展示了20世纪50年代初科塔萨尔所见的巴黎

卡街91号，皮埃尔·勒鲁街24号），最终搬到了位于贝雷将军广场的一栋小楼里，那是一幢由一座三层楼的旧马厩改建而成的房子（实际上只有两层楼，因为底层只有一个小门厅），它带有一个树木葱茏的庭院，环境十分安静。正是在这里，作家最终完成了《跳房子》的定稿，还创作了一些重要的短篇小说。

"当时这个街区可不是现在的样子。为了让你有个概念：我记得那时候我们晚上都是穿着拖鞋走去街角的电影院的。"奥罗拉·贝纳德斯面带微笑，回忆着那些年岁，而天色渐暗，落日透过顶层的天窗泼洒进来。[1] 她给我们讲了一个那一时期发生的小趣事。有一次，他们正走在通往孔科尔德地铁站的阶梯上，奥罗拉走在前面，胡里奥离她不远。一个家伙靠近奥罗拉，小声对她说了些什么，接着用讨厌的喃喃低语不断纠缠着她。"突然，"奥罗拉说，"我看见那个男人飞了起来，他是真的飞了起来，后来落在了下面的楼梯平台上，但他是双脚站着着陆。男人惊讶地回过头，看到了站在高处的胡里奥——他看上去似乎有两米五那么高。那家伙什么都没说就走掉了。我转头发现胡里奥的脸涨得通红，急忙问发生了什么事。'没什么，'他回答道，'我只是用脚帮他下去了。'胡里奥的鞋码是48码。"

那是一个幸福的时期。充实而幸福。

---

[1] 选段摘自2002年2月笔者对奥罗拉·贝纳德斯的采访。

第三章

困顿现实中的一抹幻想
1953
—
1963

爱伦·坡　罗马之行
重返巴黎　新的短篇小说
担任联合国教科文组织的翻译　《追寻者》
出版第一部长篇小说：《中奖彩票》
《跳房子》：名利双收

接下来的几个月,对胡里奥和奥罗拉,或者克罗佩(这是科塔萨尔对奥罗拉的昵称之一)来说,这是他们发现彼此以及适应欧洲现实的时期。毫无疑问,这一现实是严峻的(战后的欧洲现实),但也是可以克服的。他们感受到了巴黎人对外国人的冷淡态度,特别是当外来者不再是游客,或者他们希冀游客以外的身份的时候——不管是叫居民还是叫移民。科塔萨尔和贝纳德斯都不是流亡者(虽然科塔萨尔总是说自己是"流亡之人"),至少他们在1976年魏地拉上台之前并不是。与此同时,他们也感受到了物价的高昂,从生活必需品、食品到衣物,娱乐活动的费用就更不用说了。作家回忆说,他们的经济状况非常困难。不过,通过博物馆、展览、音乐、街道以及他们自身,科塔萨尔和贝纳德斯得到了弥补:39岁的他和33岁的她身上,跳跃着叛逆的灵魂。

可以说,他们的生活在彼此之间展开,也在彼此之间结束,就像曾经在布宜诺斯艾利斯一样。除了他们联系的一群朋友——主要是拉丁美洲人(可能是蛇社或是聚会小组?),他们的世界之外只剩下一片虚无。贝纳德斯主要忙于处理一项从阿根廷带来的工作——撰写一部哲学史,而科塔萨尔则继续翻译工作,同时开始创作另一部短篇小说集《游戏的终结》,并兼职完成图书发行公司的工作。值得一提的是,即使到了1954年4月,《动物寓言集》销售半年带来的版税收入也不足15美元,尽管当时这本书已经得到了评论界的广泛认可。1955年的版税收入变化也不大:12美元。在这方面,波鲁瓦坦言:"科塔萨尔将《秘密武器》寄给了南美出版社,但之前作品的销售情况使得他对这本书的命运几乎不抱什么期待。由于作品的销量不佳,出版社可能会放弃这位作家。然而,在这种情况下,商业理由往往是反商业的。"[1]也就是说,科塔萨尔作为一名畅销书作者的说法,甚至在1958年的时候仍然遭受到质疑。

科塔萨尔和贝纳德斯有很多短期计划,有一次他们计划5月前往意大利旅行。科塔萨尔想带奥罗拉从皮埃蒙特出发,一路游览至罗马以南的地区,途经托斯卡纳及其周边城市:锡耶纳、佛罗伦萨、比萨、里窝那、卡拉拉、维罗纳和威尼斯。他想向奥罗拉展示他首次欧洲之行经过的路线——虽然那次旅行并未给他留下什么美好的回忆。他们原计划是通过火车将伟士牌摩托车运到米兰,在米兰取回车,然后花一个月的时间进行环意大利骑行。然而,在4月,科塔萨尔骑着伟士牌摩托车的时候出了一场车祸,那是一次严重的事故——它成为创作《夜,仰面朝天》的灵感来源。这次事故让他在科尚医院躺了足足18天,而且一直到秋天都不得不挂着拐杖。这次的意大利之旅因为腿部打着石膏而未能成行,奇妙的是,在稍后的某个时间点,竟然出现了类似的情形:六年后,胡里奥和奥罗拉不得不推迟了又一场意大利之旅,后来这次是因为胡里奥的手臂骨折并被打上了石膏。

在那几周的时间里,科塔萨尔几乎没法动弹,这使得他能够

---

1 卡莱斯·阿尔瓦雷斯·加里加,《ABC文化报》,马德里,2000年12月9日。

全身心地投入到一贯的日常活动中去：阅读、翻译，以及写作，除此之外，他还会用古特曼送给他们的收音机听音乐。在那段时间，他的阅读范围是完全开放的，不设任何限制，从禅宗哲学（如铃木大拙的著作）到欧洲的小说、诗歌与散文，依次是法语、英语、德语和意大利语。值得注意的是：没有，绝对没有任何西班牙文学。

如果追溯 20 世纪 50 年代以后科塔萨尔对西班牙文学的记忆，可以说它是微乎其微的。此前我们曾经强调过，他年轻时曾接触过共和国时期和流亡时期的诗歌，主要是费德里科·加西亚·洛尔迦、路易斯·塞尔努达、佩德罗·萨利纳斯、拉菲尔·阿尔贝蒂的作品，但也仅此而已。至于他为何对西班牙文学表现出如此的冷漠（与其说是疏远，不如说是从未接近），这可以归因于战后西班牙文学生态的特质，一方面它受到佛朗哥政权官方文化的影响，另一方面又受到流亡所带来的意识形态化标志的影响，这两者都主张一种严格的新 19 世纪风格叙事。如果说 20 世纪 40 年代的小说，诸如卡米洛·何塞·塞拉、卡门·拉福雷特、J. A. 孙苏内吉，胡安·阿尔沃或是里卡多·费尔南德斯·德·拉·雷格拉的作品，并未引起科塔萨尔的任何兴趣，那么同样的情况也发生在 1954 年那一批致力于社会小说和新现实主义小说的作家群体身上，比如伊格纳西奥·阿尔德科亚、拉斐尔·桑切斯·费洛西奥，卡门·马丁·盖特、赫苏斯·费尔南德斯·桑托斯或是阿方索·格罗索（顺便提一下，20 世纪 60 年代，这位作家曾与所谓的拉丁美洲作家们展开过一场激烈的论战），原因无他，只是因为科塔萨尔以及他那一代人认为西班牙文学是纯粹的僵化，是最痛苦的陈词滥调，与现代性毫无关联。

关于翻译的工作，那时候恰好有一位流亡的西班牙作家，弗朗西斯科·阿亚拉,他受波多黎各大学之托,委派科塔萨尔翻译埃德加·爱伦·坡的小说和散文作品。科塔萨尔比这位来自格拉纳达的作家小八岁,他们通过阿道夫·卡皮奥[1]在布宜诺斯艾利斯相识,并在谈论书籍的时候建立起了某种友谊。几年后,当阿亚拉在波多黎各担任教职的时候,他想起了科塔萨尔,并向他提供了一份报酬为3 000美元的翻译工作,当时这对他们来说是一笔相当可观的金额。

胡里奥和奥罗拉算了一笔账,他们决定按每月500美元的份额支取这笔报酬,但这纯属理论计算,因为要等到编辑,或者说大学负责人收到完整稿件后才会签署合同,也就是说,他们要等到翻译工作结束之后才能领取报酬。事实上,他们从1953年9月开始翻译,但直到1954年9月才拿到钱。他们认为,如果离开巴黎,搬到意大利去完成这份工作,那么他们的生活会生出更多的可能性,因为意大利的物价水平比较低,租一套公寓只需要每月20 000里拉。说走就走。正如科塔萨尔所说:"译者就像是蜗牛,带着自己的小房子到处走,他们不需要待在某个固定的地方,只要带上打字机就好。"

他们退掉了位于巴黎第13区的根提利街上的小房间。胡里奥友好地向出版社道别,他和奥罗拉卖掉了伟士牌摩托车,把书籍

---

[1] 弗朗西斯科·阿亚拉在阿根廷流亡期间结识了科塔萨尔,当时两人都在布宜诺斯艾利斯。他在回忆录《回忆与遗忘(1906—2006)》中提到了科塔萨尔以及马雷查尔的小说《亚当·布宜诺斯艾利斯》,以及他在自己的杂志《现实》中刊登的一篇文章。他写道:"我让那些惯常的漫长讨论像往常一样无果而终,并把没人愿意做或愿意让别人做的评论任务交给了胡里奥·科塔萨尔,一位年轻的作家朋友,那时还没有人注意到他。有时我和丹尼尔·德沃托、路易斯·鲍迪佐内及其他几个人一起喝咖啡,科塔萨尔加入了我们,他行色匆匆,神情愉快,容易激动且态度坚定。胡里奥接下了我交给他的任务,写下了关于马雷查尔作品的批评文章。"(第375页)

和其他物件存放在一个家具仓库里,准备开启一段罗马时光。值得强调的是,他们从未想过永远告别巴黎,这只是一次临时的变动。1953年的秋冬时光,他们完全沉浸在了拉丁文化中,等到次年圣马丁运河上冰雪消融,卢森堡公园弥漫起春日的气息,他们便再次回到巴黎。他们原计划在意大利驻足6个月,这一估量基本上是准确的,他们最后只多待了两个月,那时候翻译工作已经结束,稿件寄往了波多黎各。我们很快就会发现,他们之所以延长了逗留的时间,是因为想尽可能地游遍意大利,不知疲倦地,从切塔拉到阿马尔菲的海岸线,在返回巴黎之前,尽情品尝意大利烩牛膝、比萨饼还有红酒。

9月,奥罗拉和胡里奥开启了意大利之旅的第一个阶段。他们在罗马的西班牙广场附近安顿下来。从一开始他们就觉得非常舒适,不仅是因为意大利冬季温和的气候,还因为意大利语的热情和随性。当然,我们不能忘记的是,这个国家作为二战的战败国,从战争结束到那时仅仅过了八年。不过,在美国马歇尔计划的协助下,意大利处于重建的状态,整体经济得到增长,国民情绪乐观振奋。紧接着,奥罗拉和胡里奥不断受到罗马所带来的艺术情感上的洗礼。他们的住所附近遍布着破船喷泉、卡罗泽街、西班牙台阶——传说济慈于1821年在此地去世,不过其他资料表明他是在附近的住所逝世的,而那个住所离当时科塔萨尔的居住地很近。此外,还有17世纪建成的"传信部",以及圣母无染原罪柱。不过,上面提到的这些景观仅仅是一些参考,真正让广场脱颖而出的是其街道的布局,周围的商店、小餐馆、被遗忘的教堂,以及大大小小的博物馆,这一切都与台伯河、威尼托大街和博尔盖塞大街相邻。这个区域是罗马最繁华、最具活力的地带之一。奥罗拉和胡里奥都意识到了这一点,他们从这片区域汲取了大量的灵感。

贝纳德斯和科塔萨尔的工作日程紧凑而富有成效，他们每天工作九小时，剩下的时间则用于游览城市及其周边地区。经过近六个月几乎不间断的雕琢，他们完成了1 300多页的爱伦·坡作品的翻译稿。由于工作进展顺利，他们决定稍作休息，向南方进发。不过，奥罗拉和胡里奥决定在休整前去一趟佛罗伦萨，在那里待上一个半月，完成爱伦·坡作品集翻译的最终修改，并撰写该版翻译序言的书目注释。于是，他们将打包好的行李和手稿寄往佛罗伦萨。科塔萨尔患上了支气管炎，随身只携带了两只手提包，里面仅有几件换洗衣物。就这样，他们向第勒尼安海沿岸进发。途中经过那不勒斯（他们发现那里阴雨绵绵，令人心生沮丧）、萨莱诺、阿马尔菲和拉韦洛。随后他们沿原路返回，在途中稍作调整，途经罗马、奥尔维耶托、佩鲁贾、阿西西、阿雷佐、锡耶纳、圣吉米尼亚诺，最后抵达佛罗伦萨。旅途中唯一的困难，当然，还是经济问题。因为资金有限，他们不得不住在提供膳宿的公社食堂，整日以夹心三明治为食，搭便车赶路，与此同时，他们还需要精打细算，才得以维持最低的经济平衡。此外，关于搭便车这一点，他们本来打算搭货车，但是由于1954年意大利实行的一项陈旧过时的规定，货车驾驶室不允许搭载女性（甚至连司机本人的母亲都不行），这大大地减少了他们搭车的机会。正如科塔萨尔对古特曼所说的那样："豪华轿车无论如何都不会停下的，肯定是因为车主担心我们会弄脏他们的座椅；意大利的轿车都太小了，根本容不下一对诚实的阿根廷夫妻。"[1]最终，他们不得

---

1 奥罗拉·贝纳德斯，《1937—1963年的信件》，阿尔法瓜拉出版社，马德里，2000年，第284页，内容取自胡里奥·科塔萨尔写给弗雷迪·古特曼的信，日期为1954年3月。

不改乘火车。

在佩鲁贾,奥罗拉和胡里奥再次经历了一个典型的"科塔萨尔事件",这类事件常在他的短篇小说中得到生动再现:偶然性在生活情境中的具象化。一位朋友给了他们一家客栈的地址。要抵达那里,他们首先需要乘坐公交车前往意大利广场,找到左边的楼梯,走到尽头,然后再次左转,然后便可在第二或者第三座房子里找到便宜的出租房间。他们按照指示,冒着雨一步步走完了路线,找到了地方,却没看到那家客栈。他们看到了一栋房子,里面出来的一名女士告诉他们,因为有一位房客要离开几天,所以空出一间房间可以出租,租金为600里拉。他们接受了这一提议,入住了一个带有灰泥天花板的房间,房间里还有一尊丘比特雕像,弯弓搭箭对准了床铺。科塔萨尔甚至一度怀疑他们住进了一家妓院。另外,要去浴室的话,他们必须穿过客厅、厨房,以及那位女士的卧室。最终,他们发现那位女士其实是一名退休的邮政局职员,而非他们想象中的"老鸨"。有趣的是,他们第二天才意识到自己当时并没有在意大利广场下车,而是在马泰奥蒂广场下了车,爬上的楼梯也非指示中的那一条,实际上,他们找到的地方完全不是那位朋友推荐的住址。这让人联想到科塔萨尔的短篇小说集《万火归一》中约翰·霍维尔的故事:霍维尔受邀登上一个舞台,参与了一场与自己毫无关系的戏剧演出。

1954年3月,贝纳德斯与科塔萨尔抵达了佛罗伦萨,在斯帕达街5号落脚。如上文提到的那样,他们的原计划是在这座坐落在阿诺河畔的城市停留一个半月,不过最后他们在这里居住的时间延长到了两个月。重逢促成了科塔萨尔与这座城市真正的和解,不过,那时候作家已经开始疯狂地想念巴黎。事实上,为期八个月的意大利之行抹去了四年前那次粗略而肤浅的游历记忆。他学会了颠覆那些初印象（除了关于那不勒斯的印象），沉浸在文艺复兴的气息中：这座城市向他展示了米兰主教座堂、美第奇－里卡迪宫、学院美术馆、领主广场、老桥、斯特罗齐宫、乌菲兹美术馆以及帕拉提纳美术馆等名胜古迹。他慢慢地欣赏，真诚地接触文化，仅仅是为了体验感受它的乐趣："那些认为在多那太罗或是德斯德里奥·达·塞蒂尼奥诺的雕塑前待上两三个小时，就能参透前者的巨大奥秘，或是进入到后者那有限却迷人的世界中去的想法，是对艺术的性质和交流机制的深刻无知。"[1] 那段时间，他对古斯曼这样说道。

另外，在佛罗伦萨生活的这两个月里，科塔萨尔在小说创作领域算不上有成效，至少从实际、整体的角度上来说确实如此。不过，要从理论的方面来看，他在这两个月内取得的成果却相当丰富：所积累的经验很快就成为灵感的源泉。其中的原因无他，只是因为作家急于将翻译爱伦·坡作品的工作画上句号，因此翻译工作占据了他全部的精力。除此之外，很难（和经济状况无关）解释为什么他在那几个月里只创作了为数不多的几首诗，并仅为未来收录到《游戏的终结》一书中的几个故事起了开头或收了结尾。尽管如此，值得注意的是，翻译坡的作品是一项艰难而又极其繁重的任务。翻译内容包括 67 篇短篇小说，长篇小说《楠塔基特的亚瑟戈登·皮姆的自述》，长散文《我发现了》，作品集《随笔与批评》，除此之外还要加上引言的撰写，这些内容已经远远超出任何一位译者在超过五年的时间里能完成的工作量。更何况挑战翻译爱伦·坡的作品对科塔萨尔来说也是一件渴望已久的事，

---

[1] 奥罗拉·贝纳德斯，《1937—1963年的信件》，阿尔法瓜拉出版社，马德里，2000年，第297页，内容取自胡里奥·科塔萨尔写给弗雷迪·古特曼的信，日期为1954年3月。

因为这位英国作家始终陪伴他左右。从班菲尔德的那段时期开始,他感觉坡就存在于自己周围。很多年后,作家坦言道,翻译坡是他一生中最快乐的事情之一。

在巴黎,科塔萨尔会因为稳定的生活状态而写更多的小说吗?关于这一点,我们无从知晓。不过,我们可以了解到的是科塔萨尔对写作地点和时机的看法,在这方面,他一贯对任何计划或秩序抱有抵触的态度。"我从来没有过(固定的作息观念)。哪怕是在那段不得不通过从事与文学无关的工作来谋生的时间里,我也从未遵循过固定的作息安排。我总是寻找那种只需要上两三个小时班的工作,即使报酬微薄也没有关系,因为,在走出工作场所之后,你依然是你自己。那么,在文学创作上也是一样的。我完全没有任何纪律性可言。"他可以在任何地方、任何时间开启一篇短篇小说或是一部长篇小说。以跟他关系亲密的两位作家为例,科塔萨尔从不主张像巴尔加斯·略萨或是加西亚·马尔克斯那样,日复一日地为写作分配固定的时间,因为他觉得那样令人无法忍受。他始终认为自己可以在任何地点写作:在地铁上,公交车上,飞机上,咖啡馆里,机场的候机厅或是车站,在联合国教科文组织的办公室里——在成为教科文组织的翻译员之后,他甚至在开会的间隙里写作。

然而,科塔萨尔也始终承认自己更喜欢在安静的环境中进行创作。"当我快接近想表达的核心内容时,这种无序的写作方式会发生变化,因为在那个时刻,我有点像是自己正在创作的作品的受害者,被我的创作所支配。比如说,《跳房子》的结尾部分是我在极为疲惫的情况下写就的,因为当时的我完全忘记了时间。我不知道自己置身于白天还是黑夜。我的妻子(指的是奥罗拉·贝纳德斯)会端着一碗汤来对我说'好了,得睡一会儿了'等诸如此类的话。不过,在此之前,我有两年的时间什么都没有写,只是零零散散记录了一些片段,凑成一个章节。接着,会有一个时刻,所有的一切都集中起来,那时候就必须完成它。不过,这不是一个作息的问题,是强烈的痴迷。"

就这样,在完成了翻译爱伦·坡作品的工作后,胡里奥和奥罗拉决定趁着他们暂时对意大利生活的适应,完成他们还未走完的意大利半岛之旅:比萨、卢卡、普拉托、博洛尼亚、拉韦纳、克拉塞、费拉拉、威尼斯、帕多瓦、维罗纳和米兰。威尼斯给他们留下了特别深刻的印象,他们在那里逗留了十天,住在总督客栈,因为赶上了旅游淡季,全包住宿每晚只要 1 600 里拉。他们的房间正对着圣马可钟楼,从窗口可以俯瞰圣马可广场,因此他们成了特权观众,每到整点,他们都能准时看到朝拜圣婴的三博士表演。科塔萨尔对葬礼用的贡多拉行船的印象尤为深刻:身着黑衣的船夫向前划行,船头的银色十字架在阳光下闪耀,船只静默而平稳地驶向圣乔治岛——墓葬之岛。当时,他对朋友达米安·卡洛斯·巴扬说,希望自己有一天能拥有将这个场景写进小说里的才华。1977 年,科塔萨尔写了《〈船〉或〈新的威尼斯之旅〉》,并将其收录在小说集《有人在周围走动》中。

6 月 9 日,科塔萨尔和贝纳德斯回到了巴黎。接下来要紧的事情是找到住所并安顿下来。在寻找住处这一方面,他们非常幸运。通过咨询熟识的大学房产中介,他们成功地租到了一位大学女老师所住的房子。她来自英国,是一名钢琴家,和他们一样刚刚回到巴黎。他们租住的公寓里面有两间相邻的房间,有落地窗,可使用的厨房,还有"即将安装"的电话和淋浴器。公寓楼位于巴黎第 6 区的马萨林街,他们住在第二层,这个楼层相当明亮。这个住处的地理位置极佳,离河边只有几步之遥,与他们常去的几个地方之间的交通也很便利，完全不同于平淡无奇的意大利广场。马萨林街是一个绝佳的地点，因为它离艺术桥和新桥不远，与日耳曼大道相交，而且几乎直通卢森堡公园。他们取回了寄存的书籍和其他家当，包括那台可以收听夜间音乐会的收音机——古特曼所赠，然后便安顿了下来。

至于生活费用的问题，在科塔萨尔和贝纳德斯重新融入这座城市，跟上戏剧和电影动态的同时，科塔萨尔接受了联合国教科文组织的委托，担任为期三周的翻译工作。就这样，他们暂时解决了生活费用的问题。毫无疑问，这份工作对他们的帮助很大，因为通过这笔收入，他们可以应付日常开销，直至收到从波多黎各汇来的翻译稿费。如上文所述，这笔稿费来得比预期的时间要晚（他原以为稿费会在15天之内结算，结果等了四个月才收到支票）。他们的生活情况得到了进一步的好转，因为几乎就在他接到工作的同时，通过联合国入职考试的奥罗拉也获得了工作合同，她被聘为译员。他们二人同时在该机构担任翻译，这本是违规的，因为内部规章禁止这种情况。然而，不仅那次他们没有遇到任何问题，而且这种违规行为一直持续了下去，他们从未受到任何处罚。这种卡夫卡式的境遇成为夫妻二人之间持久的笑谈，因为尽管联合国教科文组织知道他们二人间的夫妻关系，而且非常正式地提醒他们这一情况违反规章制度，但与此同时仍然要求他们完成必要的工作。

当时，科塔萨尔被勾起了（或者说，是在达米安·卡洛斯·巴扬的怂恿下）向埃梅奖评委会投稿一本短篇小说集，以及向卡夫特比赛投稿一部长篇小说的念头。不过，他很快就否决了这两个计划。对于前者，他没有足够的文稿来满足比赛要求的五万字篇幅（当时《游戏的终结》尚未完稿），而至于后者，他认为自己的小说(《考试》?)里"充斥着大量嫖娼的情节",不太可能会被评委会接受。于是,他决定继续写作,慢慢积累短篇,不急不躁地完成一个短篇集。在那几个月里,科塔萨尔在意大利发表了《动物寓言集》里的一个故事——由弗拉维娅罗莎·罗西尼翻译;同时他在墨西哥发表了短篇小说《美西螈》,之后被收录在《游戏的终结》一书中。墨西哥之旅依然是作家未竟的心愿,他始终怀有游历这个国家的强烈愿望。既然暂时无法亲身前往,至少还可以通过在那里发表作品来获得安慰。当时,在墨西哥学院工作的阿根廷作家、拉美研究学者艾玛·苏珊娜·斯佩拉蒂·皮涅罗为科塔萨尔与墨西哥一家日报牵线搭桥,使得作品得以见报。自从《动物寓言集》出版以来,斯佩拉蒂·皮涅罗始终对科塔萨尔的作品抱有炽烈的热情。

6月底,眼见自己可能被联合国教科文组织派往蒙得维的亚参加全体大会,科塔萨尔开始将此行列入到自己的计划中去。去蒙得维的亚意味着他将靠近布宜诺斯艾利斯,回去见他的母亲、妹妹以及家族中的其他叔叔阿姨。当然,他想探望的还有朋友们,以及这座城市本身。这是一个千载难逢的机会,不容错过。奥罗拉同样希望回去探望亲人,特别是她的父亲,因为当时她父亲的健康状况不是很好,而她也已经两年没有回家了。

几周的时间过去,这一计划逐渐变得具体:"我浑身充满了一种无法抑制的兴奋感,这几天就像有一只毛茸茸的小动物住在我的胃里,每当我想到布宜诺斯艾利斯的时候,它就会轻轻摇晃起来。"[1]甚至到了7月,他们决定,哪怕不通过联合国教科文组织的渠道,年底的时候也要返回阿根廷。支持他们做出这个决定的原

---

1 奥罗拉·贝纳德斯,《1937—1963年的信件》,阿尔法瓜拉出版社,马德里,2000年,第305页,内容取自胡里奥·科塔萨尔写给达米安·卡洛斯·巴扬的信。

植物园。在两栖动物区,胡里奥看到了那只启发他著名短篇小说《美西螈》的墨西哥钝口螈

因之一在于,两张从马赛到布宜诺斯艾利斯的三等舱船票的价格,加上海上航行 17 天产生的费用,差不多等于他们在巴黎省吃俭用生活一个月的花销。

联合国教科文组织终于批准了这次差旅。奥罗拉和胡里奥安排好了所有的事宜。出发日期定在 10 月 16 日,预计于 11 月 2 日抵达布宜诺斯艾利斯。而科塔萨尔将于 11 月 11 起程单独前往蒙得维的亚。起初,他们打算乘坐"普罗旺斯"号,但出于两个原因,这个计划开始变得复杂起来。一是因为,10 月初,在他们出发的前夕,联合国教科文组织告知他们,有可能会聘用奥罗拉来填补一个空缺的岗位。不过,由于该职位的性质尚不明确,她必须坐飞机前往。这一变动使得他们不得不分开旅行,还打乱了他们原本打算从巴黎到马赛逐步南下,经由布尔日、韦兹莱、第戎、阿尔勒、奥朗日、尼姆和普罗旺斯的艾克斯等地的计划。另一个原因在于，"普罗旺斯"号在返回欧洲途中，于布宜诺斯艾利斯发生了碰撞，航运公司告知他们行程可能有变，变化包括他们或许需要乘坐比"普罗旺斯"号旧得多的货船"佛罗里达"号回到阿根廷。最终，他们乘坐"拉瓦锡"号邮轮，怀着兴奋和喜悦踏上了回乡的旅程。不过，这次旅程也伴随着浓重的悲伤，因为奥罗拉的父亲，弗朗西斯科·贝纳德斯·冈萨雷斯，在他们起程前过世了。[1]

科塔萨尔在蒙得维的亚住了一个月，下榻在塞万提斯酒店，这也是博尔赫斯每次去到那座城市时入住的酒店，而科塔萨尔后来的小说《暗门》中的人物佩特隆也住在这里。有人向胡里奥推荐了这家酒店，他就去了。相比之下，联合国教科文组织的高级官员们则住在那些新建的大型酒店里。

《暗门》是收录在短篇小说集《游戏的终结》的一则故事，它正是在科塔萨尔这段往返于美洲和欧洲的时间里构思而成的。小说精准地捕捉了这家酒店的氛围。小说中佩特隆对酒店环境的描述，正是我们可以用来形容科塔萨尔在参加完国际会议后踏夜归来所见的场景：接待处有一尊维纳斯的雕像，被安置在基座上；大厅和走廊都极为昏暗，极其安静，住客稀少。科塔萨尔的房间与佩特隆下榻的房间一样小，狭窄得像是一间牢房，但他并不在意。科塔萨尔和佩特隆一样，都是过客（根据与马赛克生产商的合同，他在此地停留的时间不需要超过一周），他只想完成一笔交易，然后返回布宜诺斯艾利斯。佩特隆会与他的客户接触，聊天，共进晚餐，喝几杯，然后每晚都顺从地回酒店睡觉，科塔萨尔也是如此，除此之外，他还多次前往与酒店同名的电影院。读报纸，阅读妻子的来

---

[1] 因此，科塔萨尔并未能见到他的岳父。倒是奥罗拉的父母，在他们于巴黎宣布婚讯并举行婚礼后，与科塔萨尔的家人多有往来。

信。一切都是日常的，显得平淡无奇，合乎逻辑，符合认知。然而，随后传来了孩子的哭声（这里已经是佩特隆了，不是科塔萨尔），这哭声在第一夜几乎弱不可闻；接着，孩子的哭泣声里夹杂着哄孩子的女声，是位母亲的细语。随着夜晚的推移，这些声音变得逐渐清晰起来。他有了一个发现——发现了酒店里另一种常见的东西：一扇被封住的门，正如科塔萨尔和佩特隆观察到的那样，它半隐在一个柜子后。佩特隆感觉到那些低语是从门后传来的。但应该还有别的东西。酒店经理告诉佩特隆，他所在的楼层没有小孩。他隔壁只住着一位女士。这是一个特别的故事，因为这是科塔萨尔为数不多的探索幽灵领域的作品之一。当然了，如我们之前提到的那样，之前的那篇小说《女巫》已经触及了类似的题材。

在蒙得维的亚度过的四周时间里，科塔萨尔要竭力应对的，除了乏味的会议和需要接见的代表团，还有细雨绵绵的南方天气，以及闲暇的时间。他的应对方法如下：阅读，看电影，和若干朋友聚会——例如费尔南多·佩雷达和伊莎贝尔·希尔韦特；但并没有与胡安·卡洛斯·奥内蒂会面，也没有见到《前进》杂志的人，比如奥马尔·普雷戈[1]；他还通过写作来消磨时间。他写了两篇短篇小说，以及一部题为《佩瓦霍—无所有》的单幕剧[2]。"你必须承认，这个标题并不能激起任何戏剧导演的兴趣。"他向巴扬这样评论自己的作品。而那两则短篇小说最终被收录在1956年首次出版的《游戏的终结》中。

在经历了1964年的修订之后，《游戏的终结》最终收录了18篇故事，其中包括了一些作家最为知名的作品。除了我们刚才

---

[1] "正如你已经知道的那样……在那一时期，政治和我完全是两回事。"科塔萨尔多年后这样对奥马尔·普雷戈说。

[2] 作品在科塔萨尔去世后出版。

提到了《暗门》，还有《公园续幕》《毒药》《小公牛》《美西螈》《夜，仰面朝天》《迈那得斯之夜》《朋友》，以及《一朵黄花》。毫无疑问，这些故事都体现了早在《动物寓言集》中就体现的科塔萨尔式的特征。从那本小说集开始，这一特征，无论经历怎样的变化，都一直出现在他的作品中：幻想和现实的混淆（《美西螈》），从中可以推演出亚里士多德时间观的破裂（《夜，仰面朝天》）；形式上的实验，这里表现为元叙事（《公园续幕》），对个人主义问题的探索（《迈那得斯之夜》），与童年宇宙相连的叙事线索（《游戏的终结》），或是一些在他的作品中经常出现的叙事主题——一个濒临解体但又关系紧密的家庭，以及部分自传性的内容（《毒药》）；通过某种距离感来观照流行文化，将其视为异国情调（《小公牛》）、孤独（《河》）、是偶然（《怪不得别人》）。值得一提的是，在这一系列故事中，虚构的内容已经不再强烈地反映当时阿根廷的历史局势。可以说，这些作品展现了一种截然不同的回应：一个已经不直接生活在那种环境下、也不再承受那样的压力和重负的人产生的自然回应。

1955年4月，科塔萨尔和贝纳德斯返回巴黎，他们住在位于第13区的布罗卡街道，一直到来年1月才搬到皮埃尔·勒鲁街。科塔萨尔从布宜诺斯艾利斯带回一项任务，即为南美出版社翻译玛格丽特·尤瑟纳尔的小说《哈德良回忆录》。前一年，他在意大利读过这本书，觉得非常喜欢。此后，科塔萨尔便一直在三个活动中打转——进行这项翻译工作，完成联合国教科文组织的任务，以及撰写自己的短篇小说。与此同时，他患上了单核细胞增多症（1955年，他以一种表面充满逻辑但实则充满天真的口吻对自己的朋友、法国工程师兼翻译让·巴纳贝说，"那是一种相当神秘的疾病"），并因阑尾炎而入院接受手术。科塔萨尔一直有旅行的计划，他想利用未来18至24个月里联合国教科文组织提供的机会去游览出差地，或在此基础上将旅游路线延展至其他国家。那段时间，他去了瑞士、印度、西班牙——在一个半月的时间里，他游历了西班牙的13个城市，对那里的食物和火车系统深感厌倦。此外，他的足迹还延伸到了荷兰、比利时、葡萄牙、土耳其和希腊。

在这些国家中，印度给科塔萨尔留下了深刻的印象。他在印度待了两个月，在出发之前，他打了六针"可恶的"疫苗：从伤寒疫苗到霍乱疫苗，再到天花疫苗。那里的气味、颜色、人们身上僧侣式的行事风格、不同的时间观念，以及印度人对存在本身的理解，都构成了这场从孟买开始的印度之行的一部分。"在酷热难耐中，我们与印度打了最初的照面。一开始的反应是恐惧，一种生理和精神上的恐惧，那感觉就像置身于另一个星球，与那里的人们无法产生丝毫的联系。初次的冲击过后，随之而来的是全然不同的感受：平静与安宁——受到了印度人处世方式的感染。"[1] 作家这样告诉让·巴纳贝。

他们从新德里出发，通过乘坐印度国内航班和汽车，分别来到了孟买、奥兰加巴德、博帕尔、桑奇、瓜廖尔、阿格拉和斋浦尔；躺在街上眍眼睡觉的乞丐，不可触碰的牛，香火，猴子和混乱；阿旃陀石窟和埃洛拉石窟，莫卧儿艺术，泰姬陵（"令人屏息"），宗教节日里点燃的陶泥灯，以此纪念逝去亲人的灵魂；裹着尸布的亡者被安放在瓦拉纳西，麻风病人，火葬堆，与恒河水接触时的狂喜，一切都被裹挟在"充满死亡和烧焦尸体的气息的

---

[1] 奥罗拉·贝纳德斯，《1937—1963年的信件》，阿尔法瓜拉出版社，马德里，2000年，第346页，内容取自胡里奥·科塔萨尔写给让·巴纳贝的信，日期为1956年10月。

氛围"[1]中。在印度的生活与前几周在平静且和谐的瑞士度过的时光相比,简直有天壤之别。关于瑞士,只有奶酪火锅和当地人沉闷的性格在记忆里留下无聊的印记。奥罗拉对卢梭的故乡也有同样的看法,不过,她的记忆中永远铭刻着1955年5月末从巴黎飞往日内瓦的那趟航班:那是她第一次坐飞机,旅程充满魔力。

确实,我们之前指出过,那个时期的科塔萨尔算不上什么畅销的作家,但不可否认的是,他已经逐渐被人们注意到了。渐渐地,他的短篇小说被翻译成法语、意大利语、英语和德语,刊登在杂志上,收录进各种选集之中。与此同时,他也开始在美洲的杂志上发表作品,主要是在墨西哥和阿根廷。艾玛·苏珊娜·斯佩拉蒂和安娜·玛丽亚·贝雷内切亚所做的关于幻想文学的研究——后者后来成了研究科塔萨尔的专家,将他推到了与博尔赫斯、费尔南德斯、基罗加和卢贡内斯并驾齐驱的高度上;让·巴纳贝(《动物寓言集》)、洛尔·吉耶·巴塔永(《远方的女人》《天堂之门》)或是杜兰德(《夜,仰面朝天》)的译本开始为他打响名气;罗歇·凯卢瓦专门将《夜,仰面朝天》编入了一本法语的惊悚故事集中;同一个故事还被选中刊登在一本柏林的杂志上,这一点也对科塔萨尔的影响力有所帮助。凯瑟琳·沃克为美国知名杂志《美洲》买下了《被占的宅子》的版权;他在进行短篇小说创作的期间数月,穿插着写出了《克罗诺皮奥与法玛的故事》中的章节,它们登上了德国萨尔布吕肯广播电台,而这些内容还被保罗·布莱克本译成了英文,随后在纽约电台被诵读出来。意大利里佐利出版社、德国卢赫特汉德出版社、以及美国的阿尔弗雷德·A.克诺夫出版社都对科塔

---

[1] 奥罗拉·贝纳德斯,《1937—1963年的信件》,阿尔法瓜拉出版社,马德里,2000年,第351页,内容取自胡里奥·科塔萨尔写给让·巴纳贝的信,日期为1956年10月。

泰姬陵在身后（摄于20世纪50年代中期）

1955年5月，在日内瓦。胡里奥多次以译者身份逗留在这座瑞士城市

萨尔的小说表现出浓厚的兴趣。此外，阿根廷还有导演将作家的小说《妈妈的来信》改编成了电影。上述的一切都为科塔萨尔增光添彩，为他的事业增加了助力，使他的作品在不久的将来在商业层面上崭露头角。

这一时期有两件事值得说明。第一件事与罗歇·凯卢瓦有关，第二件则与凯瑟琳·沃克有所关联。二人都清楚表明，科塔萨尔始终捍卫自己作品的完整性，哪怕这会损害出版和推广其作品的机会。

在20世纪50年代，罗歇·凯卢瓦是《新法兰西评论》的主编，他后来还负责了诸多文论的出版，其中包括《影像，影像》这本论著（而恰好这本书的西班牙语版由南美出版社出版）。他专注于奇幻文学，并通过大名鼎鼎的伽利玛出版社推广拉丁美洲文学。科塔萨尔与这位法国作家有过一些接触，但并不算多。众所周知，科塔萨尔并不是特别在意自己作品的推广，尽管他在成熟之后对这一点稍加重视了一些。[1] 大约在这一时期，让·巴纳贝将《动物寓言集》译成了法语，这个译本让科塔萨尔非常满意。尽管作家本人一向懒于推广自己的作品，但为了回报巴纳贝对这项工作付出的努力，他决定把译本带给凯卢瓦。

几天后，凯卢瓦在办公室接待了科塔萨尔。凯卢瓦表示，在法国，短篇小说集非常难卖，如果作家还是无名之辈的话，情况就更为复杂了。此外，他认为《动物寓言集》的翻译过于"贴近现实"。科塔萨尔对凯卢瓦指出的第一点表示理解，但至于第二

---

[1] 关于这一点，科塔萨尔曾经表示："我对自己或他人作品的未来毫不关心。真正的作家是在写作的时候全力拉满弓，而后将弓弦挂上钉子，和朋友们去喝酒。箭已经在空中飞行，它要么命中靶心，要么不会。只有傻瓜才会试图改变它的轨迹，或追着它跑，给它加点力以期达到永恒或是名满世界。"

点,它听起来像一种批评,他对此不予赞同。如果翻译得到了巴纳贝的尊重,做到了忠于原著:不仅符合作家作品的精神,还保留了作家所决定的外在结构,那岂不是再好不过?然而,事实并非如此。凯卢瓦指出,翻译偏离了法语的表达方式,过于接近西班牙语的风格。这清楚地表明了凯卢瓦的要求:牺牲译本对原文的忠实,迎合法语的风格。然而,科塔萨尔既不打算修改自己的文本,也不会要求巴纳贝更改他的译文。但事情并未就此结束。

一周后,凯卢瓦告诉科塔萨尔,已经选定他的短篇小说《夜,仰面朝天》收录在伽利玛出版社即将推出的合集里。我们回顾一下,这部作品讲述的是发生在一个年轻的摩托车手身上的故事:在一次事故之后,他被收治住院,现实的夜晚与远古时代的梦境交替出现。到了故事的最后,现实与梦境颠倒,原本的噩梦成为现实,反之亦然。凯卢瓦亚坚持让科塔萨尔做出修改,他认为,根据自己的意见,故事无疑会在深度和吸引力上更胜一筹。以下片段摘自 1957 年 5 月科塔萨尔写给巴纳贝的一封信,他在信中轻快地讲述了这一事件:"他(凯卢瓦)说:您的故事有一定的风险——法国读者可能会以为这一切不过是病人术后产生的幻觉……您不觉得在结尾加上一句会更好吗?比如,第二天早上,护士发现病人已经死亡,仔细一看,发现他的胸口有一道伤口,而心脏已经不翼而飞了。"科塔萨尔则回答说自己"绝不会动这个故事分毫,如果不按照原样出版,他宁愿这个故事不要以法语面世"。[1] 最终,这个故事完全按照原样发表,未做任何修改。

与凯瑟琳·沃克相关的事件也与此类似。沃克是《美洲》杂

---

[1] 奥罗拉·贝纳德斯,《1937—1963 年的信件》,阿尔法瓜拉出版社,马德里,2000 年,第 360 页,内容取自胡里奥·科塔萨尔写给让·巴纳贝的信,日期为 1957 年 5 月。

志的编辑，这本知名杂志的总部在华盛顿，它发行英语和西班牙语两个版本。他们看中的是短篇小说《被占的宅子》，并向作家提请授权发表。当杂志社在预排版准备刊登科塔萨尔的作品时，发现了一个问题：故事的篇幅太长，栏目的版面不够。于是，他们决定对原文进行删减，以便其符合版面的需求。也就是说，在没有事先与作家商量的情况下，他们擅自决定通过所谓的"浓缩"来调整故事的长度。

科塔萨尔对此的回应充满了愤怒。在日期为1958年10月26日的一封信件中，作家向沃克声明，他无法接受杂志为了迎合外在形式而牺牲他的短篇小说，虽然信中的措辞极其得体，但不影响其坚定有力的内核。他引用了诗人艾略特的长诗《四个四重奏》中的《燃烧的诺顿》作为例子，解释说，对他而言，"一篇短篇小说与一首诗在本质上并无区别，因为它的节奏、句子结构和情节发展都应在读者身上产生与诗歌类似的效果"。[1] 当然，在这样的条件下，科塔萨尔拒绝在《美洲》杂志上发表自己的小说。沃克的回复则显得极具诚意。不得不承认的是，她在这一情况下表现得十分得体。沃克回信说，即使需要调整版面，他们也会毫无删减地发表这篇小说，哪怕是一个逗号都不会省略。《被占的宅子》发表两个月后，他们再次向科塔萨尔提请授权另一篇小说刊登在杂志上。

需要指出的是，20世纪50年代中期，科塔萨尔的创作发生了重要的转向，尤其是从他1955年底的小说《追寻者》开始。而这一转向的巅峰则发生在创作《跳房子》以及其他后期作品（包

---

[1] 奥罗拉·贝纳德斯，《1937—1963年的信件》，阿尔法瓜拉出版社，马德里，2000年，第383页，内容取自胡里奥·科塔萨尔写给凯瑟琳·沃克的信，日期为1958年10月。

括小说、叙事作品、散文以及诗歌等）之时。在此之前，科塔萨尔一直被认为是幻想文学作家：《动物寓言集》、《游戏的终结》以及其他一些新的故事（例如《魔鬼涎》）都证明了这一点。也就是说，科塔萨尔已经建立了一个非常精巧的叙事体系，像精密的钟表机制一样运行良好，无可指摘。然而，到了这一时期，科塔萨尔内心深处的某处被激活，促使他进入一个之前由于缺乏兴趣而从未涉足的领域：人类个体。正因如此，《追寻者》可以算作一篇宣告科塔萨尔进入新阶段的中篇小说，它代表了一种新的视角和别样的世界观，因为它意味着作家发现了"他人"。正如他对巴纳贝所说的那样，科塔萨尔通过这篇小说寻找"另一扇门"。而他找到了。

众所周知，《追寻者》的主人公名叫乔尼·卡特，而他的原型正是美国高音萨克斯手、作曲家查理·帕克。帕克1920年出生在堪萨斯，1955年于纽约去世。这个故事的主题相当简单：卡特的生活与死亡。故事背景设定在巴黎——尽管帕克本人仅在1949年（巴黎）和1950年（斯堪的纳维亚半岛的瑞典和丹麦）两次造访过欧洲。作家之所以选择这位爵士乐音乐家作为创作原型，正是因为他从青年时代就开始了对帕克的崇拜。尤其是在阅读了一本关于帕克的传记后，他发现传记中音乐家的诸多经历以及生活中的许多方面都让他想在小说中呈现，因此他创作的热情被激发了。

在音乐界，帕克被称为"鸟"或是"鸟人"，他最初在杰伊·麦克尚恩的乐队中崭露头角，而后成为一名备受瞩目的音乐人，尤其是在与肯尼·克拉克和塞隆尼斯·蒙克等人有过接触之后。因为音乐家们将他引荐到了位于纽约的门罗和明顿爵士乐俱乐部举办的音乐会上。厄尔·海因斯、比尔·埃克斯廷、迪齐·吉莱斯皮、杜克·乔丹、汤米·波特和迈尔斯·戴维斯等

1952年夏天，在法国

1952年，在塞纳河畔的布洛涅森林

人都曾是帕克的搭档。帕克的个性使他难以相处，而且他还深受毒品问题的困扰，这一点在故事中也得以体现。传说负责正式宣告帕克死亡的医生估算他大约有60岁，但事实上，他当时年仅34岁。

最初的挑战是将故事和主人公从知识分子化（这里指的是严格意义上的知识分子化）的视角中拉出来。科塔萨尔企图将生存、存在的困境转移到一个从本质到经历上来说都不算是英雄的人物身上。焦虑的体验、形而上学的经验、探索和观察事物另一面的需要，然而，这一切都是从普通人，甚至是平庸之人身上展开的，这些人也完成了思辨的旅程，只不过这一切都是由直觉引导的。生命力、存在感、对人类走在错误道路上的觉知，以及悲剧感，这些是卡特身上的四大核心点，同时也是《跳房子》中的奥拉西奥·奥利维拉的核心点。《追寻者》讲述的是被社会边缘化的艺术家的故事，同时也是对社会现状及其不完美边界的批判。这个故事展示的是"一种极端的追求，尽管并不清楚自己寻求的是什么，因为第一个表示困惑的就是他（卡特）本人"。

在这一方面，科塔萨尔多次提到《追寻者》是一部微型版的《跳房子》，是它的前身，尽管这一点是他在作品出版后过了很久才发现的——小说出版于1963年。《追寻者》是第一颗种子，而卡特则有点像我们刚才提到的奥拉西奥·奥利维拉。如果没有前面这篇中篇小说，那么便很难创作出后来的大部头。"他的问题在于，他突然发现，乔尼面临的是这一种情况，而奥利维拉面临的是另一种。他发现，生物的宿命让他降生，并将他放置在一个无法接受的世界里。乔尼有自己的理由，而奥利维拉则是出于更为智性、更为复杂且更为形而上的原因。但本质上这二者非常相似。乔尼和奥利维拉是两个善于质疑的人，他们否定了大多数人因为某种历史和社会的宿命而接受的东西。他们参与这个游戏，过着他们的生活，出生，活着，然后死去。但他们并不认同这一切，他们具有悲剧性的命运，因为他们反对这一切。他们出于不同的原因，站在了另一面。这是我在作家生涯和个人生活中第一次传达了这样一种新的世界观。后来这一点也揭示了我为什么进入了一个可以被称为是政治的维度。"他向埃韦林·皮康·加菲尔德坦言道。

《追寻者》这篇小说的创作过程对他来说相当艰难，它最终被收录在小说集《秘密武器》中，与它一同收录进去的还有《妈妈的来信》《为您效劳》，以及上文提到过的《魔鬼涎》，最后这一故事在几年后启发导演安东尼奥尼拍出了电影《放大》，但作家对此版电影改编不甚满意。《秘密武器》一书最初只收录了四个故事，不过在定稿之前他又加上了第五个。根据科塔萨尔自己的说法，1957年底，他正巧再次返回布宜诺斯艾利斯。那时把书稿留在南美出版社办公室里的时候，他并没有抱太大的希望。最后该出版社于1959年推出了这部作品。

正是在那次乘坐"克劳德·伯纳德"号去阿根廷以及后来那趟乘坐"格兰特伯爵"号返回欧洲的旅途中，科塔萨尔开始酝酿长篇小说《中奖彩票》，而这本书于1960年问世。与此同时，一系列小杂文也在零零散散地成形中，后来它们被汇编成了一本小册子，取名为《克罗诺皮奥与法玛的故事》（1962）。由此我们可以确定，1957年至1959年这三年构成了他创作的重大扩展期，此外，在这三年中，他在文学界逐渐崭露头角。他的作品除了在西语地区出版之外，他的短篇小说也开始出现在美洲和欧洲的各种出版物中。再加上已有明确证据表明，在1959年左右，确切来说是1959年6月，作家正在着手创作小说《跳房子》，这本书是他最为闪耀的作品。这本书也被称为"曼陀罗"，这是科塔萨尔在快要结束创作的时候,用来称呼该书的神秘词语。

《秘密武器》中的五篇小说的背景显然是在巴黎,它们不仅得到了评论家的赞扬,在读者中也大受好评,科塔萨尔开始在公众中取得稳固的地位。至于小说《追寻者》,特别是由于这一卷是建立在前两本书的基础之上,它进一步强化了其质量上的完美统一,并逐渐成为科塔萨尔的代表作之一,类似于当初的《被占的宅子》。当然,不管怎么样,科塔萨尔依然只是一名小众的作家,《秘密武器》第一版仅卖出了2 000本(在整个西语文学市场)。这一事实与科塔萨尔在译者洛尔·吉耶·巴塔永面前表现出来的轻松的态度大相径庭。某一次,作家和巴塔永提到自己的作品,他表示:"它们都卖得很好,我的出版商们都乐合不拢嘴(毫无疑问正是这个表情),还让我提供新作。每天我都会了解到,人们是如何阅读、追随并引用我的作品的。"[1] 科塔萨尔还告诉译者,自己已经推掉了一个阿根廷电视台的采访,以及几个布宜诺斯艾利斯的讲座。我们得正视客观的情况:当时的科塔萨尔获得的关注可不像是《人间天堂》出版后菲茨杰拉德所获得的那样。他还远远未达巅峰。他在当时无法想象,在不久的将来自己不得不推掉多少采访、会议和讲座。不过,他确实已经与那个在玻利瓦尔生活的胡里奥·丹尼斯相去甚远了,后者对生活的期待仅限于咖啡馆的闲谈、写诗,以及向杜普拉特夫人、她的女儿以及梅查朗读诗歌。这两者之间仅仅相隔20年,但在科塔萨尔对生命的计量中,那几乎是一整个生命。而至于在《跳房子》出版之后,科塔萨尔对生命是如何计量的,我们就暂且不提了。

---

[1] 奥罗拉·贝纳德斯,《1937—1963年的信件》,阿尔法瓜拉出版社,马德里,2000年,第410页,内容取自胡里奥·科塔萨尔写给洛尔·吉耶·巴塔永的信,日期为1959年12月。

与洛尔·吉耶·巴塔永在一起。这张照片拍摄于 1964 年。科塔萨尔与巴塔永保持着深厚的友谊,后者曾担任他的翻译

也正是在这一时期(1957 年前后),科塔萨尔表示自己开始在写小说的方面感觉到更加自如,逐渐转变了创作体裁。这可能听起来有些矛盾,因为在此之前,作家已经写出了至少二十几篇技巧精湛的短篇小说,但事实就是如此。科塔萨尔觉得并非自己走进了一个全新的阶段(虽然他从未放弃过诗歌写作,它开始得要比小说更早,但明显质量不及后者),而是走出了一个已经走过的阶段。作家感觉到继续创作幻想小说会是一种对情境的虚假呈现,因为这种叙事已经不再让他感到满意。他对寻找新的创作表达表现出了坚定的兴趣,以便从另一个角度精进他的自我审视和自我认知,并进行探索。

科塔萨尔为了达成进步而进行的首次尝试便是长篇小说《中奖彩票》。创作这部小说极富挑战,因为作家要在情节中安插 15 到 16 位人物,将他们卷入不同的情境。而处理这些情境所需要的策略与他之前在创作短篇小说时候所用的技巧有所不同，甚至和我们之前提到的那部相对克制的作品《考试》相比，也是大有区别。这样看来，一开始它似乎足以实现他的创作目标。但事实并非如此。他很快便意识到——甚至就是在他修订《中奖彩票》最终校样的前夜——他的追求是更为野心勃勃的，远非这部作品可以满足。他的抱负不仅仅满足于写一部自然主义的现实故事，他寻求的是"反小说"的概念。不难猜到的是，科塔萨尔所需要的不仅是转换创作体裁，还包括改变体裁本身。事实上，当他完成这部长达 450 页的航海小说时，一种奇怪的感觉伴随着他：他仍然感觉不满足："我想摧毁所有的体系和精密的机制，从而进入中央实验室。另外，如果我有足够的力量，我要深入那种根本不依赖于秩序和系统的基底。"[1]

这里潜藏着的正是科塔萨尔想要直接挑战小说本质的愿望。正因如此，《中奖彩票》并不是答案——它归根结底是一部反传统叙事作品，具有经典的结构、明确的角色和（虽然特别，但毕竟还是）清晰的情节发展。《跳房子》才是答案。"我现在正在写的东西将会是（如果有一天能写完的话）某种反小说。"他曾这样对巴纳贝说道。

出版于 1963 年夏天的《跳房子》对于西语文学界是一次货真价实的震撼，对当时的西班牙小说来说尤是如此。在短短 14 或是 15 个月内，公众媒体和专业媒体上就涌现了几百篇分析或是评论此部小说的文章。科塔萨尔从一个默默无名的作家，一跃就变成了称得上是伟大的知名作家，这一切都归功于《跳房子》。另外，

---

1 奥罗拉·贝纳德斯，《1937—1963 年的信件》，阿尔法瓜拉出版社，马德里，2000 年，第 397 页，内容取自胡里奥·科塔萨尔写给让·巴纳贝的信，日期为 1959 年 6 月。

这部小说的成功还因为它被纳入了拉美"文学爆炸"中，这一现象一半是商业上的成功，另一半是文学上的成就，它始于20世纪60年代初的西班牙，开始的标志正好是马里奥·巴尔加斯·略萨的《城市与狗》和科塔萨尔的《跳房子》的出版。当然，不能忘记卡洛斯·富恩特斯的《最明净的地区》（1958年）为整个拉丁美洲的读者奠定了一种阅读风格。不过，我们也不能自欺欺人：《跳房子》在法国出版后，十年间只卖了2 500本。也就是说，"文学爆炸"现象首先催生了一个拉丁美洲读者群体，而在欧洲，这些作家的名字是慢慢才得以渗透进去的。

有必要强调的是，在那一时期，尽管拉美地区有南美出版社，但西班牙，尤其是以巴塞罗那为中心，成为"文学爆炸"作家们展示作品的平台。而这些作家中的绝大多数人都因为塞克斯·巴拉尔出版社的赏识而得以在西班牙出版作品。有些作家甚至搬到了西班牙长期居住：加西亚·马尔克斯、巴尔加斯·略萨、何塞·多诺索、布赖斯·埃切尼克、贝内德蒂；也有些人在西班牙永远定居了下来：奥内蒂。从一开始，这些作家之间大都建立起了友谊。比如，科塔萨尔、巴尔加斯·略萨和加西亚·马尔克斯，这三位作家在巴黎相遇，略萨与科塔萨尔的关系尤为亲密。当时略萨处于与胡利娅·乌尔吉蒂（"胡利娅姨妈"）同居的时期，胡利娅在她的回忆录《乌尔吉蒂没说的那些事》中提到了与科塔萨尔夫妇当年的交往，言谈中充满了亲切以及对他们的感激。

在20世纪60年代的文学背景下，科塔萨尔的创作决策是什么？他的作品是否对当时的西班牙语小说（在美洲和在西班牙的叙事）产生了显著的影响？需要记住的是，当时的文学叙事极为僵化，尽管也有一些例外——豪尔赫·路易斯·博尔赫斯、罗伯特·阿尔特、阿道夫·比奥伊·卡萨雷斯、莱奥波尔多·马雷查尔、马塞多尼奥·费尔南德斯和玛丽亚·路易莎·邦巴尔等作家的叙事已经出现了反现实主义的征兆。更具体地说，这些初现端倪的作品包括博尔赫斯的《阿莱夫》(1949)、胡安·卡洛斯·奥内蒂的《短暂的生命》(1950)、阿道夫·比奥伊·卡萨雷斯的《英雄梦》(1954)、胡安·鲁尔福的《佩德罗·巴拉莫》(1955)、何塞·马里亚·阿格达斯的《深沉的河流》(1958)、奥古斯托·罗亚·巴斯托斯的《人子》(1959)，甚至还有《中奖彩票》。科塔萨尔在创作观念中引入的创新理念是否为后来的叙事者开辟了道路？

正如我们会在下文介绍的那样，上述提到的"文学爆炸"迫使科塔萨尔做出了重大的改变。他无法再置身事外，也无法保持边缘化，更无法继续像索尔·尤尔基耶维奇形容的那样，做"温柔的刺猬或温顺的荒原狼"——如同他在巴黎的前十年的表现。此外，既然"文学爆炸"事件本质上是一种引入西班牙文化的技术式跟风，那么它对后来的小说发展是否具有决定性意义呢？让我们一起来看看。

胡里奥·科塔萨尔、马里奥·巴尔加斯·略萨、卡洛斯·富恩特斯、加夫列尔·加西亚·马尔克斯是"文学爆炸"这一文学潮流的四大主将——而"文学爆炸"这一术语则是由埃米尔·罗德里格斯·莫内加尔提出的。要记住的是，"文学爆炸"作家们的涌现，意味着部分读者发现了一系列在作品中对文学体裁进行突破的作家，而这一系列名单随后逐步扩展至何塞·多诺索、奥古斯托·罗亚·巴斯托斯、阿莱霍·卡彭铁尔、阿德里安·冈萨雷斯·莱昂、曼努埃尔·穆希卡·莱内斯、何塞·莱萨马·利马、阿尔弗雷多·布赖斯·埃切尼克、胡安·卡洛斯·奥内蒂、毛里西奥·瓦凯斯、胡里奥·拉蒙·里贝罗、吉列尔莫·卡夫雷拉·因凡特、马里奥·贝内德蒂、阿尔瓦罗·穆蒂斯、豪尔赫·爱德华兹和奥斯瓦尔多·索里亚诺等作家。与此同时，这一文学潮流也推动了文学界对米盖尔·安赫尔·阿斯图里亚斯、埃内斯托·萨瓦托、豪尔赫·路易斯·博尔赫斯和胡安·鲁尔福等作家的重新审视。从1962—1963年开始，一般来说，谈起这些作家就是在讨论他们对既有文学话语体系的质疑，以及他们在长篇及短篇小说领域对传统叙事方式的改变。这些作家通过吸纳20世纪以来伟大作家的技法贡献——从乔伊斯、卡夫卡、穆齐尔、托马斯·曼、普鲁斯特，到福克纳、多斯·帕索斯和伍尔夫——从而改变并确立了新的叙事轴线，他们的创新构建了一种充满表现力探索的宇宙和氛围。

"文学爆炸"中涌现的作家做出的回应源于一种对叙事进行解构的意愿，而这种意愿在20世纪60年代得到了体现。在小说这一特定的领域中，这一变化直接冲击了小说的结构，并成功将其打破。与此同时，尽管目前不深入探讨那一时期拉美叙事在文学上的嫁接是否出于对维克托·塞克斯和卡洛斯·巴拉尔制定的出版标准的适应，可以确定的是，整个60年代实际上完全都由拉美作家主导。也就是说，当时在世界文学版图上代表西班牙语小说的正是这些拉美叙事者。具体来说，我们谈论的是一位秘鲁作家（马里奥·巴尔加斯·略萨）、两位古巴作家（吉列尔莫·卡夫雷拉·因凡特和阿莱霍·卡彭铁尔）、两位阿根廷作家（胡里奥·科塔萨尔和曼努埃尔·穆希卡·莱内斯）、一位哥伦比亚作家（加夫列尔·加西亚·马尔克斯）、一位墨西哥作家（卡洛斯·富恩特斯）、一位智利作家（何塞·多诺索），以及一位委内瑞拉作家（阿德里安·冈萨雷斯·莱昂）。仅仅这九位作家便包揽了从1963年到1968年的文学创作：从1963年巴尔加斯·略萨的崭露头角

（他凭借《城市与狗》斩获了1962年的"简明丛书奖"）以及科塔萨尔两部小说的问世，到1968年何塞·多诺索的《加冕礼》（首版出版于1956年）由塞克斯·巴拉尔出版社再版。

若要谈起科塔萨尔在西班牙语作家中决定性的地位，那就有必要指出当时的短篇小说和长篇小说所处的停滞状态。如我们已经讨论过的那样，科塔萨尔的选择从一开始就倾向于"错位"原则。回想一下，在塞克斯·巴拉尔出版社启动推广计划之前，科塔萨尔在拉丁美洲读者中的知名度相对较低，在西班牙读者中更是如此。但同时这一事实不容忽略：《跳房子》的出版计划的落实标志着"文学爆炸"在西班牙出版界的具象化。否认西班牙语叙事的革新很大程度上来源于这群拉美作家的推定，是一种很狭隘的见解——尽管西班牙小说家阿方索·格罗索对此持有地方主义的蔑视和粗俗的批评。举个例子，在西班牙，具有权威性的"六八一代"（以何塞·马利亚·格尔文苏为首）与"五四一代"的模式拉开了距离，选择了变革的印记，而这一切显然是受到了"文学爆炸"作家群体及其代表人物科塔萨尔的突破性风格的影响。

《跳房子》凭借其结构上的游戏性、对位法式的曲折走向、突然的转折、故意造成的无序、对遥远世界的对立面的描写，以及对必然因果关系的拒斥，进一步加剧了依赖传统形式的小说模式的分解。因此，科塔萨尔本人曾将其归类为"反小说"。然而，作家很快便不再接受这个名称，他转而倾向于用"对抗小说"来描述它，正如他在接下来这段话中表明的那样："我不认为它是一部反小说。这个概念太消极了。如果你这么称呼它，那它几乎就成了一种带有敌意的企图，试图摧毁小说这种体裁。而事实并非如此，恰恰相反，这是一种尝试，旨在寻找新的开端、新的小说叙事的可能性。我认为小说是最具生命力的文学体裁之一，甚至在

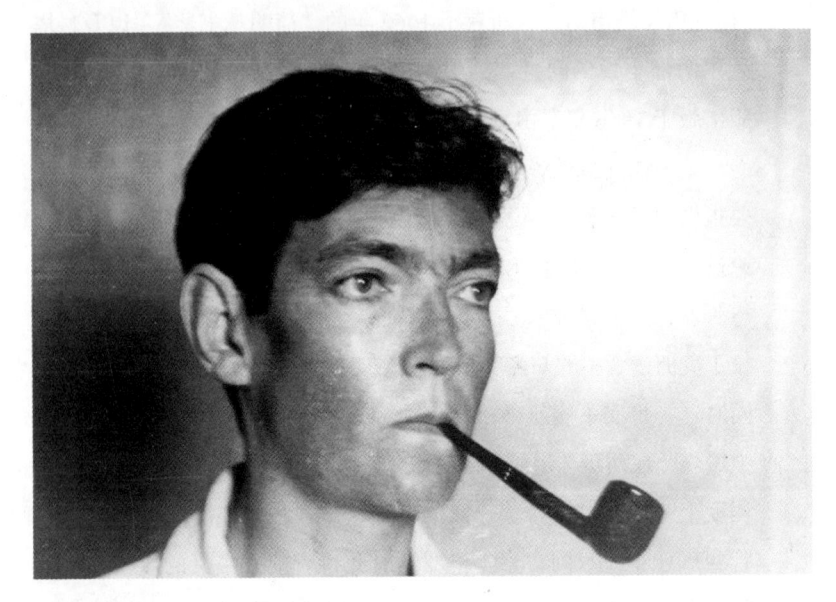

胡里奥与他最喜欢的烟斗之一

科塔萨尔写出《跳房子》的房间

巴黎大雪纷飞,远处是巴黎圣母院。胡里奥倚靠在河边的护栏旁,身边是旧书摊。他经常光顾这些书摊

胡里奥与奥罗拉在凡尔赛宫。1954年8月

当今时代，它依然具有强大的生命力。对于这一点，我们只消想象一下读者的数量就能明白。它不是反小说，不是那样的。如果有人称之为'对抗小说'，那么便接近事实了。因为它本质上是一种尝试，目的是消除小说和读者之间旧有的互动联系，并以一种新的方式对待这种联系。"

确实，《跳房子》对于积极主动的读者来说是一场冒险游戏，但它同时也将被动的读者拒之门外（对此，作者曾有过一个著名的表达：他冒犯地将他们称为"雌性读者"，但后来他又将这一表达收回）。开放式阅读带来的可能性、对经典叙事的破坏，加上对多种文化元素的探索——从爵士乐到诗歌、绘画、俚语、电影、巴黎的城市生活或文学，以及对共谋读者的不断邀请，使得这部小说几乎立刻就被视为一个经典文本。

尽管我并没有特地考虑读者，但从一开始这本书所做的尝试就很明显：要改变读者对阅读小说的态度。一般来说，小说读者的态度是被动的：有个人写了本书，你拿起它，从第1页读到第100页，进入到叙事的游戏中去；在这个过程中，你被动地接受小说给予你的一切，当然你可能也会有部分自己的反应。比如说，你可能会因为不喜欢这本书而放弃，或也有可能你虽然发现了一些不喜欢的部分，但由于已经沉浸其中而不愿退出。而我想到的主意（我知道这很难，确实非常难）是写一本小说，读者在阅读它的过程中，不再是那样连续地阅读，而是首先便拥有不同的选择，这样一来，读者和作者几乎就处在了平等的地位，因为作者在写作的过程中也做了不同的选择。提供选择的可能性，意味着读者可以跳过书的一部分，阅读另一部分，或者以不同的顺序阅读，从而创建一个读者在其中扮演主动而非被动角色的世界。我非常清楚，实际操作并不完全符合我的理论愿望，因为最终《跳房子》的读者还是将其作为一本完整的书而接受了。从这个意义上说，它和其他的小说没有什么不同，但我也知道，许多读者感觉自己在这部作品里需要更积极的主动参与，他们就是我口中与书本共谋的读者。

同样，从严格的个人层面来说，《跳房子》的写作是一种拒绝日常现实的企图，同时也是对其他现实、开放其他可能性的一种承认，正如作家对记者华金·索莱尔·塞拉诺所说的那样。为什么不坦白呢？对读者开诚布公。值得一提的是，这部作品的读者主要都是年轻人，科塔萨尔自己都为此感到惊讶，因为这本书是他在快要50岁的时候写就的，原计划的目标群体是和他年纪相仿的读者。

  从这个意义上说，这本书的情节发展充满了不合逻辑、荒谬，甚至是不连贯的片段，其中最富有戏剧性的场景则用幽默感来处理，反之亦然。此外，书中还充斥着一些不符合日常现实主义标准的桥段。让我感到非常惊讶并欣喜的是，在我写完《跳房子》的时候，我原以为自己创作的是一本适合与我年龄相仿的读者的作品；但当它开始在阿根廷出版，并在整个拉丁美洲地区传播的时候，真正的读者却是我在写此本书的时候从未直接考虑过的年轻人。《跳房子》真正的读者是年轻人。最初的反应、最初的信件，不管是支持信还是辱骂信，都来自年轻人。它们都富有积极意义，符合我对这本书的期待。多年来，这一现象持续存在。对于一个作家来说，最令人惊奇的莫过于，他以为自己写的是一本与自己的年龄、时代、氛围相符的书，结果却发现实际上提出了属于下一代的问题。这对我来说是一种美妙的回报。当然，这也依然是我创作这本书的理由。

科塔萨尔对《跳房子》（1961年5月他在维也纳完成七百页初稿之后便这么叫它）的整个编辑过程都进行了全面的参与，他的参与不仅限于文稿内容方面。从一开始，他就感觉到与这个出版项目之间有一种前所未有的联结，这种联结和他与之前的书的还不同。正因如此，他不仅要求查看文本校样，还要查看样本校样，因为这样他便保留了在最后一刻进行修订作品的可能性，同时也能对文本进行精准的控制，毕竟《跳房子》这部作品的结构是相当复杂的。

我们不能忘记的是，我们面对的是一部同时"相当于许多书，但首先是两本书"的作品。这本书的第一种阅读方法是从第1章到第56章，而第二种阅读方法是从第73章开始，采取双重分页阅读法，而事实上，每一个章节结束的时候都包含着第三重分页法。换句话说，科塔萨尔的担忧是可以理解的，他希望在作品印成铅字之前进行最后的监督，以防由"阅读引导栏"设定的顺序出现任何潜在的改变——任何变化都可能会导致交织着奥利维拉、玛伽和罗卡玛杜尔命运的纸牌城堡（这一切发生在布拉塞镜头下的巴黎）的轰然倒塌。

有趣的是，这次科塔萨尔甚至想要介入封面设计和其他外部装帧的处理，比如书本该采用哪种书脊或是书名，作者姓名该用哪种字体。他向波鲁瓦提出了一个封面设计的方案，草图由胡里奥·席尔瓦绘制——在院子里用粉笔勾勒出一个"跳房子"的图案："一切都显得相当贫乏、灰暗，有种大杂院的感觉。天空阴沉而压抑。总体来说，书里呈现出来的天气便是如此。"[1] 这个跳房子横贯在书封上，代表天堂的出口画在封底，代表大地的出口则画在封面，中间段则穿过书脊。然而，这一方案被南美出版社的编辑否决了。作家倾向于书封上出现一个横着的跳房子，但贝纳德斯、席尔瓦和波鲁瓦，以及南美出版社负责这个项目的人员都更喜欢竖着的跳房子，自下而上一共有九格：最下面是大地，最上面是天堂，正如最终出版物所呈现的那样，但上下端并没有出现"大地"和"天堂"的字样，相反，它们被出版社的名字以及科塔萨尔的名字所取代。最后科塔萨尔让步了，但他建议在书脊上加上一个小跳房子，这本是席尔瓦的主意，他觉得这个设计会产生一种极具趣味性的效果。看到这样一个小家伙从成百上千严肃的学术书的书脊中冒出来，确实有种去神秘化的感觉。

关于字体、字号以及颜色的选择，科塔萨尔的选择总是和波鲁瓦的设计相一致，他希望自己的名字能以色度适中的蓝色印在黑色的背景上；至于标题"跳房子"，他希望是红色的，而"南美出版社"这几个字则用黄色。同时，他不希望自己的名字以斜体出现。虽然这些排版方面的考量最终交给了专业人士处理，但结果也基本符合他的要求。尽管最终的设计版本（《跳房子》手稿中的数字、文字以及颜色等）并不是席尔瓦的版本，但也并未有太远的偏离。1963 年 7 月，当科塔萨尔收到波鲁瓦寄出的第一本印刷样书时，他感到非常满意。一切都符合他的心意，唯一的问题是书脊上出现的是作家名字的首字母"J"而非其全称"JULIO"："就我个人而言，我是非常满意的，尤其是前不久刚看到洛萨达出

---

[1] 奥罗拉·贝纳德斯，《1937—1963 年的信件》，阿尔法瓜拉出版社，马德里，2000 年，第 540 页，内容取自弗朗西斯科·波鲁瓦的信，日期为 1963 年 3 月。

版社最近出版的几本小说的封面后——那些封面看起来是为智力障碍者准备的。我们的《跳房子》设计得非常体面，风格高雅，特别是书脊，显得很漂亮。"

  《跳房子》是一道分界线，它不仅意味着作家概念的变化以及与这个已经成形的世界的关系的转变——正如我们之前提过的那样，这一点在《追寻者》中已经有了体现，还标志着他社会关系的变化。[1] 我们之前已经介绍过了他在第一个方面的转变，而至于第二个方面，不得不提的是作家1963年开启的古巴之旅，当时他受邀前去担任"美洲之家"奖的评委。正是从这次旅行开始，作家与奥罗拉·贝纳德斯之间的婚姻关系开始出现缓慢发展但不可逆转的危机。这个危机的部分原因与乌格涅·卡尔维利斯的突然出现有关。卡尔维利斯出生于1932年，来自立陶宛，她在那一时期与伽利玛出版社以及出版界有着紧密的联系，并且拥有重要的资源和良好的职业人脉关系。

  在欧洲生活的时期，科塔萨尔已经出版了一系列备受尊崇的作品，其中包括《动物寓言集》、《游戏的终结》（在南美出版社的扩充下，即将扩展到18个故事）、《秘密武器》、《中奖彩票》和《跳房子》。那么，值得一问的是，《跳房子》的出现意味着什么？十年前初到巴黎的科塔萨尔留下了什么？而奥罗拉·贝纳德斯又是如何紧随其后的？更进一步来说，20年前的科塔萨尔（就是那位曾在玻利瓦尔、奇维尔科伊和门多萨生活过，并创作出《存在》和《国王》的写作者）在20年后的自己身上，留下了什么呢？

---

[1] 2010年，奥罗拉·贝纳德斯在她位于贝雷将军广场的家中告诉我，随着《跳房子》的出版，科塔萨尔得到了广泛的认可。她"温情脉脉"地抱怨收到的书籍和信件越来越多，还必须一一回复。胡里奥说："如果他们在寄书来的同时，还能一起寄来时间让我读，那就更好了……"

可以说，科塔萨尔的文学—生命轨迹是去形式化的，而这位作家在巴黎度过的第一个十年成为他思维变革的一个关键时期。从文学的角度来看，我们面对的是一个非结构化的叙述者，从1951年起，他便抛弃了优雅的规范，并通过有意识地忽略美学规范，从而开创了自己独特的创作之路。他作品中有诸多例证可以证明这一点。正我们所说的，从生命的角度来看，这个十年的初期同样也表达了一种转变，然而在他的一生中，他始终忠于班菲尔德那个在种满女贞树的花园里，一边看蚂蚁在花坛中忙碌，一边享受着阅读和独处的胡里奥·弗洛伦西奥。

的确，那位胡里奥·弗洛伦西奥和这位热情友好的胡里奥——接待每一个到他家里做客的拜访者，尤其是那些相互之间传递着作家住址的拉丁美洲的朋友，这二者都是这一时期的胡里奥·科塔萨尔。关于这一点，来自利马、如今定居西班牙的作家卡洛斯·梅内塞斯，向我们讲述了科塔萨尔是如何仅因他简单提过他们之间的联系，就在家中款待他的："是一位秘鲁朋友带我去的，他是一位在布宜诺斯艾利斯大学结识科塔萨尔的文学教授，距离他们上次见面已经过去了四五年的光景。那是一次短暂的拜访。我只读过《国王》，而且对那本书的记忆已经模糊了。因此，我和他没有太多可聊的话题，我们在他家停留的时间大概没有超过半小时。我们见到他的时候，他正屈膝坐着，膝盖上卧着一只猫，准备写作。我不知道他要写些什么。不过，我确实记下了他发表过的所有作品，虽然有些困难，但我最后还是把它们找齐了。"[1]

此外，何塞·马利亚·格尔文苏向我们回忆了数年后他作

---

[1] 摘自2000年11月笔者对卡洛斯·梅内塞斯的采访。

为见证者的一个插曲，它展现了我们所提到的科塔萨尔一贯的善良："在我个人有关科塔萨尔的回忆中，有一个场景，它作为一种性格的象征，始终铭刻在我的心里。那是一个春天的早晨，故事发生在马德里的书展上。当时天气很热，胡里奥在签书，一直签到精疲力竭。签售结束后，我们去酒店里喝酒聊天，谈论一些趣事——全神贯注后的典型放松。那队人马由一些出版界和写作圈的朋友组成，由于一些巧合，还有一个人和我们在一块儿，他在文学界并不起眼，只不过是一个普通人。其他人似乎都没有注意到他，他们表现出了一种自恋者特有的无礼。

"在最开始谈话的时候，几乎所有人都以这样或那样的方式把话题引到自己身上，要不就是围着科塔萨尔打转，而上述提到的那位先生被完全孤立了，没有任何开口的机会。没有人注意到他，也没有人理睬他。只有科塔萨尔立刻意识到了他的尴尬处境，虽然他生性腼腆，但还是主动和那位先生搭话。尽管在这个过程中，其他人一直在同他搭话，科塔萨尔在顾及他人的同时，还是不断让那位先生感受到，在整个即兴聚会的过程中，他始终都注意到了对方的存在。

"当我们准备离开的时候，周围的人开始主动向那位先生告别，因为科塔萨尔的关照让他得到了圈内人的认可。这就是人性。我猜他们都读过《克罗诺皮奥与法玛的故事》；我猜，除了胡里奥本人，没有一个人能立刻认出那位先生就是一个真正的'克罗诺皮奥'。我得申明，那个人不是我；我只是那位伟大的文学创作者的人品的见证者。"

从外表上看，在创作《跳房子》这一时期的科塔萨尔依然保留着过去的许多特征。他依然高而瘦，头发不再上发胶，而且长度比以前略长；依然没有蓄胡子，绿色的眼眸一如往昔。有时候仍会

1958年，胡里奥在他巴黎的家中（奥罗拉摄）

胡里奥在照片背面的手写文字

看见他打领结，但早已不像他在阿根廷时期那般频繁。单从外貌而言，虽然科塔萨尔已经年近五十，但他看起来还是像个年轻人，这点无须强调，因为事实显而易见。然而，那些典型的布宜诺斯艾利斯年轻人去参加巴勒莫舞厅或是科隆剧院舞会的装束——双排扣西装、胸口口袋里露出的手帕、擦得锃亮的皮鞋，它们经常出现在科塔萨尔年轻时的相片中，但在后来那一时期，早已不见踪影。很难将这个拿着烟斗、穿着毛衣、悠闲看着镜头的科塔萨尔，与那个穿着深色西装、打着领带、和圣卡洛斯·德·玻利瓦尔国立学校的同事一起在田野里准备烤肉的科塔萨尔联系在一起——那些同事也西装笔挺，看似和他一样自在。真要说起来，这两位科塔萨尔之间的共同点，大概只有都爱把手表表盘朝下戴在左手手腕上，以及手指上始终没有戴戒指这两点了。

头痛依然如故。他经常用阿司匹林来对抗头痛。在那段时期，科塔萨尔经历了一次特殊的体验，因为一位医生尝试用一管剂量错误的麦角酸衍生物来缓解他因这种头痛所引发的不适。

1959年巴黎，科塔萨尔来到了医生的诊所，接受了上述提到的治疗。走出诊所后，他沿着雷恩街向蒙帕纳斯车站走去，突然感到一阵异样，仿佛有什么令人憎恶的东西环绕着他，他感到自己像笔下的许多角色一样，在日常生活中陷入了某种可怕的境地；在阳光明媚的大街上，车辆如常行驶，孩子们背着书包走出学校，但他却身处难以置信的情境。他带着一种隐约的威胁感，继续走着，意识到有人在他身旁走着，紧贴他的左侧。他根本不敢看走在身侧的那个人。紧接着，他意识到，那是他自己的轮廓，他明白那是自身分裂出的另一个自我。他不知道这种效果持续了多久，但他还是鼓足勇气，转向右边（那是与那个幻象或是迷药效果相对的方向），走进了一家咖啡馆，点了一杯双份浓缩的咖啡，一口气喝了下去。走出来的时候，他没有再遇到那个虚幻的自我，于是径直走回家，睡了一整天。

那个曾经年轻的科塔萨尔与如今在职业上大显成功的科塔萨尔之间还剩下什么？还能找到那些模糊岁月的什么痕迹？几乎没有，几乎什么都不剩了。唯一剩下的，是些影子，是些画面，也许还有一些回忆。有些感觉如同锋利的玻璃一样，把他拉回了现实，尤其是那些死亡的回忆突然来袭的时候。尽管如今那些死亡已经相隔遥远，但并未因此减轻痛苦：雷塔的死，马里斯卡尔的死，还有佩雷拉的死，父亲的死（说实话，这个倒是不怎么记得了），祖母的死（1961年，令人尤为痛心），以及继父的死——就在1960年的最后一天，正值贺岁，他溘然长逝[1]。他远离了当时正在分崩离析，甚至更进一步滑向混乱的阿根廷（"阿根廷政变时期，一切都显得如此痛苦，令人遗憾，短短两周之内，我就彻底崩溃了，拒绝私下与外界进行任何接触。"作家在1962年一次短暂回到阿根廷的旅行中如是说道），这段经历逐渐塑造了一个全新的人。一个已经学会在巴黎自由来去、如鱼得水的人，他知道圣塞韦兰教堂附近哪里能喝到最好的阿拉伯咖啡，也知道如何在塞纳河码头吸引鸟儿来啄食手中的面包屑，甚至还发现了如何在凌晨时分的贝尔西码头捕捉星星的秘密。他将自己位于贝雷将军广场的住所变为了一个美妙的避风港，一个在短时间内可以抵御卡尔维利斯猛烈追求的"基布兹"[2]。此外，他还是一个将自己的皇家

---

[1] 据奥罗拉·贝纳德斯所说，那天晚上她在场，当时科塔萨尔的继父正在玩扑克牌，死亡突然降临。
[2] "基布兹"是指一种以集体主义为基础的社区形式，最早起源于以色列。传统上，基布兹是以农业为主的集体农场，所有财产和资源都由社区成员共同拥有和管理。每个人按需分配资源，生活费用由集体承担，成员们在集体工作中贡献劳动力。——译注

牌打字机换成雷明顿牌打字机的人。他是几乎游历了整个欧洲以及世界上大部分其他区域的科塔萨尔，一个与当年那个在某天下午和朋友们计划登上一艘货轮，预计于17天后抵达巴黎的少年相去甚远的科塔萨尔。那个少年，如今已经长大成人，但依然不关心荣誉，不追问雪花，他只是好奇地想要探究那些死去的燕子聚集在何方。

位于贝雷将军广场的房子窗户，科塔萨尔在工作时经常凝视的景色

贝雷将军广场房子的内院

42 岁的科塔萨尔

第四章

忝列"文学爆炸"主将 1963—1976

局外人　对现实的承诺

故事、杂记及趣闻

《装配用的62型》

南锥体

1963年1月初,胡里奥和奥罗拉第一次飞往古巴。他正式收到哈瓦那文化部门邀请,担任"美洲之家"年度奖项评委。他们在岛上逗留了近一个月,直到2月20日才返回巴黎。虽然这并非他最关注的话题(那段时间的信件中仅有少量提及此话题),但这位作家还是想了解那究竟是什么,那场革命是什么,以及它在古巴社会中得到了怎样的支持。他想知道人们的生活状况,以及他们以何种态度去对待美国眼中的共产主义国家。

古巴问题早在1953年就已经开始,那一年,菲德尔·卡斯特罗领导了对蒙卡达兵营的进攻,但以失败告终。这次进攻试图推翻昔日巴蒂斯塔建立的独裁政权,当时巴蒂斯塔是独裁者,绝对掌控着这个占地略大于11.4万平方公里、人口约600万、距离佛罗里达仅90英里[1]的地区。尽管此次进攻以失败告终(卡斯特罗被判15年有期徒刑,服刑第18个月被赦免),但它却被大多数拉丁美洲知识分子寄予厚望,并为后来取得成功的1959年革命清扫了道路。从一开始,这场革命就以埃内斯托·切·格瓦拉、菲德尔·卡斯特罗和劳尔·卡斯特罗、卡米洛·西恩富戈斯等人的名字为标志,成为抵抗美国帝国主义的象征,1962年发生的被后世

1　1英里约合1.6千米。——译注

称为"古巴导弹危机"的事件更是如此,几乎引发了美国与古巴之间的正面冲突。

吉隆滩战役(肯尼迪时期)引发了封锁和禁运,还有此前在危地马拉反卡斯特罗流亡者(艾森豪威尔时期)——这些人曾接受美国中央情报局训练与武装——进行的骚扰,美国人试图通过封锁和隔绝,来瓦解哈瓦那的政治及经济生活,这进一步加深了文化界大部分人对古巴革命的尊重、兴趣和支持,尤其是"文学爆炸"时期的作家群体,他们对古巴革命充满了钦佩之情。当时距离苏联出兵捷克斯洛伐克事件、苏联及古巴(例如帕迪利亚事件)的其他回应尚有不到十年时间,这些回应是对社会日益增长的反对马克思主义意识形态的声音所做出的回应;那时,马里奥·巴尔加斯·略萨、奥克塔维奥·帕斯和吉列尔莫·卡夫雷拉·因凡特反对向卡斯特罗主义做出任何让步的倾向还没有出现,而加夫列尔·加西亚·马尔克斯、胡里奥·科塔萨尔和马里奥·贝内德蒂则倾向于宽容,他们之间的分道扬镳还很遥远,他们认为,尽管古巴革命有缺陷,但必须予以支持,因为它在所有领域都取得了成就,而且这是拉丁美洲进行的第一次社会主义革命,具有特殊象征意义。

从第一次接触古巴开始,科塔萨尔就被那里的人民、那座岛屿以及"大胡子"政权实施的政策所吸引。"我已经不可救药地爱上了古巴。"他对古巴诗人兼记者安东·阿鲁法特说,这一说法并非纯粹的修辞,因为这些最初的接触确实对他产生了深远影响,他从那时起蜕变为了那个外部之人。科塔萨尔向保罗·布莱克本承认,他对政治一无所知,但他已经站在古巴人民这边,这让他感觉很棒。不仅如此,科塔萨尔已经知道谁是敌人:美国。

此外,他对1963年革命的走向持悲观态度:"我个人认为,事情的结局会很糟糕，非常糟糕，这并不是古巴人民的错误，而是美洲其他国家的错误，首先是美国，再到所有的拉丁美洲民主'共和国'（我脚下的民主国家）。古巴人可能犯了错误，但他们走投无路，没有人愿意购买他们的蔗糖，美国也拒绝给他们提供石油。"[1] 他还知道，威胁革命计划及其未来发展的危险之一是，政府政策可能会走向斯大林主义的强硬共产主义论调，而卡斯特罗试图避开这一点，科塔萨尔在 1963 年 4 月说："如果这种倾向在古巴占上风，革命将会失败。"

在这番初次抵达古巴的旅行中，他接触到了政治、文化和社会各界人士；他会见了阿莱霍·卡彭铁尔，对方当时是国家出版社主任，1962 年出版了《光明世纪》；他还见到了期待已久、令他敬仰的何塞·莱萨马·利马，当时后者更多是诗人而非小说家，因为《天堂》要到 1966 年才出版，两人曾多次通信并交换书籍；他还见到了官方诗歌的代表、《人民的鸽子在飞翔》的作者尼古拉斯·纪廉，以及其他众多文化推动者，尤其是《美洲之家》的创始人艾蒂·桑塔玛利亚；还有诗人和小说家们，包括前述的安东·阿鲁法特、维吉利奥·皮涅拉、温贝托·阿雷纳尔、赫苏斯·迪亚斯、米格尔·巴内特、罗伯托·费尔南德斯·雷塔马尔、埃德蒙多·德斯诺埃斯、利桑德罗·奥特罗、卡尔沃特·凯西、利诺·诺瓦斯、何塞·特里亚纳以及何塞·罗德里格斯·费奥等人。他倾听了他们对革命的积极评价，并与他们交流，从中得出结论："一场拥有所有知识分子支持的革命，是公正且必要的革命。"（吉列尔莫·卡夫雷拉·因凡特，当时已出版了《和平与战

---

[1] 奥罗拉·贝纳德斯，《1937—1963 年的信件》，阿尔法瓜拉出版社，马德里，2000 年，第 547 页。内容取自胡里奥·科塔萨尔写给保罗·布莱克本的信，日期为 1963 年 4 月。

争》，但尚未脱离革命的意识形态立场，1962年起定居在比利时，担任古巴大使馆文化专员。）

1962年，哈瓦那。胡里奥与奥罗拉及何塞·莱萨马·利马在一起。那时，莱萨马·利马尚未出版他的小说《天堂》

他们拍照并开车游览了岛屿（瓦拉德罗、卡德纳斯、西恩富戈斯、巴拉科阿），参观了令人震撼的喀斯特地貌，进入农业合作社和民宅，在大众餐馆用餐，与人们交谈，与糖厂的工人、收割甘蔗的农民，还有教师和学生交流。他对革命发起的扫盲运动感到非常惊讶，也对人们看起来那么幸福和自信而感到惊讶，在这场被美国（包括美国联合果品公司）视为不可容忍的深刻土地改革中，大家非常团结，这源于前政权时期国家被美国征用了数百万英亩土地和财产。他被一些（许多）事情困扰，例如，有人告诉他，在巴蒂斯塔时期，富人居住的街道在夜间会被链条和持枪保护之人封锁；他获得的印象和解读是，学生被重新安置在富人的旧宫殿中，农民们获得自由，医疗虽简陋但覆盖所有人，不过这种革命状态可能会随着美国人坚持破坏而瓦解，尽管每个古巴人都愿意用生命捍卫1959年所取得的成就。唯一的例外是"那些用肚子思考的人"，即根据法令关闭的餐馆和赌场的前任业主与服务员们，他们怀念从前迈阿密游客到来的时光。基于上述原因，这位作家对布莱克本说："坦率地说，如果我不是太老而无法胜任，或者我不那么爱巴黎，那么我会回到古巴，陪伴革命直至最后一刻。"

从那一刻起，只要必要且有条件，这位作家就会与古巴合作：通过他的思辨和他的写作。他从未进行过有倾向性的宣传，但确实表现出一种坚定的热情。此外，科塔萨尔从来不是严格意义上的政治行动者。我们要记住，在占领门多萨的大学时，他不是这样，从严格意义上看，后来，尽管他以极高的献身精神参与了保卫工作，但他对尼加拉瓜桑地诺的支持也不是这样。他之所以不这么做，是因为这会让他完全置身于政治事业，而使他放弃作为作家的时间。但他总是对来自古巴的任何请求都非常敏感、慷慨，在20世纪70年代，对尼加拉瓜或罗素法庭的请求也是如此。在这方面，这位作家在1972年对阿尔弗雷多·巴内切亚坦白道："我现在是，将来也永远是一位坚信社会主义道路适合拉丁美洲的作家，在政治层面上，我使用自己独特的工具来支持和捍卫这条道路。当我认为有必要时，我会直接参与政治行动，但我依然认为我的文字更有效。我仍然是一个'克罗诺皮奥'，即一个生活与写作不可分割的主体，写作让我充实，归根结底，这源于热爱。"[1]

从这个意义上讲，第一次旅行之后，他和多个与"美洲之家"相关的出版物与杂志建立了交流。例如，他们在《笔记本》上发表了他在哈瓦那的题为《短篇小说的某些方面》演讲，这是一篇讨论短篇小说体裁的文章，简洁而深入，得到了广泛赞誉；《追寻者》被允许出版，应当说是被秘密授权——因为未与南美出版社事先沟通——阿鲁法特和凯西从《动物寓言集》《游戏的终结》和《秘密武器》中选出一些短篇小说编成选集。

同样地，他与出生于古巴的意大利裔作家伊塔洛·卡尔维诺及他的妻子埃丝特·辛格（朋友们称她为奇奇塔）结下了深厚友谊，这段友谊将永存（如前所述，贝纳德斯在布宜诺斯艾利斯时期就认识奇奇塔，后来成为卡尔维诺的翻译）。他请卡尔维诺寄来自传体小说《圣约翰之路》，甚至还促成卡尔维诺在1964年初前往古巴参加文化活动。科塔萨尔还向阿鲁法特寄去了一首他非常喜欢的诗，作者是阿根廷作家索尔·尤尔基耶维奇，这位作家的作品当时几乎还未被出版，除了1961年出版的《飞翔、美丽、光芒》。在同一封信中，他承诺很快会寄来一位年轻的秘鲁小说家，即马里奥·巴尔加斯·略萨的短篇小说，并附上了豪尔赫·爱德华兹的短篇小说《罗萨拉》。这些名字（以及之前提到的卡夫雷拉·因凡特）是"文学爆炸"的三位代表人物，随着时间推移，他们像许多其他人（如阿鲁法特）一样，先是与政权保持距离，后来成为政权的禁忌。巴尔加斯·略萨在帕迪利亚事件后与卡斯特罗主义划清了界限；卡夫雷拉·因凡特早在1965年就疏远了政权，并流亡至伦敦；爱德华兹在1971年萨尔瓦多·阿连德担任

---

[1] 阿尔弗雷多·巴尔内切亚，《语言的朝圣者》，阿尔法瓜拉出版社，布宜诺斯艾利斯，1997年，第89页。

智利总统期间，被任命为智利驻哈瓦那大使馆的临时代办，被古巴政权视为"不受欢迎的人"（他写了一本关于此事的书，以此为题），并被驱逐出了哈瓦那岛。

索尔·尤尔基耶维奇，阿根廷诗人兼评论家，是胡里奥的挚友之一

科塔萨尔与古巴的合作越来越多。通过古巴，他发现并开始理解群众现象及其对神话的崇拜，而这些都是他曾经在庇隆主义中极其厌恶的。可以说，古巴政权与卡斯特罗和格瓦拉密切相关，将他带回了青年时代，而多年之后，也就是现在，他才理解了在20世纪40年代末，在庇隆主义政权统治下，点燃阿根廷社会热情的那种狂热。在这种氛围中，作家说："与古巴人民的接触，与

古巴领导人和朋友的会晤，不知不觉（我以前从未意识到这一切）让我走在返回欧洲的路上，我突然意识到这是我第一次置身于一个民族的心脏地带，这个民族正在进行革命，试图找到自己的道路。就在那一刻，我开始建立起某种思想上的联系，我问自己，或者对自己说，我从未试图理解庇隆主义。一个无法与古巴革命相比的过程，却有相似之处：在那里，一个民族也曾崛起，从内地来到首都，用它的方式，尽管在我看来是错误和拙劣的方式，寻找他们此前从未有过的东西。"

1967年10月29日，作家就格瓦拉之死写给《美洲之家》杂志主编、诗人和散文家罗伯托·费尔南德斯·雷塔马尔一封著名信件，距此仅过去四年时间。在信中，他讲述了在阿尔及尔得知切·格瓦拉去世的消息（"切死了，我只剩下了沉默"），以及悲痛欲绝到流泪的情景。面对这位曾经的古巴领导人的死亡，他感到无能为力，难以置信——希望这不是真的，直到卡斯特罗的讲话证实了这一消息。无法抑制的悲伤化作题为《切》的悼词，其首句总结了它的内容："我曾有一个兄弟。"

同样地，1963年的革命使他痛苦地直面自己在政治上的巨大缺陷，直面自己在政治上的无能，他自己也承认这一点。从那一刻起，他虽然没有改变主要的阅读书籍，但开始了明显有关政治参考文献的阅读之旅，"我试图理解，试图阅读"，这使得具有意识形态意义的主题开始在他的文学创作中占据空间。第一个标题——也许是最明确的，或者更确切地说，几乎是唯一如此明确的，我们可以想到《索伦蒂纳梅启示录》、《第二次》或《涂鸦》；不包括小说《曼努埃尔之书》——从这种变化状态中产生的作品是短篇小说《会合》，作家后来将其收录在1966年出版的短篇小说集《万火归一》中。他在返回巴黎一个多月后写下了这篇小说。

这篇小说讲述了菲德尔·卡斯特罗及其追随者在拉斯科罗拉达斯海滩的冒险经历。奥罗拉从一开始就不喜欢它，因为它的叙述过于意识形态化。科塔萨尔经过反思，决定将它暂时放在抽屉里，那里搁置了他准备出版的原稿，尽管从最初写作起，他在情感上就对这本书产生了认同感。1964年第一季度，诗人海梅·加西亚·特雷斯向他请求为《墨西哥大学杂志》撰稿，于是，科塔萨尔寄出了这篇小说。这是一篇第一人称叙述的小说，声音明显是切·格瓦拉的。几年前，切·格瓦拉就曾发表过一系列具有冒险根源和政治信息的文章。作家希望通过这篇小说，"把所有的本质、所有的动力、所有促使'大胡子们'走向胜利的革命冲动都放进去"。

他确实做到了。尽管这篇小说并不为切本人所喜爱，但阅读它时，我们能感受到科塔萨尔首次将他的存在主义自我——在《追寻者》和《跳房子》中达到顶峰——与历史自我结合起来，并优先强调后者。我们可以看到，他在思想上希望与新古巴保持一致的自愿程度。通过这种方式，我们面对的是一个放弃了幻想预设而展示不同伦理色彩的故事，它与前文提到的未来那本小说集中其他七篇截然不同。

可以说，科塔萨尔对革命的态度几乎始终是近乎绝对的默许，即使在其他拉美和欧洲知识分子对其提出严肃批评的时刻也不例外。批评者包括巴尔加斯·略萨、萨特、布莱斯、何塞·多诺索、卡尔维诺、西蒙娜·德·波伏瓦、莫拉维亚、帕斯、豪尔赫·戈伊蒂索洛、格拉斯、帕索里尼、杜拉斯、恩岑斯伯格、塞姆普伦、巴拉尔、萨尔杜伊、卡洛斯·富恩特斯、卡夫雷拉·因凡特等，他们都与革命的初期扩展有过密切联系。诸如古巴在1968年支持华沙条约组织的坦克进入布拉格，诗人埃维尔托·帕迪利亚被拘禁一个多月，随后知识分子向卡斯特罗写信（科塔萨尔签署了第一封，但没有签署第二封，第二封在巴尔加斯·略萨位于巴塞罗那的家中起草），还有卡斯特罗政权本身明显向斯大林主义立场的转变，无论是否可以用美国封锁的状况来解释这一转变——关于这一切，科塔萨尔最终还是将它们视为附带事件，即使就个人而言已无法为这些事件辩护，但为了捍卫拉丁美洲（于他而言，这就是大写的革命），也必须接受这些附带事件。

在这一方面，科塔萨尔在20世纪60年代经历的意识形态化过程至少值得注意，这是一个长期持续发展的过程，有时不乏某种天真，当然，也表现出对革命当局的屈从。科塔萨尔不得不向费尔南德斯·雷塔马尔求助，寻求他在某些杂志上发表文章的许可，比如由埃米尔·罗德里格斯·莫内加尔主编、在巴黎出版的《新世界》，或后来由胡安·戈伊蒂索洛等人推广的《自由》；他需要平息古巴人对他接受《生活》杂志采访而可能出现的反对意见，或者拒绝留在哥伦比亚大学讲授课程，以避免产生误导性效果。这些行为让人感到有些好笑，或者有些让人尴尬，因为它们出自一位受过良好教育且独立的知识分子之手，一位已经50岁且有着卓越的文学成就的作家之手。

咨询在《新世界》上与莱萨马·利马的潜在合作，还有在《生活》杂志上的采访，这些活动都显示出作家试图避免岛上当局的任何不满。那些请求的接收者是费尔南德斯·雷塔马尔。阅读他的信件，我们可以知晓作家是如何适应雷塔马尔的要求的，后者认为《新世界》项目背后隐藏着蛀虫和美国中央情报局特工，因此科塔萨尔放弃了发表他的文章，这篇文章后来出现在《八十世界环游一天》中。在1966年7月写给费尔南德斯·雷塔马尔的一封信中，他提到，他准备了一篇题为《天堂》的文章，并在观察到"前面三期从任何设想的角度来看都无可指摘"之后,他认为应该寄出这篇文章,其中包含了对革命的各种积极反思。在采取任何行动之前,科塔萨尔都会非常谨慎地咨询,这种态度始终以这样或那样的方式存在,这点从未被许多同时代的"文学爆炸"作家和他的读者理解。《生活》杂志的采访同样可以印证这一点。

1968年底,《生活》杂志联系了科塔萨尔,希望对他做一次采访,用于其西班牙语版。他的第一反应是拒绝:除了与美国的作家们朋友保持关系,他不想再与美国这个"魔鬼"有任何瓜葛。但他很快意识到,这次采访为他提供了一个机会,他可以表达自己对帝国主义及其在诸如古巴这样的国家中造成灾难性后果的观点。他表示愿意接受采访,但前提是他有权在出版前审阅采访内容。《生活》杂志的编辑部虽然很惊讶,但还是接受了,要知道连温斯顿·丘吉尔和约翰·F.肯尼迪都没有提出这样的要求。文章得以发表。从他写给费尔南德斯·雷塔马尔的一封信的片段中,我们可以感受到作家在处理这些敏感问题上的不适和谨慎:"在这个误解频发的时代,我希望你了解这件事,让艾蒂和'美洲之家'的所有朋友都能了解此事。采访发表后,我会立即寄给你一期;到时你可以判断这本杂志是否值得一用,这是一本在拉丁美洲读者中传播广泛,却几乎无法接触到我们的革命或纯文学出版物的杂志。采访的第一部分完全聚焦于政治问题;我只能告诉你这么多,你应该亲自看看并做出判断。但我不希望有任何误导性的传言在出版前流传开,所以我防患于未然。"[1]

尽管如此,最令科塔萨尔感到愤怒和不安的事件是作家埃维

---

[1] 奥罗拉·贝纳德斯,《1969—1983年的信件》,阿尔法瓜拉出版社,马德里,2000年,第1324页。内容取自胡里奥·科塔萨尔写给罗伯托·费尔南德斯·雷塔马尔的信,日期为1969年1月。

尔托·帕迪利亚的案件。1970年初，哈瓦那政府逮捕了帕迪利亚和他的妻子、同为诗人的贝尔基斯·库萨·马莱，并指控他们是反革命分子。帕迪利亚的被捕与记者皮埃尔·戈伦多夫和作家豪尔赫·爱德华兹有关，后两人都被指控与美国中央情报局有合作。这次逮捕标志着古巴诗人帕迪利亚与政府之间的彻底决裂，而这种决裂早在1968年就开始了，当时帕迪利亚出版了他的诗集《出局》，并因此获得了古巴作家与艺术家联盟（UNEAC）奖项[1]。从那时起，他开始被公开视为异见者，私下里则被称为"蛆虫"。

这场丑闻在欧洲和美国的报刊上引起反响，人们纷纷议论对帕迪利亚施加的酷刑。丑闻像油渍一样迅速扩散开，使卡斯特罗政权陷入了极大的躁动和难以辩护的境地，尽管在帕迪利亚被捕后不久，他发表了一封公开信，进行了自我批评，并批评了那些曾支持他的人，这也促成他后来获释（1980年，他被最终"邀请"离开该国），但情况并未好转。由于反卡斯特罗的宣传，其他据称在监狱中发生的酷刑案件、岛上开设的集中营，以及苏联逐步但不可阻挡地控制该政权等传闻开始被逐渐传播。

科塔萨尔最初的意图是做当时局势的观察者，以便能够对此做出判断，但到了20世纪70年代初，这个态度便不再适用了。他与古巴的情感和政治联系要求他（迅速）表明立场并与卡斯特罗政权（迅速）保持一致。同样，他非常珍视的人如马里奥·巴

---

[1] 帕迪利亚获得了"胡利安·德尔·卡萨尔比赛"的奖项，评审团由何塞·莱萨马·利马、何塞·萨卡里亚斯·塔列特、曼努埃尔·迪亚斯·马丁内斯、塞萨尔·卡尔沃和J. M. 科恩组成。评审团不得不忍受来自国家安全部门的重重压力。最终，这本书出版了，但古巴作家与艺术家联盟明确拒绝该书的序言："帕迪利亚重新唤起了那些少数特权群体由来已久的恐惧，他们害怕被日益壮大的大众超越。倘若任其发展下去则会产生一个后果，在政治术语中有一个与之对应的名称：法西斯主义。"这本书出版了，然而，并未正式授奖。

尔加斯·略萨对古巴局势保持沉默,也让他感到焦虑,尽管他从未对他们之间的友谊产生过怀疑。自 1960 年前后起,科塔萨尔与略萨建立了深厚的友谊,这段友谊一直持续到科塔萨尔去世。略萨对古巴的态度在苏联出兵捷克斯洛伐克事件后开始冷淡,他为此在《百态》杂志上撰写了一篇非常具有批判性的文章,并在 1969 年初不再参加哈瓦那文化大会和"美洲之家"的会议。在这些考量中,科塔萨尔始终保持着对古巴问题的清晰立场,他对古巴的态度甚至到了令人警觉的支持程度。

虽然他确实在第一封信上签名,要求卡斯特罗对帕迪利亚被捕一事做出解释,但与此同时,他也试图向费尔南德斯·雷塔马尔和艾蒂·桑塔玛丽亚解释自己的立场——这两人是哈瓦那当局与他之间的联系人。他指责卡斯特罗和古巴驻巴黎大使馆在帕迪利亚被捕的最初几周里保持了不该有的沉默,但也同时安抚他们,表示他并未签署第二封请愿信(加西亚·马尔克斯也未签署),理由是他不同意其中的语义变化。然而,科塔萨尔的立场导致了一些社会群体对他的初步疏远,他非常痛心,不仅是对中间层和权力顶层的反应,更是对那些社会阶层的态度,这些人无法理解他向卡斯特罗递交信件的举动,甚至在哈瓦那之家出版社发表了他的《豺狼时代的多元批评》后仍然如此。

卡斯特罗的古巴与科塔萨尔之间的联系始终保持着这种融合的基调。随着时间的推移,科塔萨尔的立场得以巩固和明确,他逐渐赢得了古巴的尊重和政治上的信任,同时,他也能够明确表达自己的意识形态观点,而无须担心在与古巴内外事务相关的任何行动中被误解。需要补充的是,随着时间推移,科塔萨尔的政治立场越来越清晰,并扩展到超越古巴范围的其他国家(如智利、乌拉圭、巴拉圭、阿根廷、尼加拉瓜)。一方面,他通过与其他艺术家、神学家、政治家和科学家一起参与罗素法庭，表达了他对人权问题的关注；另一方面，他采取了作为一个有责任感的知识分子的立场，未将自己的独立性让渡给某个特定政党。这位作家本人在一篇文章中明确表达了自己这方面的看法，以下是其中一个具有启发性的片段：

> 就我个人而言，多年来我一直明确表达自己作为作家，对整个拉丁美洲政治负有的责任的理解。在这里，我仅限于总结我的观点，尽管它可以推而广之，适用到绝大多数为其民族和主权而奋斗的拉丁美洲知识分子。许多马克思主义理论家基于阶级斗争的概念，倾向于认为，只有那些完全属于被压迫阶级，或那些与自己的资产阶级或小资产阶级阶级决裂并加入被压迫阶级行列的作家才是革命作家；他们也认为，像我这样的作家，由于出身和文化发展归属于小资产阶级，只能算是"同路人"。需要补充的是，在拉丁美洲，绝大多数受欢迎的作家都属于第二类。面对这种情况，从一开始，我就接受了一种在我们国家的地缘政治演变阶段几乎是不可避免的状况，并选择致力于为拉丁美洲的社会主义未来而奋斗，但我并不因此就放弃那些对我来说自然且熟悉的东西：一种使我成为作家的文化价值体系，尤其是，在积极战斗层面上，无疑会受到批判的个人主义。然而，在文学创作层面上，这种个人主义迄今为止还没有被任何集体认同，也没有在团队合作中展现，更不用说被基于政治标准的指导路线所取代。[1]

---

1 胡里奥·科塔萨尔，《批评作品》，阿尔法瓜拉出版社，马德里，1983年，第121页。

同样,早在 1977 年,西班牙诗人兼记者何塞·米格尔·乌兰对作家进行了一次采访,将他描述为"共产主义激进分子",随后作家要求马德里《国家报》予以更正。在一封简短、礼貌,但充满愤怒的信中,他要求报纸时任主编胡安·路易斯·塞布里安予以更正,因为"这个描述明显错误且完全没有根据"。

正如我们已经提到的:科塔萨尔在 1963 年 2 月回到巴黎时,在精神上,他已完全不同或者可以说正在改变。在外表上,他还需要过一段时间才留起胡子(实际上要到好几年后),但他的头发已经越来越长,尽管他看起来还不到实际年龄的一半。那个位于贝雷将军广场 9 号的住所,虽然略微远离塞纳河和拉丁区,但仍与奥罗拉一起,构成一个不可侵犯的避难所。与此同时,它又对所有按响门铃时带着简单介绍或口袋里有张皱巴巴纸条的人们敞开了大门,如果来访者是拉丁美洲人,就更好了:雪茄、马黛茶、谈话,一应俱全。

从职业发展的角度来看,他的书被翻译成多门语言,他收到大量读者来信,以及诸如伽利玛出版社、万神殿出版社、纪念出版社、企鹅出版社、卢赫特汉德出版社或埃伊纳乌迪出版社等外国出版社对他作品的出版或再版表现出了兴趣;他的一些作品被改编成电影(阿根廷电影导演兼小说家曼纽尔·安廷曾改编了其中一些作品,如《妈妈的来信》、《公园隐秘》或《奸诈的女人》),他的名字越来越为人所知。他在 1964 年与穆希卡·莱内斯的小说

---

1 它融合了《基克拉泽斯群岛的偶像》和《公园续幕》这两部作品的叙事,而这一想法从未让科塔萨尔感到满意。同样,他也不喜欢安廷的电影。

《博马佐》一起获得了肯尼迪奖[1]，并成为福门托尔国际文学奖的决赛选手，最终娜塔莉·萨洛特的作品战胜了《跳房子》，以及随着印刷量的增加，他的收入也相应增加，尽管并不过分夸张，但这些都没有改变他与联合国教科文组织的关系。

当然，他并不喜欢被迫翻译那些与小麦、莫桑比克的扫盲、棉花或领事关系相关的"难懂"的文件，但好处是他能够免费去参加各种会议。事实上，多年前，在1956年，他曾有机会获得巴黎或纽约办事处的固定翻译职位，但他拒绝了；他宁愿继续做自由译者，即使固定职位带来的好处更多，尤其是在工作保障方面。他顶多接受翻译审校的职位，审校工作比普通翻译更舒适，报酬也更高。对此，这位刚升职的作家曾向西班牙作家梅尔塞·罗多雷达的丈夫、当时在国际原子能机构审查文件的胡安·普拉特承认，他作为审校员五六个月的收入，足够他们安逸地度过一整年。对于拒绝的职位，他曾自问："为什么要一个永久职位？死亡已经足够永久了。"因此，科塔萨尔从在阿根廷图书商会工作开始，就始终忠于他一贯的理想：尽可能少做自己不感兴趣的工作，即使赚的钱少一些，也能享有更多的自由，以此投入到自己真正喜欢的事情中去。

接下来的三个月，他们在维也纳为国际原子能机构做翻译工作。他们对这座城市已经足够熟悉，实际上，科塔萨尔正是在这里完成了《跳房子》的第一版。这次，他们本应在3月初前往奥地利，但由于胡里奥得了流感，而奥罗拉又并发了支气管炎，他们将行程推迟了一周。这一周里，他们卧床休息，服用阿司匹林，

---

[1] 穆希卡不认识科塔萨尔，但非常欣赏他的短篇小说，尽管不太喜欢他的长篇小说。他写信给科塔萨尔，表达了对共享该奖项的喜悦。科塔萨尔回复他，开玩笑地提议将《博马佐》和《跳房子》合编成一本书，书名为《博跳房》或《跳马佐》。

贝雷将军广场9号。这座外观简朴的建筑隐藏着一个带树木的庭院,以及一处美丽而独具特色的住所

并阅读了斯维沃、米肖和莱萨马·利马的作品——一种不太正统但或许同样有效的退热方法，可以消除发烧和不适。在维也纳，他们经历了一个姗姗来迟的春天，早晨依然寒冷，夜晚则更加刺骨，这让他们怀念起温暖的古巴和家乡的朋友，他们起初住在瓦尔菲什4号的苏珊娜宾馆，十天后才搬到"一个非常漂亮的小公寓"。不过，因阅读古斯塔夫·梅林克的《魔像》，受此启发，他们4月初前往布拉格短途旅行并短暂返回巴黎，科塔萨尔又回到了之前的旅馆，并在5月的第一周开始修订《跳房子》的校样。他感到有些遗憾，因为他本想在巴黎的书桌前，抽着他最喜欢的烟斗来完成这项工作（他确实在某种程度上这样做了，他于5月21日在巴黎完成了最终修订），虽然此时普拉特花园已经开始露出鹅黄的花朵，栗树下五颜六色的花坛也开始绽放色彩，这一切都让人心情愉悦。

尽管工作繁忙，但他们还是能像往常一样抽出时间，充分利用奥地利之行：重游这座城市。

他们参加了音乐会（"音乐，在这里，是最大的慰藉。"作家对波鲁瓦说），游览了古典宫殿，如美泉宫和贝尔维第宫，后者收藏有古斯塔夫·克林姆特的作品；他们还参观了像旧温室橘园博物馆这样简朴但美丽的地方，以及收藏了科塔萨尔非常喜爱的老彼得·勃鲁盖尔画作的艺术史博物馆。在这几周里，他创作了《会合》（我们之前提到过）和《一朵黄花》这两个短篇小说，后者被收录在南美出版社新版的《游戏的终结》里，并会在《跳房子》之后出版。

同样，他还完成了一篇在加勒比海地区采访莱萨马的文章，并将其寄给了古巴的《波希米亚报》。在维也纳期间，他还收到了曼纽尔·安廷的邀请，参加在意大利海岸的塞斯特里莱万特举办的电影节。他按计划出席了这一活动,电影节在 5 月最后一周到 6 月初的几天举办。这次行程的目的除了观看以拉丁美洲电影为主的影片外,还包括与安廷合作编写《奸诈的女人》这个故事的电影剧本,这位阿根廷导演在过去几个月中对此倾注了全部的心血。而此时的奥罗拉则在沙滩上晒得像一只小海龟。

与此同时,来自阿根廷的消息令人日益不安。这个南方国家在 20 世纪 60 年代的十年里呈现出的特征相当暗淡:政治不稳定、经济解体、社会结构恶化、街头和工作中的暴力与不安全感增加、民众的不信任以及对政治行为重建的迫切需求,如果继续沿用阿兰布鲁将军时期继承下来的体制,整个国家可能会陷入最严重的混乱。换句话说,这正是下一个十年中实施的所谓"国家重组进程"所强加而至的副作用。

在弗朗迪西(1959—1962)和伊利亚(1962—1966)总统任期内,在军队间接控制下,社会上下充斥着不满的情绪。1962 年的局部选举标志着弗朗迪西与军方之间的最终决裂,当选举结果显示庇隆派获胜时,军方推翻了弗朗迪西,并于 3 月 29 日逮捕了他。"也就是说,该来的还是来了。"科塔萨尔在这次逮捕前不久写信给他的老朋友容基耶尔,提到正义党派的崛起时说,"他们给了庇隆派六年的时间重整旗鼓,允许他们进行最肆无忌惮的宣传,结果两天前,庇隆派给弗朗迪西带来了他一生中最大的打击。"

何塞·马利亚·吉多采取了下一步行动,他是参议院议长,并得到了军队中最保守势力的支持。他中断了议会活动,并宣布共产党和正义党为非法。紧张局势不断升级,尤其是在军队内部,一些势力对可能恢复庇隆主义的计划展开了对抗。于是,武装部队分成了两个阵营:"蓝派",由胡安·卡洛斯·翁加尼亚将军领导,主张恢复表面上的宪政秩序;"红派"则倾向于消除任何可能回归议会制的迹象。"蓝派"的主张最终占据上风,军队权力将被置于文职政府之下的曙光初步显示。然而,历史局势远比表面要复杂得多,这在1963年的选举中凸显出来。

在这次选举中,由庇隆主义者和激进公民联盟成员等派别组成的国家人民阵线联盟推举了维森特·索拉诺作为候选人,他是庇隆(当时居住在国外)和弗朗迪西秘密支持的候选人。选举结果显示,尽管有相当高的弃权率和将近200万张空白选票,阿图罗·伊利亚在激进公民联盟的支持下最终获胜。从那一刻起,政府试图通过提高工资、刺激低迷的国内消费以及遏制价格不断上涨的趋势来缓解社会经济状况。然而,阿根廷还是很快陷入了一条越来越黑暗的隧道,主要原因不仅在于政治局势的恶化(庇隆主义的压力不断增加),还在于高通胀率和由此带来的失业问题所引发的悲剧性后果。

科塔萨尔从维也纳写给波鲁瓦的信中说:"你提到的阿根廷情况我非常了解,因为我在这里阅读了所有法国和英国的报纸(我想我已经读遍所有的报纸,维也纳的咖啡馆极其适合做这样的事),它们都让我悲伤地了解到了军队和国家其他部分之间进行的荒谬的政治游戏。你说这是一场无光的噩梦,我可以想象到,也能感同身受。某一天这杯水终将溢出,我不知道会如何溢出,但我怀疑电话谈判或协商可能很快就会招致暴力,并最终演变为枪声。"[1]

科塔萨尔的预言十分准确。伊利亚在工人和庇隆主义者的抗议活动中被罢免,胡安·卡洛斯·翁加尼亚将军接管了政权。翁

---

[1] 奥罗拉·贝纳德斯,《1937—1963年的信件》,阿尔法瓜拉出版社,马德里,2000年,第549页,内容取自胡里奥·科塔萨尔写给弗朗西斯科·波鲁瓦的信,日期为1963年4月。

加尼亚当时已经自愿退休,并享有一定的社会声望。然而,接受总统职位后,他暴露出了自己极端保守且难以预料的一面,他的原则和理想基于病态的反共主义、极端反动的世界观以及19世纪的道德论调。在街头、大学和工作场所进行的审查和镇压,成为这一铁腕独裁政权的最大特征,该政权一直延续到1969年,直至"科尔多瓦事件"发生后,他才于1970年被迫辞职。

那么,这是否意味着阿根廷将进入一个决定性的历史阶段?动荡会因此结束吗?科塔萨尔对翁加尼亚辞职而可能带来的深刻变革持怀疑态度,他在给容基耶尔的信中写道:"事实是,我并不抱有和你一样的希望;我感觉,就像拜占庭的历史一样,一切都在宫殿内部发生,而外面一切照旧,仍然糟糕透顶。"[1]

20世纪60年代的阿根廷,动荡的政变时期,使他深感不安。为了能够继续"以阿根廷的方式"写作,并且继续书写"关于阿根廷"的内容,他需要远离阿根廷。如果说在他的生命中,有哪个时期他想要远离阿根廷,那很可能就是这一阶段。当然,他从未觉得自己与祖国疏远,即使布宜诺斯艾利斯的民族主义者因他居住在法国而试图阻止《跳房子》获得肯尼迪奖。然而,他确实对来自阿根廷的消息感到极度厌倦。他保留着与阿根廷的情感纽带,但由于他在欧洲的生活已深深扎根并取得成果,他对阿根廷的依赖减少了。1964年5月,他在信中对波鲁瓦说:"我不打算回去;谁知道我是否会再回去,我越来越觉得不太可能。"然而,两个月后,他对布宜诺斯艾利斯天主教大学的教授格拉谢

---

[1] 奥罗拉·贝纳德斯,《1969—1983年的信件》,阿尔法瓜拉出版社,马德里,2000年,第1397页,内容取自胡里奥·科塔萨尔写给爱德华多·容基耶尔的信,日期为1970年6月。

拉·德·索拉坦言道:"也许有一天我需要回去,再次看看那些我未曾忘记的乌斯帕亚塔的白杨树,以及门多萨那条芬芳的小径。(但)目前我是一个远在他乡的阿根廷人,我需要远离那里,以便看得更清楚。"

阿根廷社会的许多阶层永远不会原谅他这一决定,并试图在他生命的最后几年让他感受到这一点。时至今日,仍然有一些地方主义的批评声音,指责他"逃离"阿根廷长达30多年。然而,这些人往往忽略了一点,在随后的几十年里,当阿根廷再次响起军刀的声音并进入该国历史上最不幸和最阴暗的时期之一——豪尔赫·拉斐尔·魏地拉的独裁统治时,这位作家仍然坚定地支持阿根廷的社会事业。

在这个时期,出现了第一份对拉丁美洲"文学爆炸"现象进行分析和定性的文字,尽管它也包括了一些被认为在此之前已经成名或附属于这一现象的作家。这份文字是由出生于智利的英西双语教授兼作家路易斯·哈斯所撰写的《我们的作家:拉美文坛十圣》。

这是一部包含十位作家的心理传记作品,涵盖了阿莱霍·卡彭铁尔、米盖尔·安赫尔·阿斯图里亚斯、豪尔赫·路易斯·博尔赫斯、若昂·吉马朗埃斯·罗萨、胡安·卡洛斯·奥内蒂、胡里奥·科塔萨尔、胡安·鲁尔福、卡洛斯·富恩特斯、加夫列尔·加西亚·马尔克斯和马里奥·巴尔加斯·略萨。科塔萨尔大力支持了该书的西班牙语版本在南美出版社的出版工作(1966年),该书最初是受哈珀出版社委托编写的,原版为英文,标题为《进入主流》。这本书有助于汇聚并巩固这些作家在西班牙语美洲文学领域的重要地位。例如,博尔赫斯,20年前他的作品印刷量不超过500册,如今他不仅在美洲,在欧洲也开始受到读者的青睐,他的作品需求量已经达到了每次印刷数千册的规模。

中年的科塔萨尔（吉赛勒·弗罗因德摄于20世纪60年代初）

关于"文学爆炸"现象的四位核心人物，如何塞·多诺索亲切地称他们为"文学爆炸四大主将"，其中一些人在那时刚刚开启创作生涯。在哈斯的书出版时，巴尔加斯·略萨已经发表了《城市与狗》和《绿房子》两部小说；富恩特斯则出版了《最明净的地区》、《阿尔特米奥·克鲁斯之死》和《换皮》；科塔萨尔已出版了《中奖彩票》和《跳房子》；加西亚·马尔克斯则已出版《枯枝败叶》、《没有人给他写信的上校》和《恶时辰》，并正在创作《百年孤独》。

哈斯的书出版后，受到了广泛好评，并成为重要参考书目。那时候，科塔萨尔已经认识或通过书信认识了大多数书中提到的作家，还包括一些未被列入书中的拉丁美洲作家，如卡夫雷拉·因凡特、奥克塔维奥·帕斯、马里奥·贝内德蒂、米盖尔·安赫尔·阿斯图里亚斯、阿道夫·比奥伊·卡萨雷斯、穆希卡·莱内斯。科塔萨尔与马里奥·巴尔加斯·略萨的关系最为密切，这种关系可以追溯到《冒名顶替者》时期，这是《城市与狗》的最初书名，科塔萨尔一直非常喜欢这部作品。巴尔加斯·略萨首次来到巴黎，是因为赢得了由《法兰西评论》主办的短篇小说比赛，奖品是为期15天的巴黎之旅，费用全免。1957年，巴尔加斯·略萨凭借他的短篇小说《挑战》在这次征文比赛获奖后，他与他的第一任妻子胡利娅·乌尔吉蒂一起移居欧洲，并凭借哈维尔·普拉多奖学金在马德里康普顿斯大学攻读博士学位。科塔萨尔夫妇与巴尔加斯·略萨夫妇经常在各自家中见面。（至于加西亚·马尔克斯，科塔萨尔直到1968年9月才与他见面，当时科塔萨尔刚与奥罗拉分居。）

在1964年的这几个月里，胡里奥在巴黎也与"文学爆炸"的作家或相关作者进行了会面，如卡洛斯·富恩特斯、吉列尔莫·卡夫雷拉·因凡特、阿道夫·比奥伊·卡萨雷斯、恩里克·利恩、马里奥·贝内德蒂、豪尔赫·爱德华兹、阿莱霍·卡彭铁尔、维多利亚·奥坎波……以及博尔赫斯。对于胡里奥来说，1946年《被占的宅子》和《布宜诺斯艾利斯年鉴》的记忆已经遥远，而这篇故事恰恰在此时被博尔赫斯和比奥伊·卡萨雷斯重新收入了他们编辑的《幻想小说选集》中。这次相遇完全是偶然的。那是1964年11月，在联合国教科文组织的总部。

经过一场漫长的会议，奥罗拉和胡里奥决定休息一下，去喝杯咖啡，"此刻严禁喝咖啡，因此咖啡更美味"。他们发现坐在大厅椅子上的人，竟然是豪尔赫·路易斯·博尔赫斯，科塔萨尔自从离开阿根廷的那些年后就再也没有见过他。博尔赫斯当时正和玛丽亚·埃斯特尔·巴斯克斯在一起，博尔赫斯告诉胡里奥和奥罗拉，他们正在等罗歇·凯卢瓦。胡里奥和奥罗拉邀请博尔赫斯去做两场讲座，一场关于幻想文学，另一场关于莎士比亚，之后他们将起程前往西班牙，那里还有其他的行程安排。双方亲切地打了招呼，令科塔萨尔感到意外的是，他们甚至还拥抱了一下，并聊了几分钟。博尔赫斯提到了科塔萨尔的短篇小说《被占的宅子》，以及他的妹妹诺拉为这篇小说所绘的插图；科塔萨尔再次感谢博尔赫斯，因为那是他第一次在如此有声望的杂志上发表作品，而且这种发表并没有通过任何个人关系，因为正如我们曾在某个时刻提到的那样，博尔赫斯当时并不认识科塔萨尔。

这次巴黎相遇之后，博尔赫斯与科塔萨尔之间的分歧越来越大。两人截然对立的政治立场更加剧了这种分歧。尽管科塔萨尔始终能够并且愿意将博尔赫斯作为叙事者和虚构世界的创造者与他作为政治反动者的身份区分开来，但博尔赫斯的意见——虽然他也常常将科塔萨尔的两种身份区分开来，尽管并非总是如此——尤其是在1976年独裁政权期间，更加具有煽动性。众所周知，博尔赫斯的言论有时是一种充满矛盾、讽刺与顽固保守主义的混合体。无论如何，科塔萨尔绝不可能接受一个在1976年5月与豪尔赫·拉斐尔·魏地拉共进午餐，并公开对其表达感谢的人作为朋友。那次午餐还包括埃内斯托·萨瓦托、奥拉西奥·埃斯特万·拉蒂、莱昂纳多·卡斯特拉尼以及军方人士，博尔赫斯感谢他们"拯救国家免于耻辱"。同样，科塔萨尔也无法接受一个在1977年12月23日的《我们》周刊上发表煽动性文章的人，该文章支持军政府，呼吁公民合作，因为"这是一个由绅士组成的政府"，并称"我们暂时不配拥有民主"。有传言称，某次两人于马德里的普拉多博物馆相遇，但没有互相打招呼。不过正如奥罗拉·贝纳德斯所否认的那样，"胡里奥绝不会拒绝跟博尔赫斯打招呼"。

同样，1968年，博尔赫斯在科尔多瓦举办了一场关于拉丁美洲当代文学的讲座。在讲座中，他高度赞扬了科塔萨尔，称他为杰出的作家，他的作品地位已稳固且具有重要意义。然而，博尔赫斯在讲座中也遗憾地表示，由于科塔萨尔的政治立场，他无法将其视为朋友，"遗憾的是，我永远无法与他建立友谊，因为他是共产主义者"。对于这一发言以及博尔赫斯作为文学家的价值所引发的感受，科塔萨尔在同年10月与费尔南德斯·雷塔马尔谈及此事时说道："当我在报纸上读到这个消息时，我比以往任何时候都为我在《八十世界环游一天》中的致敬感到高兴……因为即使他对世界的现实视而不见，我仍将从远处保持那种友好关系，这种关系能抚慰许多悲伤。"[1]

---

[1] 奥罗拉·贝纳德斯，《1964—1968年的信件》，阿尔法瓜拉出版社，马德里，2000年，第1279页，内容取自胡里奥·科塔萨尔写给罗伯托·费尔南德斯·雷塔马尔的信，日期为1968年10月。

在 1964 年，科塔萨尔逐渐完成了《万火归一》一书的大部分内容，同时他的小说《装配用的 62 型》也经历了几次开篇尝试。在此期间，他创作了短篇小说《会合》，随后写出了《另一片天空》、《南方高速》、《病人的健康》和《科拉小姐》（其中《科拉小姐》于 1965 年初完成）。

这几个短篇小说总共约有 100 页。科塔萨尔的想法是再写出约 100 页，并完成这个短篇小说集，"这件事让我急不可耐"。但由于在联合国教科文组织的工作，特别是离开巴黎的频繁出差，还有虽然是有选择性，但有些是无法避免的社会活动，以及不断的来访和大量信件（几乎每封信他都尽力回复），这些都使得他无法完全专注于新书创作。尽管如此，旅行是最打乱他日常生活的因素，尤其是，除了作为翻译必须出席联合国教科文组织在维也纳、日内瓦或布鲁塞尔等地举行的各种会议外，胡里奥和奥罗拉通常会遵循他们的惯例，完成工作后在当地或附近多停留几天，享受一段小型探险假期。在这段时间里，他们对参观罗马式教堂的热情与日俱增。他们会规划路线，严格执行，慢慢地享受这一过程。

在 6 月初，他们因为工作在法兰克福不得不暂时停留一段时间（这正是旅行的缘由），所以从 1964 年春天到夏季，科塔萨尔和奥罗拉驾驶着他们的新车——一辆几个月前买的红色雪铁龙"莱奥妮"去旅行。他们途经比利时、荷兰、德国、瑞士（"一个永远不应提及以免弄脏口舌的国家"）和意大利。最初的行程并不包括意大利，但由于奥罗拉被聘请参加国际民航组织在科莫的会议，他们不得不将科莫纳入行程。因此，他们沿着莱茵河前往巴登－巴登、巴塞尔、伯尔尼，直到伦巴第的首府米兰。返回巴黎的路程十分悠闲，他们朝着普罗旺斯方向行驶，不仅继续探索罗马式教堂，还计划在蔚蓝海岸停留，享受阳光和海水浴。9月份，他们又前往维也纳旅行了15天，在威尼斯停留一周，10月份则去了布鲁塞尔和鹿特丹。12月，在圣诞节前，奥罗拉因为家庭事务飞回布宜诺斯艾利斯，而胡里奥则独自前往伦敦休息，观看戏剧。他观看了魏斯编剧、彼得·布鲁克执导的《马拉/萨德》，这部剧给他留下了深刻的印象，以至于在1月中旬奥罗拉返回后，他又和她一起观看了一次。他参观画展，还买了许多英国作家创作的鬼故事集。

在这次伦敦的逗留期间，科塔萨尔创作了短篇小说《给约翰·霍维尔的指令》，这是为新书写的另一篇小说，稍后我们会详细讨论它。而在普罗旺斯的日子里，科塔萨尔夫妇萌生了购置房产的想法，并最终在沃克吕兹地区的赛尼翁小镇购买了一座带有2 000平方米土地的小房子。这个小镇只有大约两百位居民，距离马赛约80千米。这座没有电话且屋顶漏水的房子被科塔萨尔称为"农舍"，是他最喜爱的避难所，也是他与朋友们温馨聚会的场所，大家在那里享受烤肉、喝佩诺和桃红葡萄酒。然而，科塔萨尔夫妇在这10到12个月间的旅行并未结束。在接下来的12个月里，他们的生活会更加放松。得益于联合国教科文组织那段时间的工作只持续了三个月，他们会留在巴黎过冬，而到了初春，他们会再次前往赛尼翁，并在那里进入夏天。

《万火归一》正在稳步推进——尽管集子的同名篇是科塔萨尔原计划中的最后一篇，但后来他又不合时宜地添加了这篇《正午的海岛》——在将其寄给南美出版社之前，书稿需要进行详细的修订。赛尼翁这个地方似乎是完成这一任务的理想之地，同时也是继续完善他那部未完之作的好去处。在前往普罗旺斯之前，奥罗拉于3月至4月间去罗马参加了为期三周的粮农组织会议。

她回来后,他们装好行李,开着"莱奥妮"去了"农舍"。

这座房子需要进行一系列修缮,因此科塔萨尔和奥罗拉积极动手,在弗朗西斯奇夫妇的专业帮助下,他们修理电路、更换玻璃、安装门窗、粉刷墙壁、制作衣柜、家具和建造浴室(科塔萨尔买下这房子时,它甚至没有浴室),还开辟了一个小菜园。换句话说,他们几乎对整座房子做了全面的修整。在进行这些体力劳动的同时,他们的智力工作也取得了丰硕成果。例如,科塔萨尔在这里仅花了15天时间就修订了6篇短篇小说,而在巴黎,完成这些工作可能需要双倍的时间。

赛尼翁的绿丘和犹如大海般的山谷,覆盖着盛开的薰衣草和金雀花,加之以深沉的寂静,百里香、迷迭香和鼠尾草的芳香随着傍晚来临升腾而起,这些都营造出一种与巴黎钟表所记录的时间截然不同的生命节奏。每天早晨,他们沿着小路下山,前往阿普特广场的集市采购,为储藏室补充食材;在大仲马书店买书;在格雷瓜尔酒吧悠闲地喝一杯巴斯蒂斯酒;或者漫步于周边的乡村,探访吕斯特勒、西韦尔格、西米亚纳·拉罗通德、卡斯特莱、戈尔德、鲁西永、博尼约和拉科斯特,这里还有萨德侯爵的城堡。这样的生活节奏既充满挑战,又与众不同,缓慢而安宁,如同初夏早晨渐渐变为宁静黄昏——除了那些寒冷狂暴、诡谲多变的强风造访的日子——这是他们在赛尼翁度过的第一个夏天。

弗朗西斯奇尼夫妇是阿根廷人,丈夫阿尔多是一名汽车机械师,妻子罗萨里奥(原姓莫雷诺)是一位画家。对科塔萨尔来说,他们是两个典型的"克罗诺皮奥"。在科塔萨尔的推荐下,他们来到了普罗旺斯,后来画家路易斯·托马塞洛也受邀前来,并在科塔萨尔与弗朗西斯奇尼夫妇家之间找了一处房子安顿下来。实际上,那只是一扇漂亮的文艺复兴时期的门,背后是一座废弃的房子[1]。值得一提的是，托马塞洛后来成了科塔萨尔的密友之一，他在1957年刚到巴黎时受雇为科塔萨尔和奥罗拉粉刷房子，那时他认识了对方。那次工作所得让他在与著名的德尼丝·勒内画廊取得联系前得以维生。德尼丝·勒内画廊是世界上最负盛名的抽象—建构主义画廊，它与米歇尔·瑟福尔、索托、瓦萨雷利、舍费尔和让·阿尔普等艺术家都有联系。从那时起，托马塞洛展开了一段充满激情的艺术生涯，无论是在绘画领域还是在建筑融合方面，他都取得了国际认可的巨大成就。

弗朗西斯奇尼夫妇的房子，科塔萨尔和奥罗拉亲切地称之为"伯爵"，那是一座11世纪城堡的遗迹，是全村最高的房子，紧邻教堂，俯瞰山谷。房子外的景色与科塔萨尔家所见的非常相似：一边是柔和的灌木丛景观，散布着美丽的紫色薰衣草；另一边则是令人印象深刻的罗歇山，那些巨大的山体仿佛空中宏伟的石船。弗朗西斯奇尼夫妇与科塔萨尔和奥罗拉的友谊，在巴黎时就已经十分深厚，在赛尼翁期间则变得更为紧密。在为科塔萨尔修整房子后，阿尔多和罗萨里奥在科塔萨尔家住了13个月，直到他们能够搬入自己的房子。

"我是在门多萨认识他的，"罗萨里奥告诉我们，"那时他在大学任教，而我在学习美术，虽然我们当时并不太熟。后来在法国，特别是在巴黎，我们才真正开始有了联系。我1957年到达巴黎，比他晚了一些。在赛尼翁，或者他有时叫它'西贡'，我们与他和奥罗拉之间的关系非常密切，我至今仍与奥罗拉保持着紧密的友谊。每天他都会来和我丈夫一起喝马黛茶，他总是坐在门前的台阶上，因为他说他那双长腿这么坐着更舒服。他会抽一支'吉卜

---

[1] 随着时间的推移，托马塞洛购买了赛尼翁几座废弃房屋的新土地，打算建造艺术家之家，这个地方将用于保存和展示他的作品。

赛尼翁。属于画家路易斯·托马塞洛的一扇文艺复兴风格的门

赛女郎'香烟,喝着苦涩的马黛茶。此外,胡里奥经常叫阿尔多过去帮忙,有时是因为房子需要修理,有时是因为他的车子打不着火,或者是因为某个锁坏了。他从自己家里吹响小号,那就是给阿尔多的信号,表示胡里奥需要帮忙,又有什么东西坏了。而阿尔多是个非常能干的人,总是会帮他解决问题。"[1]

科塔萨尔的房子相比阿尔多和罗萨里奥的更加简朴,且位于一个不那么陡峭的地方,从小镇中心出来后,穿过一条绿树成荫、非常安静的小路,就到了"农舍",这条小路可以直接开车到达。起初,他开着"莱奥妮"沿这条路行驶,后来换成了他的"法夫纳",这是一辆大众旅行车,名字源自尼伯龙根传说中的守财龙。他在1971年购入这辆车,曾开着它在巴黎至马赛的高速公路上行驶了32天,这段经历后来成为《宇宙高速驾驶员》一书的素材。进入他的家门后,首先映入眼帘的就是烧烤区,这个地方曾接待过无数朋友。

"朋友?太多了。"罗萨里奥继续说道,"从加西亚·马尔克斯到卡洛斯·富恩特斯、何塞·多诺索、巴尔加斯·略萨……还有很多其他人。而阿尔多则负责与托马塞洛和胡里奥一起准备烧烤。"

阿尔多向科塔萨尔讲述了那次从门多萨到布宜诺斯艾利斯的旅程,科塔萨尔后来在《某个卢卡斯》中描述了这段经历。在这次旅程中,不知怎的,阿尔多突然感受到一生中最强烈的恐惧之一。这个故事带有一层阴森的色彩。它发生在20世纪50年代末,从科尔多瓦前往布宜诺斯艾利斯的公路上。傍晚时分,弗朗西斯奇尼夫妇的车突然没了汽油,此时天色已暗下来。夜幕降临,路

---

[1] 直接采访,2001年4月。

胡里奥·科塔萨尔位于法国普罗旺斯赛尼翁的家。从其东侧的外墙可以眺望紫色的薰衣草谷

赛尼翁的弗朗西斯奇尼家。这是一座由阿尔多修缮的古老城堡,毗邻教堂

上却一辆车也没有。他们在黑暗中等待，希望能有车辆经过，给他们提供所需的汽油，或者把他们带到最近的城镇或酒店。大约在半夜一点，他们终于看到几小时以来路过的第一辆车。他们用手电筒打信号，希望车子停下来，甚至几乎站在路中央，迫使那辆车急刹停车。阿尔多走近车子，向司机求助，但他刚靠近车窗，就感受到了一种奇怪的、令人不安的气氛，这种不祥的感觉来自副驾驶座位上的人影——一个隐没在阴影和寂静中的模糊不清的身体。阿尔多解释说，他们的车没油了，但司机表示他们没有多余的汽油可以提供。随即，司机启动了汽车，把弗朗西斯奇尼夫妇再次留在了黑暗的潘帕斯草原。奇怪的是，当阿尔多看到车子远去时，他竟感到了一种莫名的解脱。几个小时后，一名卡车司机救了他们。科塔萨尔在这个故事中添加了一个设想：那个坐在副驾驶座位上，与司机一路同行，但全身肌肉一动不动的神秘身影究竟是什么——他认为实际上是一具尸体。

真相是，在20世纪四五十年代，人们为了省钱，常常将患有肺病的患者从首都布宜诺斯艾利斯转移到科尔多瓦的山区，因为科尔多瓦干燥而宜居，非常适合肺病患者疗养；然而，有时这些病人在科尔多瓦去世，把他们的遗体运回布宜诺斯艾利斯下葬的话，需要缴纳联邦税费，因此，便出现了夜间秘密转运遗体的情况，从而形成病人在布宜诺斯艾利斯家中去世的假象，以此逃避税款。

到1964年6月中旬，科塔萨尔夫妇的财务状况亮起了红灯：修缮房子的开销超出了他们银行账户的收入。

胡里奥在给萨拉·布莱克本的信中坦白道："令人忧伤的事实是，奥罗拉和我发现了我们的资金短缺（在南部，管道修理、油漆和电力维护的费用非常高,即使是非常简朴的修整计划也不例外),因此我们决定接受联合国教科文组织提供的一个非常诱人的工作机会。"于是,他们再次收拾行装,给"莱奥妮"加满油,返回巴黎开启翻译工作。

他们回到巴黎后,又开车前往日内瓦,在那里度过了几乎整个 8 月。他们住在尼永的一座乡间小农场里。之后,胡里奥因工作前往德黑兰,而奥罗拉则应克拉丽贝尔·阿莱格里亚的邀请,前往马略卡岛。他们于 9 月底在维也纳重逢,在那里停留了四周,继续进行翻译工作。到了 10 月,他们又前往罗马,这次与电影导演安东尼奥尼和制片人卡洛·庞蒂商讨出售《魔鬼涎》一文的改编权,该文将被改编为电影《放大》,交易金额为 4 000 美元。1965 年 12 月,奥罗拉又前往布宜诺斯艾利斯,照顾健康状况不佳的母亲多洛雷斯·诺沃亚·德·贝纳德斯,为期两个月。

值得一提的是,胡里奥一贯拒绝参加各类会议、研讨会、文学奖或担任竞赛评审,即使这些活动本可以让他频繁出行。在这段时间里,他婉拒了前往德国(汉堡、柏林)、墨西哥、意大利(热那亚)、阿根廷(布宜诺斯艾利斯)、南斯拉夫和美国(纽约)的邀请。唯一让他愿意暂时改变这一原则的是古巴。如果哈瓦那邀请他,他总是准备好随时前往。后来,在这一点上,他对智利、阿根廷和尼加拉瓜的态度也相同。对古巴和尼加拉瓜的回应不仅仅是参与某次活动,更是为了再次支持革命及其一切后果。就智利和阿根廷而言,他的参与则源于他对人权的坚定斗争和捍卫。

到 1965 年 8 月底,科塔萨尔已经完成了《万火归一》这本书。正如我们之前提到的,最初这本书包含七个短篇小说,但后来他又在从维也纳飞往德黑兰的航班上构思了《正午的海岛》,并将其作为第五篇小说加入书中，最终形成了南美出版社出版的八篇小说的顺序。他将这本书献给了波鲁瓦，并提出了篇目的最终排序，这个目录也在最后得以保留：依次为《南方高速》《病人的健康》《会合》《科拉小姐》《正午的海岛》《给约翰·霍维尔的指令》《万火归一》《另一片天空》。在此之前，意大利的埃伊纳乌迪出版社出版了他的所有短篇小说合集，除了两篇被编辑认为在意大利可能会被误解的小说。该合集由意大利作家伊塔洛·卡尔维诺撰写了序言。

与此同时，随着时间的推移，科塔萨尔的书籍版本不断增多。他的作品在拉丁美洲非常畅销（具有讽刺意味的是，当时他在西班牙还鲜为人知，并且在接下来的几年里也是如此），并被翻译成多种语言，除了如英语、法语、德语、葡萄牙语或意大利语等常见语言，还有一些较难接触到的语言，如瑞典语、芬兰语、捷克语、斯洛伐克语、塞尔维亚—克罗地亚语、波兰语、丹麦语，甚至还有可能被翻译成日语（在20世纪70年代末，出现了从英语翻译成日语的盗版《跳房子》）。

《万火归一》这本书收录了他迄今为止最出色的一批短篇小说，例如《另一片天空》、《给约翰·霍维尔的指令》和《科拉小姐》。

《另一片天空》是这三篇中最早开始构思的，科塔萨尔大约在1964年1月就开始在脑海中酝酿它。当时，科塔萨尔夫妇手头拮据，因此决定在巴黎过冬，并接受联合国教科文组织提供的任何工作机会。那年圣诞节巴黎白雪覆盖，就像一个刚被摇动过的玻璃镇纸一样美丽：卢森堡公园的池塘结了冰，大街小巷和花神咖啡馆的玻璃窗上布满了雾气，蒙马特的屋顶白雪皑皑，塞纳河静谧而迷雾缭绕，艺术桥比以往任何时候都更显忧郁。每天，大量的信件涌入科塔萨尔家，堆积如山，难以整理，其中大部分来自

《跳房子》的读者,有支持的(占大多数),也有批评的(少数)。某个下午,科塔萨尔决定暂时摆脱烦琐的信件回复工作,去胜利广场一带散步,曾经居住在那里直至逝世的作家伊西多尔·吕西安·杜卡斯,即洛特雷阿蒙伯爵,激发了他的灵感。科塔萨尔再次被这个街区的氛围所吸引:那些街道、咖啡馆、覆有泥灰的长廊和旧书店、楼梯以及弥漫着的神秘气息。

薇薇安拱廊,可能仍然保持着19世纪中期洛特雷阿蒙伯爵所熟知的样貌,这个地方对科塔萨尔有着强烈的吸引力。对他而言,就像其他所有的巴黎长廊一样,薇薇安拱廊是一个时间仿佛静止、混乱且失去时间顺序的地方。在这种环境的启发下,他决定创作一篇小说,从这种氛围中汲取灵感,并隐秘地引用洛特雷阿蒙,重现那个虚假的天空、天窗,以及那些阴暗、潮湿、充满不安的角落——故事中的凶手洛朗就潜伏在这个角落里。

位于证券交易所附近的薇薇安拱廊。科塔萨尔的短篇小说《另一片天空》以此为背景

这不仅是一次穿越薇薇安虚幻空间的漫步，也经过了开罗拱廊街的陈旧镜子和阴影，还探访了在圣福瓦画廊和科尔贝尔街道那些角落里的小商店。2月中旬，科塔萨尔开始了写作，到3月底时已经完成了第一稿。8月，他完成了初稿并将其寄给波鲁瓦，一个月后，波鲁瓦对初稿给予了高度评价。然而，到了9月，科塔萨尔还是要求诗人阿莱杭德娜·皮扎尼克将稿件归还，原本他打算在对方提供渠道的杂志上发表，但现在他想做些修改。最终，《另一片天空》这篇小说收录到《万火归一》之前，就已经在前述意大利埃伊纳乌迪出版社的合集中以意大利语发表。正是这篇小说，让他重返了虚构文学领域。

这篇小说运用了科塔萨尔特有的方式，将多重现实交织在一起，呈现出一种极其丰富的氛围。薇薇安拱廊和古美斯拱廊街是通往现实毁灭的两个入口，它们打开了通往另一个领域的大门——一个充满幻想的世界，若希娅妮和洛朗就生活在那里，伊尔玛和叙述者也存在其中，两个异时空平面连接在一起。在这种洛特雷阿蒙式的背景下，科塔萨尔再次探索了文学的运作方式，沉浸在短篇小说的技艺之中。他重申了自己对打破时间和空间单一性的承诺，并通过这种方式邀请我们跟随他进入一个既令人不安（洛朗那晚是否会再次尝试？）又充满诱惑的旅程。

此外，科塔萨尔在巴黎的圣诞节期间写下了《给约翰·霍维尔的指令》，尽管构思萌芽于同年12月上旬他前往伦敦的旅途中。正如我们之前提到的，利用奥罗拉受雇于联合国粮农组织前往意大利的机会，作家去往伦敦待了十天，住在布鲁姆斯伯里街的一家小酒店，漫步在索霍雾气笼罩的夜晚，在爵士乐俱乐部听音乐，在那些"充满我所喜爱的狄更斯式氛围的小餐馆"里品尝牛排与腰子派。他还前往奥德维奇剧院观看了彼得·魏斯的剧作：《沙朗通疯人院的病人在萨德侯爵指导下表演的让·保罗·马拉之迫害与暗杀》,该剧由彼得·布鲁克执导——科塔萨尔将这篇小说献给了他。在离开剧院时,他突然萌生了一个念头,写一个故事,讲述某位戏剧观众在毫无缘由的情况下,突然被卷入舞台演出的情节中。

《给约翰·霍维尔的指令》是一篇从开头就紧紧抓住读者的短篇小说,正如科塔萨尔所说,一个好的故事应该像一记重拳,从一开始就让人无法抗拒。科塔萨尔再次将荒诞带入现实的层面。故事的主人公莱斯,在一个雨天的下午,在伦敦,选择走进奥德维奇剧院,而不是在秋日的索霍无目的地游荡。从这个开头,故事便展开了不可思议的情节,荒诞且不合常理的境况构成了故事的核心。莱斯被邀请上台演出,不仅如此,他还被迫参与到一场无法拒绝的戏剧表演中,在这场表演中,生命(埃娃的生命,最终他自己的生命)将面临危险。

《科拉小姐》讲述的是一个小男孩在医院接受治疗期间,与照顾他的护士之间产生的模糊关系。这个故事创作于1965年2月,最初是科塔萨尔为再次探索《装配用的62型》的叙事手法而进行的一次实验性尝试。在这个故事中,科塔萨尔忠实于他一贯的探索精神,试图完全消除传统的、僵化的叙述者,转而采用一种连续而无处不在的第一人称视角。构建这种叙事结构并不容易,科塔萨尔也曾坦白地告诉波鲁瓦:"这很难做到,因为这些'转换'必须非常巧妙和细腻,很多时候我找不到解决的办法。"

在那个时期,科塔萨尔对某些主题表现出强烈的执着:他试图实现叙事的抽象化,削弱文本中的"色彩斑斓",通过移位人物和情节来消除自然主义的描写和传统的共情方式。这种尝试在《跳房子》中已经显现出来,尽管许多读者更容易被书中生动的角色和对巴黎的描绘所吸引，而忽略了科塔萨尔真正关注的是小说的结构模块及其连接方式。这种结构上的追求也成了《装配用的62型》的基本主题。通过《科拉小姐》和《装配用的62型》，科塔萨尔并不想再讲述一个普通故事，更不希望后者被视为《跳房子》的续篇。他的目标是打破传统叙事的框架，开辟一个新的叙事空间，以摧毁对现实进行戏剧化描绘的动机，转而选择更具形而上学意味的元素。

1965年的圣诞节，科塔萨尔独自在巴黎度过。这几天对他来说漫长而略带忧郁。奥罗拉突然去了布宜诺斯艾利斯，而他没有与其同行，他非常后悔，因为倘若同行，他本可以与他非常渴望见到的朋友们，尤其是弗朗西斯科·波鲁瓦和萨拉·波鲁瓦相聚，他与这两位朋友一直保持着热情的书信往来。然而，留在巴黎的决定源于作家未完成的工作，从监督自己作品的翻译到与胡里奥·席尔瓦合作的新项目《八十世界环游一天》，但最令他牵挂甚至痴迷的，是如何能够让《装配用的62型》顺利进展，此前它一直以一种无序的方式发展。

"独自在此度日颇为阴郁，我唯一的安慰就是想象你们在与奥罗拉聊天。"他在给波鲁瓦的信中这样写道。当然，朋友们纷纷邀请他共度圣诞夜和新年，但他还是选择回归到多年前类似"荒原狼"的生活方式，那种具有外在温和个性（类似《化身博士》中的杰基尔博士），但内心孤独（类似海德先生）的状态：在小酒馆吃饭，独自观影，踏着夜色归家，泡一杯马黛茶，简单地读书。但终究难觅欢愉。

这些日子就像难以下咽的苦酒。这无须多言，科塔萨尔是在孤独中成长起来的。从遥远的班菲尔德（罗德里格斯·佩尼亚街的女贞树如今如何？）、玻利瓦尔（杜普拉特、梅查身体可好？林荫道上的路灯是否依旧?)、瓦尔齐利奥家的旅馆(坎西奥、索尔代利、内莉·马丁近来可好?)、门多萨(那所被占领的大学呢?现在他们会怎么看待?)到布宜诺斯艾利斯(科连特斯街 3 000 号附近的台球厅和酒吧可还喧闹?),科塔萨尔早已熟稔孤寂的滋味,但这次圣诞节,在寒冷而灯火通明的街道上,面对犹如海上巨轮般闪耀的老佛爷百货,孤独的滋味让他难以承受。"你明白吗,人总以为自己早就摆脱了那些宇宙观上的迷信,看淡了纪念日和岁末迎新的意义,可当午夜将至,某种与理智无关的东西开始在你体内翻腾,直击胃部,让人难以承受。"[1]

为了对抗这些感受,他再次投身创作。除了前面提到的《八十世界环游一天》和《装配用的 62 型》相关工作外,他还对新短篇小说集的封面设计表现出了浓厚兴趣。自《跳房子》以来,科塔萨尔对自己书籍外在形态的执着与日俱增,因此他对南美出版社在其作品历次出版中对封面设计的忽视提出了批评。我们之前已经提到,波鲁瓦和他相距 15 000 千米,且两人事先没有任何沟通,但他们在《万火归一》的封面设计上竟不谋而合。

此外,作家还让胡里奥·席尔瓦也参与了设计工作。他们围绕相同的元素——古美斯拱廊街和薇薇安拱廊——探讨了几种可能的设计方案。最初的想法是在封面和封底分别展示这两条拱廊,并将书脊作为这两张照片的融合点,象征着从一个通道过渡到另一个的过程。另一种方案是在封面上展示薇薇安拱廊的图像,将其垂直分割成两部分,一部分为正像,另一部分为负像,以此引导读者从一个平面进入另一个平面。为此,科塔萨尔亲自前往附

---

[1] 奥罗拉·贝纳德斯,《1964—1968 年的信件》,阿尔法瓜拉出版社,马德里,2000 年,第 801 页,内容取自胡里奥·科塔萨尔写给弗朗西斯科·波鲁瓦的信,日期为 1965 年 1 月,贝纳德斯所设定的年表中有日期错误,实际日期是 1966 年 1 月。

近的一家旧书店寻找合适的照片，并将其寄往布宜诺斯艾利斯。还有一种设计方案是在封底放置古美斯拱廊街的图像，并重复书名，就像镜中的倒影。值得注意的是，这个想法最初由波鲁瓦提出，而科塔萨尔和胡里奥·席尔瓦也恰好在同一时间做出了相同的方案。

科塔萨尔将他剩余的时间投入到了《八十世界环游一天》一书的写作中。该书是应墨西哥二十一世纪出版社的阿纳尔多·奥菲拉·雷纳尔之邀创作的。他与胡里奥·席尔瓦共同完成了这本书，席尔瓦负责挑选插图、照片和插画，当然这些都得到了科塔萨尔的默契配合。这本书可以说是一本拼贴风格的作品集。这个项目从一开始就吸引了科塔萨尔。将诗歌、评论、短篇小说、文章、引用的段落和反思汇集在一起，这个具有异质性叙事的领域深深吸引了他。他将其称为"年鉴书"，后来他在《最后一回合》（1969年）中也采用了相同的模式。这两本书虽然相差很远，但在结构上有相似之处，它们都让人联想到《信使年鉴》，这是一种在20世纪上半叶的阿根廷非常流行的出版物，科塔萨尔以此来向这种传统致敬。

《信使年鉴》是一种年度出版的小册子，主要面向农村地区的读者。它包含了儿童益智游戏，如谜语、迷宫和绕口令，还汇集大量实用数据、历史信息、星座运势、笑话、诗歌、家庭急救常识、烹饪食谱以及牲畜常见病疗法。正如科塔萨尔在接受索莱尔·塞拉诺采访时所说："这种年鉴里应有尽有，适合全家人使用。在那些不识字或刚刚识字的家庭中，《信使年鉴》可以满足他们一整年的需求；它很实用，提供了诸如如何治疗牛的疾病等必要信息，同时又蕴含着纯真质朴的美学价值。"

科塔萨尔的设想是制作一本如同他童年时的那些年鉴一样，

内容上联系不强，甚至杂乱无章的书，而他确实成功地将这种感觉传达给了读者：一本充满游戏感的书。这本书分两卷，语言非常轻松，富有幽默感，并带有明显的自传色彩。他在书中谈论拳击、布宜诺斯艾利斯的玄学研究、路易斯·阿姆斯特朗、莱萨马·利马、他的猫特奥多尔·W. 阿多诺以及塞隆尼斯·蒙克，书中还收录了如《最深的抚摸》和《手的季节》这样的短篇小说。所有这些内容都通过胡里奥·席尔瓦精心设计的版式呈现，结合了版画、照片、插图、横向文本、字体变化和留白，使得这本书极具吸引力。

尽管如此，科塔萨尔在那些日子里还是试图将大部分时间投入新小说的创作中。经过多次中断与尝试，他渴望全力以赴地面对这个"叙事怪物"。自1963年以来，时间流逝，他一直未能找到写作的关键，也没有足够的时间去完成这部小说。联合国教科文组织的工作，旅行，对自己翻译作品的修订，以及其他同时进行的书籍项目，都迫使他不断推迟进度。

他最早的写作计划可以追溯到1964年底到1965年初，当时他计划在春季和夏季期间，在赛尼翁的家中专心创作。然而，筹集资金的需要导致他不得不提前离开农舍回到巴黎，再加上前往瑞士、伊朗和奥地利的旅行，再次推迟了他全身心投入到《装配用的62型》的创作计划。一年后，1966年1月，这部小说的手稿已经接近100页，尽管是在其他工作的间隙中逐渐成形，但它仍然是他唯一关注的创作。到了同年2月中旬，科塔萨尔已经深入到创作中"美妙而令人绝望的阶段"，他在给波鲁瓦的信中写道："我已经成了自己作品的奴隶。"他计划在赛尼翁度过夏天时完成这部小说。然而，到了普罗旺斯之后，他却感到自己与这本书越来越疏远。尽管他努力尝试,但仍无法将"写作即抹去写作"的概念具体化。这种挫败感如此强烈,以至于他甚至一度想要将手稿丢进壁炉中烧掉。

《装配用的62型》的结构极为复杂,情节也非常晦涩,因此很难将其固定下来。科塔萨尔曾说:"我的写作过程任由各种星座般的片段自然而然地组合起来,但到了最后,这对我来说变得极其艰难,因为我对这些人物几乎没有实质的心理或事实上的把握,他们仿佛纠缠在了一张令人难以捉摸的'胡胡伊地毯'中。"[1] 终于,在6月,他完成了这部小说的第一稿(实际上可以算第二稿),然后将其搁置到冬天。也是在这段时间里,他决定将书名简化为《62》,显然是在呼应《跳房子》的第62章。此外,科塔萨尔还考虑将这部作品以联合出版的形式交给塞克斯·巴拉尔出版社,鉴于当时西班牙的读者对他还很陌生,该出版社一直希望能尽快出版科塔萨尔的其他作品。对此,卡洛斯·巴拉尔甚至建议他参加"简明丛书奖",此举令科塔萨尔非常恼火,因为他认为这不符合道德。

到了12月,奥罗拉因其母亲病危而前往布宜诺斯艾利斯,而科塔萨尔则在圣诞节期间飞往古巴,待了一个半月,这段时间里,小说继续在抽屉里沉淀。春天、夏天和秋天悄然而逝,11月,他将手稿带到瑞士,准备进行最终修改。在那里的一个月里,他专心致志地工作,当然,联合国教科文组织的工作也没有被忽视。12月,他几乎是在路过巴黎后又出发前往古巴,参加为期三周的文化会议,这次没有奥罗拉的陪伴。他将小说的手稿交给了一名打字员,支付了180美元的酬劳。回到巴黎后,他再次动身,这

---

[1] 奥罗拉·贝纳德斯,《1964—1968年的信件》,阿尔法瓜拉出版社,马德里,2000年,第1017页,内容取自胡里奥·科塔萨尔写给弗朗西斯科·波鲁瓦的信,日期为1966年5月。

次与奥罗拉一起前往印度，住在墨西哥驻新德里大使馆的奥克塔维奥·帕斯家中。就在新德里，经过奥罗拉的最终审阅（"我非常信任我妻子的判断"），他将已经重新命名为《装配用的 62 型》的手稿寄给了波鲁瓦，尽管他对印度邮政的不靠谱有所担忧。此时，已经是 1968 年 2 月，他即将起程前往印度南部和锡兰（今斯里兰卡），并开启一场愉快的旅行。

这部小说在发布后，除了他的忠实粉丝们，评论界和读者的回应都相当冷淡，这种反差或许源于大众对《跳房子》续作的期待落空，而《装配用的 62 型》显然并非其精神延续。此外，普遍的看法是科塔萨尔对读者要求过高。这是事实。正如他在《跳房子》中对读者提出了高要求，尽管在那本书中，许多读者更愿意关注小说的经典元素，即人物、城市和阴谋，而忽略了科塔萨尔真正关切的形而上的维度。然而，在《装配用的 62 型》中，科塔萨尔对读者的要求更进一步。他不仅在去标准化语言、取消常规性结构、探索新的表达方式上提出挑战——这些方式包括从叙事异化到斯坦因式的实验主义，即故事中的时间流逝感被淡化，从一开始在波利多餐厅的胡安的画面中就有所体现——而且他追求对抽象性的极致表达。这可能是作者未能充分展示，或者读者未能充分理解的地方。

1968 年 4 月，科塔萨尔和奥罗拉来到伊朗。在此之前的三个月，他们在印度为联合国贸易和发展会议工作。他们作为贵宾住在帕斯的家中。

帕斯的住宅本身就是使馆，位于由英国人在殖民时期设计的高尔夫连环路住宅区。这是一座美丽而宽敞的房子，科塔萨尔在给让·巴纳贝的信中说道："我们有很多房间和仆人，以至于我感到不自在，甚至有些羞愧，只有奥克塔维奥和他妻子的友好款待才让我稍微摆脱了这种我从未习惯的生活方式。"在他第二次访问印度时,科塔萨尔的目标是更多地了解这个国家的人,而不是城市和寺庙的斑斓色彩。他希望更深入地了解印度的历史和社会人物,而不是仅仅沉浸在建筑、气味和色彩带来的美学效果中。在这段时间里,他越来越坚定地认为,这个国家只有通过类似毛泽东式的革命才能发生真正的改变。

他们与奥克塔维奥·帕斯一同参加各种周末游,参观了马哈巴利普兰神庙、卡久拉霍神庙、科纳拉克太阳神庙、莫卧儿时期的清真寺,以及那些贫困得几乎无法生存的村庄。科塔萨尔每天都会遇到那些悲惨又可爱的人群——他们的生活连最基本的生存条件都无法得到保障。他注意到一个令人震惊但具有代表性的事实:一家高级酒店的每日房价相当于周围大约600个家庭每天的食物开销总和。

他还告诉胡里奥·席尔瓦:"有一晚,我们找不到出租车,于是搭乘了一辆由一位老人驾驶的小马车。一路上我们玩得很开心,虽然也冒着生命危险。当我们到家时,我给了老人10卢比。他从车上下来,盯着那张钞票,好像不敢相信自己的眼睛,然后开始跟着我,每隔几米就跪下,想要拥抱我的膝盖。直到我们进了家门,他才不得不离开。后来我才知道,这笔钱足够养活他全家一周。"[1]作为对比,像科塔萨尔这样的翻译每天能赚到90卢比,这相当于一个清洁工三个月的工资。

科塔萨尔与奥罗拉一起在印度南部和锡兰(今斯里兰卡)旅行了两周,从斋浦尔、孟买、奥兰加巴德、马德拉斯到加尔各答,

---

[1] 奥罗拉·贝纳德斯,《1964—1968年的信件》,阿尔法瓜拉出版社,马德里,2000年,第1227页,内容取自胡里奥·科塔萨尔写给弗朗西斯科·波鲁瓦的信,日期为1968年2月。

途中见识了数十个村庄、海滩、平原、圣地，还体验了宗教节日。这段旅行验证了他对印度社会日益形成的看法：除了经济状况外，印度的文化因素，尤其是种姓制度，对社会的变革形成了巨大阻力。在他看来，这个制度使印度社会陷入了永久的悲剧之中。他写道："我想了解加尔各答，但至今仍无法摆脱那种震撼。看过那样的景象后，还认为人类已经进入现代社会，要么是虚伪，要么是愚蠢。"他描述了骨瘦如柴的儿童，全家人坐在火车站台或人行道上，孩子们在污水中嬉戏，饮用污水；饥饿的狗、腐烂的环境、火葬堆、瘦骨嶙峋的年轻人、麻风病患者、象皮病患者、陷入不幸生活的男人和女人。他写道："我无法想到比这更像地狱的景象：一户人家露宿在两条电车轨道之间，周围环绕着数百个类似的家庭，而无尽人潮在失业与赤贫中游荡，用印度人那种深不可测的目光彼此凝望。"与 12 年前的美学视角相比，科塔萨尔如今的视角已附带着一种深刻的社会责任感。

他们从新德里飞往德黑兰，并在那里停留到 5 月中旬。他们因公务（又一场关于棉花的会议）转赴希腊，在那儿他们遇到了同样受雇担任翻译的马里奥·巴尔加斯·略萨。在这个春末的日子里，胡里奥和奥罗拉的关系开始显现危机，但是连他们最亲近的朋友都未察觉。然而，实际上这些裂痕至少已经潜伏了四年，此刻正步入不可逆转的最终阶段。

回到巴黎时，正值"五月风暴"席卷全城，学生和工人活动令现实动荡。现实强烈地袭来，他们已决定分手，但这并未减轻痛苦。他们曾共度多年，彼此间充满默契，生活轨迹几乎完全重合，无论是在酒店还是家中，在火车、飞机上，在不同的国家、街道和角落中，他们共享着无数的经验与回忆。过去 20 多年，他

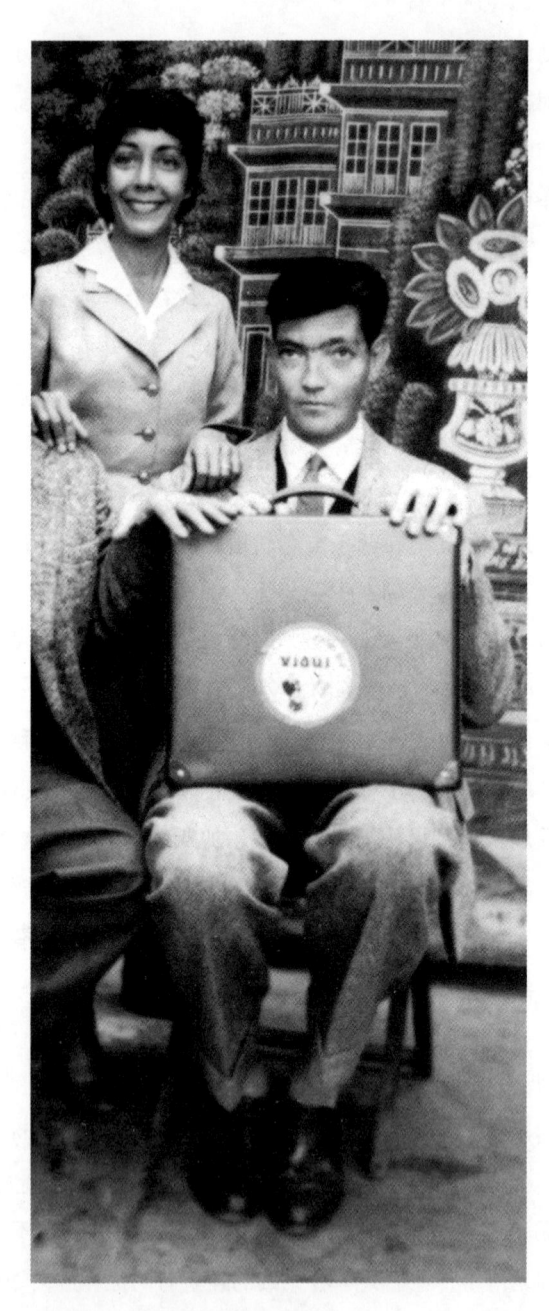

与奥罗拉一起在印度的一个集市上

们一起在巴黎度过了大部分的时光,也一起出游,足迹几乎遍及全球:意大利、法国、西班牙、比利时、瑞士、荷兰、德国、卢森堡、奥地利、古巴、捷克斯洛伐克、葡萄牙、土耳其、印度、匈牙利、英国、阿尔及利亚、伊朗、锡兰(今斯里兰卡)、希腊;他们共享职业,一起在联合国教科文组织工作,共享书籍、朋友和生活。1948年,在遥远的布宜诺斯艾利斯,他们找到了对方,如同手套般契合,但如今,这一切在巴黎彻底瓦解。此刻,巴黎这座城市被反戴高乐主义的路障和警察的催泪瓦斯所笼罩,科塔萨尔投身其中,走上了街头。在拉丁区,他听到了石块敲击标志性的共和国安全部队警车的声音,也见证了学生们浪漫地占领索邦大学,高喊着"禁止禁止"或"活在当下"的口号。(科塔萨尔积极参与了对巴黎国际大学城阿根廷之家的象征性占领。)这场分手的最初导火索与一个姓名、地址和稍早的日期有关:乌格涅·卡尔维利斯,古巴,1967年。

乌格涅·卡尔维利斯,立陶宛人,日耳曼文学专家,比科塔萨尔年轻22岁,20世纪60年代初在伽利玛出版社工作。谈及与科塔萨尔的情缘,卡尔维利斯说:"这段爱情故事是四者的相遇:一本书,两个人和一块大陆——拉丁美洲。那些年,我比胡里奥更了解拉丁美洲,也更热爱。也许是因为对我来说那是一个更熟悉的世界,也许我前世出生在热带地区,又或者其他奇妙的原因。我来自欧洲的一个欠发达国家——立陶宛,那里的农业结构仍然是前资本主义时期的。因此,法国人觉得非常异域的东西对我来说完全是自然的。当我遇见胡里奥时,他已经写了《跳房子》。这部作品是我与他的精神初遇,其光芒令我目眩神迷。我知道所有人都说《跳房子》是他的书。但我坚信,那本书更属于我:我和胡里奥在同一年到达巴黎,只不过当时我只有16岁。除了以喝红酒代替了饮用马黛茶,相同的时间、相同的地点,我的生活与《跳房子》中描述的完全一样。那些年,我和胡里奥可能擦肩而过了成千上万次。"[1]

在伽利玛出版社将《动物寓言集》《游戏的终结》和《秘密武器》中的短篇汇编成一本合集后,卡尔维利斯开始与科塔萨尔有了零星接触。1966年,《跳房子》被翻译成法语时,同样,她与科塔萨尔产生了一些工作上的接触。出版社原本想把小说命名为La marelle(跳房子),但作家坚持要求去掉冠词,只保留为Marelle。据卡尔维利斯本人所述,她是在1967年1月,在哈瓦那下定决心与这位作家展开更深的交往。当时,纽约刚上映了电影《放大》,而科塔萨尔正沉浸在《装配用的62型》和《八十世界环游一天》的写作之中。他不得不在没有奥罗拉的陪伴下独自飞往古巴,因为她的母亲——如前所述——病情严重,奥罗拉必须在布宜诺斯艾利斯待上至少两个月时间。科塔萨尔对这次加勒比之行抱有一定的抵触情绪,因为这意味着离开巴黎居所数周时间,打乱工作节奏,并将精力投入到那些对他吸引力不大的活动中,这般代价,只有他对古巴的坚定热爱才能解释得通。

在哈瓦那的那段日子一如既往地充满了惊喜和热情,瞬间驱散了他在1966年圣诞节三天后登上飞机时带着的那一丝不安。他参加了马拉松式的会谈、讲座和无休止的聚会,这些活动从清晨开始,伴着芒果沙拉、黑豆饭、土豆和鸡肉为主的午餐延续,然后延展到慢饮的朗姆酒,一直持续到第二天黎明,与他一样贪杯的朋友、作家、编辑和特邀读者在一起畅饮,如马雷查尔、比尼亚斯、达尔米罗·萨恩斯、费尔南德斯·莫雷诺、乌隆多、加西

---

[1]《科塔萨尔的巴黎》,玛丽莲·博贝斯,《古巴公报》,1988年9月。

亚·罗夫莱斯、希特里克、罗森马赫尔、帕切科、奥维耶多、蒂亚戈·德·梅洛等。此外，他重申对革命事业的支持，就像他同时对费尔南德斯·雷塔马尔、艾蒂·桑塔玛丽亚、阿鲁法特、莱萨马·利马等人表示支持那样。他们参加了一场在革命广场由菲德尔·卡斯特罗主持的纪念活动，在活动中深情缅怀并赞颂了切·格瓦拉。那些日子里，在"美洲之家"与会者中，还有乌格涅·卡尔维利斯，这位科塔萨尔的默默仰慕者。"躲在《跳房子》书本后面，我最终鼓起勇气向这位伟人发起'进攻'，挡在他和他准备在前台放下的钥匙之间。哦，令人惊讶的是：他立刻邀请我去喝一杯莫吉托。"[1]

那一年半的时间，从在古巴的日子到决定与奥罗拉分开，科塔萨尔经历了可以理解的情感困境。对于卡尔维利斯来说，那时的科塔萨尔仿佛是一个"双面人"，因为"在巴黎时那个封闭的男人，在哈瓦那变成了一个全新的、快乐的、对外界敏感的存在"。然而，回到巴黎后，他又回到了自己的避风港，回到了奥罗拉和贝雷将军广场的秩序之中，回到了圣马丁运河边独自散步。但向卡尔维利斯倾斜的情感终占上风。"我正经历一个解体时期，也许也是一个重建时期。"作家在1968年6月写信给波鲁瓦时这样说。而事情的发展正是如此。

6月底，奥罗拉和胡里奥搬到了赛尼翁，他们关系中的裂痕越来越深。作家对胡里奥·席尔瓦说，"一种缓慢但不可避免的危机"正悄然而至，如影随形，慢慢侵占了那座房子，尽管那里还带着刚刷完油漆的味道，奥罗拉种下的草坪开始在房子周围显现

---

[1] 乌格涅·卡尔维利斯发表的文章，刊登于《美洲之家》杂志。

出来，变成现实。一个月后，胡里奥下定决心要重新开始自己的生活，也让奥罗拉可以重新开始。他继续对朋友说："你认识那个人，因为你经常在塞巴斯蒂安·博坦街拜访她。"

接下来是短暂的分离：奥罗拉前往巴黎，而胡里奥则留在赛尼翁继续创作，投身于新的小说——《最后一回合》。到了8月，胡里奥回到巴黎，而奥罗拉则在秋天前往美洲，首先可能是去美国探望她的姐姐，然后再去阿根廷的布宜诺斯艾利斯。"那天，"罗萨里奥·莫雷诺告诉我，"胡里奥和奥罗拉在我们家吃饭，之后奥罗拉让我帮她保管行李和一些她想带去巴黎的物品。"[1]

他们认为，这段冷静期有助于巩固和澄清双方的立场，然而，最终的分离是唯一结局。胡里奥向波鲁瓦坦白说："有一个人完全填满了我的生活，我希望能与她一起走完这漫长生命的最后一段路。"[2]

科塔萨尔在赛尼翁的逗留时间延长到了9月中旬，那是一个多雨的9月，白昼骤然缩短，田野的芳香更加浓郁。与此同时，奥罗拉可以像往常一样，依靠他们共同好友的支持，这一点也是科塔萨尔一直关心的，他希望奥罗拉不会感到孤独，也不会被排斥在巴黎多年来经营的朋友圈之外，更不会流离失所。从一开始，奥罗拉就认为是科塔萨尔抛弃了她，尽管科塔萨尔说卡尔维利斯的出现只是碰巧发生在他们关系解体的过程中，这个过程缓慢，进退反复，充斥着妥协和虚假的希望。而卡尔维利斯则在前往圣特罗佩的途中造访了赛尼翁，并在农舍与科塔萨尔见面。回到巴

---

[1] 直接采访，赛尼翁，2001年4月20日。
[2] 奥罗拉·贝纳德斯，《1964—1968年的信件》，阿尔法瓜拉出版社，马德里，2000年，第1260页，内容取自胡里奥·科塔萨尔写给弗朗西斯科·波鲁瓦的信，日期为1968年7月。

黎后,科塔萨尔离开了贝雷将军广场的家,搬到了附近的一间公寓,而奥罗拉仍住在那里。

那个9月,奥罗拉和胡里奥都将铭记那场艰难的考验,尽管他们之间的温情依然如初。也正是在那些日子里,科塔萨尔结识了加西亚·马尔克斯及其妻子梅塞德斯·巴尔查,并与他们保持了一生的友谊。同时,他也完成了《装配用的62型》校样,寄给了编辑;也正是在那一刻,科塔萨尔与戈伊蒂索洛、富恩特斯、巴尔加斯·略萨以及其他作家共同策划给菲德尔·卡斯特罗写一封信,讨论哈瓦那知识分子的问题。

在1968年底到1969年初,科塔萨尔也经历了一段频繁旅行的时期。从12月到6月之间,他访问了捷克斯洛伐克[1]、古巴、波兰、乌干达和埃及。赛尼翁仍然是他宁静的避风港,只是如今在一起的人变成了乌格涅。

对于科塔萨尔来说,赛尼翁一直是一个避难所。那里有长满薰衣草的山丘,宁静的日子,以及忠实的弗朗西斯奇尼一家。他几乎每天都走过那条林荫小道,向当时还是孩子的邻居弗雷德里克打招呼,这个摩纳哥男孩很快成为乌格涅的儿子克里斯托夫的玩伴。克里斯托夫青少年时期第一次去往巴黎的旅行,乘坐的是科塔萨尔的"法夫纳",他回忆道,科塔萨尔"总是处在某种悬空状态,他的思想超越了现实;我记得他总是在写作"。科塔萨尔每次踏上那条石块铺就、两边有些许杂草的小路,都会穿过村庄的

---

[1] 1968年12月初,科塔萨尔、卡洛斯·富恩特斯和加夫列尔·加西亚·马尔克斯应当地作家联盟的邀请,共同乘火车前往布拉格。16年后,加西亚·马尔克斯在一篇温情的讣闻中回忆了这一事件,并记录了这样一个细节:富恩特斯提出了一个关于钢琴在爵士乐中的引入问题,科塔萨尔的回答则引发了一场关于这一主题的讲座。

小广场，那里有一个四眼喷泉。随后，他会推开阿尔多和罗萨里奥家的木门。通常情况下，互递香烟后，他会在工作室四处看看，询问罗萨里奥正在画什么。这位画家宁愿赠送她的画作，也不选择出售。

"之后，胡里奥和阿尔多一起喝马黛茶，但我可喝不惯。"罗萨里奥继续说道，"胡里奥人特别好，但也有些自己的小算盘，我这么说是带着关爱阿尔多的意味。他总是让阿尔多帮他解决所有的修修补补。"别看科塔萨尔动手能力不行，他特别热衷于收集各种 DIY 工具。他经常前往附近的阿普特，购买钉子、锤子、螺丝刀和其他工具。正如我们之前提到的，托马塞洛也在赛尼翁有房子，他曾提到科塔萨尔对螺丝刀十分痴迷，据说他攒了四十多把。

此外，赛尼翁不仅成为科塔萨尔朋友们的聚会点，还成了构思和推进各种项目的场所。例如，1970 年 8 月，在那栋没有街道名称和门牌号码的房子里，创办《自由》杂志的想法正是在一场烤肉聚餐中萌生的。

这次聚会的契机是卡洛斯·富恩特斯的戏剧作品《独眼者为王》在阿维尼翁艺术节上的首演。这次活动吸引了许多后来在文学史上被称作拉丁美洲"文学爆炸"时期的代表作家。"卡洛斯、马里奥·巴尔加斯·略萨、加西亚·马尔克斯、何塞·多诺索、戈伊蒂索洛他们都来了，还带来了不少女伴和崇拜者，人数接近 40，你可以想象。"科塔萨尔在给容基耶尔的信中这样写道，"晴空、茴香酒的瓶子、彻夜长谈、音乐，以及看到这些'怪物'专门租了一辆大巴来到我家，赛尼翁村民们简直目瞪口呆。"

智利作家何塞·多诺索的遗孀，玛丽亚·皮拉尔·多诺索见证了那次聚会，其间她和富恩特斯的妻子丽塔被误认为是妓女，她提到了这段逸事：

乌格涅·卡尔维利斯与她的儿子克里斯托夫。卡尔维利斯是立陶宛人，后来成为科塔萨尔的文学代理人。这张照片由胡里奥拍摄

加西亚·马尔克斯夫妇带着他们的孩子同行,那些孩子已经足够大,可以好好享受这次旅行。巴尔加斯·略萨夫妇和我们则把孩子们留在佩德拉尔贝斯幼儿园,帕特里夏和我在与孩子们告别时感到非常沮丧,孩子们却没有哭泣,反而兴奋地挥手,笑得很开心,因为他们期待着能有几天不受父母管束。

科塔萨尔和乌格涅·卡尔维利斯在阿维尼翁就像在自己家,他们在赛尼翁小村庄的房子离那儿不远。

在首演之夜,演出结束后,我们一行人去了一家餐馆吃晚饭。卡洛斯的妻子丽塔那晚特别美,她穿了一件自己用绿色与金色印度纱丽做的"宽松睡衣"。我也穿着一件纱丽,不过是按照印度的风格打扮的,像是一件前面收起褶皱的长裙,露出一侧肩膀。我们两人走在由富恩特斯、佩佩(何塞·多诺索)和胡安·戈伊蒂索洛组成的小队伍后面不远处,缓步前行,感受着人潮涌动的中世纪街景。那时有许多年轻人,许多嬉皮士,气氛欢快,气温宜人,丽塔和我正严肃地谈论着女儿们的教育。

突然间,我们听到一声急刹车,一辆巨大的警车在我们面前停了下来。"女士们!"一名警察靠近我们时喊道。丽塔立刻明白了情况,而我比较天真,一开始完全不明白发生了什么。丽塔用她最标准的口音和戏剧性的语调说:"但是,先生们,我们不是妓女啊……"我们在阿维尼翁待了三四天。其中有一天,科塔萨尔和乌格涅在一家漂亮的乡村旅馆为来自巴塞罗那的朋友们,以及那些从巴黎或其他地方路过的人们准备了一顿午餐。之后,我们去了科塔萨尔的家,度过了一个下午,那天发生了两件重要的事情:《自由》杂志创刊,马里奥·巴尔加斯·略萨改变了发型。[1]

如前所述,这段时间是科塔萨尔创作《最后一回合》的时期。这本书延续了《八十世界环游一天》的风格:包含了照片、新闻剪报、诗歌、绘画、故事和评论。内容既包含他自己的,也有他人的创作。书的结构看似松散,却又在某种程度上充满条理,读者的阅读节奏和方向受到引导。在这一系列文本中,值得特别提到的是三个短篇:《西尔维娅》、《旅行》和《午睡时分》,此外还有科塔萨尔对雷奈电影的评论,对马拉美诗歌的探讨,对笔迹学的研究,以及对萨尔瓦多·达利的批评性分析。如同前作,这本书中也包含自传性内容,比如《赛尼翁的普通一天》,但也有一些深刻反思,尽管有些被反讽的假象所掩盖,例如《论短篇小说及其周边》。

在这部作品中,要特别强调《西尔维娅》这篇小说,因为它兼具幻想和传记元素。故事的情节涉及一群朋友在乡间别墅聚会,有一个名叫西尔维娅的年轻女子,只有孩子们能看到她,但故事的叙述者也看到了她。据普瓦捷大学教授阿兰·西卡尔德说,这篇故事的创作灵感来自另一场实际发生的聚会,地点在普罗旺斯。参与者包括科塔萨尔、索尔和格拉迪斯·尤尔基耶维奇、阿兰·西卡尔德本人、他的妻子和两个孩子,以及一位年轻的保姆。

阿兰·西卡尔德解释说:"索尔准备了一顿烤肉,并邀请胡里奥来到普罗旺斯。我和妻子带着两个孩子一同前往。我们还带了一位负责照顾孩子们的女孩。由于疏忽,在介绍的时候,我忘记将她介绍给胡里奥了。那个女孩十三四岁,非常漂亮。索尔、格

---

[1] 何塞·多诺索,《"文学爆炸"亲历记》,阿尔法瓜拉出版社,马德里,1999年,第150页。

拉迪斯、我的妻子和我在聊着学术话题。这有点像故事中的情节，我在故事里扮演那个既可怕又自负的波莱尔教授的角色。那场讨论是整个故事的背景，因为叙述者胡里奥正在观察那位不停在火炉前走来走去的女孩，由此展开了所有与这个女孩相关的奇幻篇章。那天晚上我们一直聊到凌晨一两点，大家都带着醉意各自散去。临别前，我们约定中午在附近的一家餐馆共进午餐。到了中午，胡里奥已经到了，并告诉我们，他连夜写了一篇小说。那时我还没有读过，但当它发表时，我立刻意识到那就是他那晚写的故事。"[1]

在与奥罗拉分手后，科塔萨尔所进行的这些旅行，除了工作所需，更像是一种逃避的方式，用来对抗在巴黎因分手而感受到情感上的压力——人群、电话、房子、朋友，这一切都成了负担。这种压力迫使他在1970年3月和4月间前往伦敦，并在那里逗留了将近两个月。最初，巴尔加斯·略萨为他在卡多根花园找了住处，但最终，胡里奥和乌格涅住进了这位秘鲁作家及其妻子帕特里夏的家，因为他们当时正好外出旅行。胡里奥和马里奥都很期待两对夫妇能在伦敦相聚，但遗憾的是，这次没能如愿。

在伦敦，胡里奥和乌格涅逐渐适应了环境并开始制订一些行程计划，但入住几天后，天气骤然变冷，最后甚至下起了雪。在之前的几周，伦敦的最高气温一直在5度左右，但突然间温度急剧下降到0度以下，窗户玻璃、房屋的外墙和人行道上都覆盖了冰霜，湿气也开始渗入房间和床铺。更糟糕的是，乌格涅不得不离开，因此，胡里奥独自一人留在了伦敦。

---

[1]《科塔萨尔的巴黎》，玛丽莲·博贝斯，《古巴公报》，1988年9月。

寒冷和在国外生病是最让科塔萨尔感到不安的两件事，而由于供暖系统故障，巴尔加斯·略萨的家变成了一个"冰窟"。他开始咳嗽，这本身就是一个警示信号。他试图通过喝威士忌、穿双层袜子和厚毛衣以及早上披上毯子来抵御寒冷，但这些措施还不够。寒冷穿透了羊毛和棉絮，冻结了他的身体，让他的翻译工作难以为继。他开始感到不适和烦躁。但是，他又不愿意离开巴尔加斯·略萨的家，因为住在那里意味着可以照看房子，处理信件——他甚至不得不在最近的邮局假扮成巴尔加斯·略萨（包括留着胡子）来领取邮件——以及看管马里奥的车。他们谁也不敢在英国左行道上冒险驾驶。他后来决定再找一个住处，但不想离得太远，以便还能继续以某种方式照看房子。几经周折，他找到了特雷伯维尔路上的一家名为阿斯特的旅馆。他搬了进去，并在有暖气的房间里更舒适地阅读、写作和翻译。

情况逐渐好转。尽管暴风雪肆虐，但在伦敦的日子给了科塔萨尔很大的鼓励。伦敦这座城市一直深深吸引着他。科塔萨尔对这座城市及其独特的英伦风情并不陌生：街道的布局、房屋的门面、商店的玻璃木制橱窗，以及战争的历史记忆，这些都让他着迷。而且，还有维多利亚与阿尔伯特博物馆中那件吞食欧洲人的名为"提普的老虎"的雕塑，每次看到都令他印象深刻。在剩下的日子里，他参观了各种展览和剧院，走遍了伦敦的大街小巷。其间，他还与奥克塔维奥·帕斯见面，向他讲述了自己与奥罗拉的分手以及与乌格涅的新关系。他们也一起回忆了在印度度过的时光。而后，科塔萨尔返回了巴黎。

奥罗拉和胡里奥的分手并没有疏远他们之间的关系。两人一直保持着友谊。然而，新的生活状况确实在一定程度上改变了他们的生活秩序，尤其是对奥罗拉而言。她开始在阿根廷长时间居住，但仍保留着位于贝雷将军广场的公寓，以便巴黎的工作之需。科塔萨尔搬到了乌格涅·卡尔维利斯附近的一间小公寓，后者住在萨瓦街19号公寓，紧邻巴黎圣母院，距离塞纳河仅三条街区，邻近艺术桥。科塔萨尔的公寓很小，天花板较低，这让他感到不太自在，但它的地理位置与乌格涅的公寓一样优越：一出门就是拉丁区的咖啡馆和电影院，离他一直喜爱的塞纳河也很近。正是这种狭窄的环境促使两人在各自的公寓中都保有了一定的独立性，从而更舒适地工作。

在1971年第一季度，已有两篇小说初具雏形，后来它们被收录进《八面体》这本书中。它们是《小黑猫的喉咙》和《一个叫金德贝格的地方》。在这一时期，科塔萨尔也开始办理加入法国国籍的手续。法国的官僚机构——尤其是在1968年五月风暴之后——建议作家在面对不可预见的情况时，尽可能地融入法国社会。因此，考虑到阿根廷国籍并不会因为成为法国公民而丧失，科塔萨尔启动了申请取得双重国籍的程序，整个过程中他都很谨慎。尽管他希望行事低调，但消息还是传到了媒体，并被夸张炒作，他的立场未被理解。一些阿根廷群体认为这是他放弃自己民族文化根源的表现。此外，他原以为国籍问题能在一年内解决，但事实上，经过吉斯卡尔·德斯坦政府的两度驳回后，这位作家花了十年时间，最终在密特朗担任总统期间，才获得了法国公民身份。

在这一点上，西班牙作家何塞·玛丽亚·格尔文苏提到了一次科塔萨尔因所谓放弃阿根廷身份而受到指责的情景："我记得在胡里奥·科塔萨尔刚刚获得法国国籍时，有一次他刚抵达马德里机场，一位阿根廷游客就认出了他，并以相当不友好的方式指责他。这件事颇具讽刺意味,因为在阿根廷(或至少在当时的阿根廷)到处都是这样的人,他们责备科塔萨尔虚构了一个阿根廷和布宜诺斯艾利斯,责备他住在外面、在巴黎生活,却书写阿根廷国内的事情,创造了一个与现实中的阿根廷几乎无关的虚构现实。指责他的人自诩为终生忠于祖国的阿根廷人,但有趣的是,他们又标榜自己是南锥体的巴黎人。"

这个话题一直伴随着科塔萨尔,也始终充满争议。在这种氛围中,他与秘鲁作家何塞·马里亚·阿格达斯之间的论战也可以被理解。众所周知,科塔萨尔主张离开本土环境,打破界限,探索生活,他坚信物理上的距离并不会消解对祖国的热爱或爱国主义的世界观;而阿格达斯则很少离开他的故土,他坚持认为,生活在出生的土地上,是更好地理解和捍卫这片土地的唯一可能的方式。

有人曾推测,由于卡尔维利斯的介入以及她与出版界的联系,科塔萨尔的作品在这一时期得到了显著的推动。换句话说,与卡尔维利斯的关系在职业层面上强化了科塔萨尔在文学界的地位。这种可能性的确存在,但从35年后的视角来看,不难发现,这并非决定性因素,尤其是到1968年时,科塔萨尔及其作品在文学界已经自行打开了局面,无须额外助力。当然,如果卡尔维利斯有帮助,也未尝不好。

在这些年里,科塔萨尔已经出版了他最核心的作品。除了在西班牙的出版圈子中还有所缺席外(这一问题很快通过塞克斯·巴拉尔出版社以及后来的阿尔法瓜拉出版社得以解决),他的作品已经被翻译成至少12种语言。此外,这种影响力还在不断增长,我们讨论的并不是纯粹作为象征性的半秘密出版物,而是扎根于图书市场的出版和其中涉及的语言——这些我们在本书的其他部分中已经提到过。

在与贝纳德斯分手时，科塔萨尔刚刚完成了《装配用的62型》的最后校对，并正在合作一本摄影文集，这些照片由萨拉·法西奥和艾丽西亚·德阿米科拍摄，配有科塔萨尔的文字，题为《布宜诺斯艾利斯，布宜诺斯艾利斯》，同时他也在准备新书《最后一回合》。他此前已经出版了短篇小说集《动物寓言集》、《游戏的终结》（该书选目在南美出版社出版时做了扩充）、《秘密武器》、《克罗诺皮奥与法玛的故事》、《万火归一》和《八十世界环游一天》。此外，他还出版了长篇小说《中奖彩票》和《跳房子》。科塔萨尔因与卡尔维利斯共同生活就在文学界声名鹊起了吗？我们认为并非如此。

同样地，人们也认为，科塔萨尔自1968年起日益政治化，这种态度同样受到了他与卡尔维利斯共同生活的影响，因为卡尔维利斯显然对卡斯特罗革命非常支持。诚然，科塔萨尔在这些年中展现出的外部人士形象自20世纪60年代初以来逐步发展，但同样不可否认的是，科塔萨尔的政治参与度变得尤为显著，特别是在阿根廷、智利、乌拉圭、玻利维亚、巴拉圭、尼加拉瓜或萨尔瓦多等国进入无法逆转的人权危机时。这一时间线与他和卡尔维利斯的亲密岁月恰好重合。

然而，民主的逐渐崩解、意识形态的波动、军事政变以及南锥体地区新兴的军事政权（其时间跨度一直延续到20世纪80年代初），都促使科塔萨尔不断发出抗议。1973年至1983年间，科塔萨尔主要通过罗素法庭等途径，积极参与一线的公共活动。

以智利为例。1970年，萨尔瓦多·阿连德领导"人民联盟"上台，智利的社会主义经验得以体现。与此现实相对的则是智利军队的强硬立场，他们坚决反对任何可能动摇现行资本主义体系的深刻变革。其间，阿连德政府推行的国有化经济政策显然是无法被美国利益集团接受的（回想一下美国国际电话电报公司施加的压力），它遭到了尼克松和他的得力干将亨利·基辛格的强烈抵制。其后果只能是三年的"阿连德主义"，伴随着逐步增加的征用政策，而寡头集团则明确拒绝这种做法，宁愿放弃其特权。最终，智利武装部队中的某些派别与智利民间社会的一些团体密谋，做出了回应：1973年9月11日轰炸了智利总统府拉莫内达宫。

政变导致萨尔瓦多·阿连德死亡以及1925年宪法被废除，奥古斯托·皮诺切特成为国家领导人。皮诺切特虽然在政变中加入得较晚，但迅速成为军事叛乱的领袖。在随后的多年里，他成为残暴独裁政权的恐怖象征。该政权在首月就抓捕了超过五万人，这些人被分散关押在由足球场改造的临时监狱中，有的甚至未经审判就被杀害，这一切借助于臭名昭著、闻者悲伤的诸如"越狱法"这样的伎俩。

新政权采取的第一批措施旨在消除任何可能的反对声音，这就是它为什么要解散属于"人民联盟"的政党，并取缔了其他政治和工会组织。紧接着，他们清洗了公共行政部门，从办公室职员到教师和大学教授，以确保消除任何对其统治本质的质疑。由曼努埃尔·孔特雷拉斯上校领导的残酷无情的智利国家情报局通过秘密警察实施酷刑、枪决和制造"失踪"。根据国际组织的统计，有超过15 000人死于皮诺切特政权的军事和准军事部队之手。

由于这一被称为"智利大清洗"的事件规模庞大，其执行触角甚至伸向了安第斯国家之外（例如，普拉特斯将军在布宜诺斯艾利斯被暗杀，前内政部长贝尔纳多·莱顿·古斯曼在罗马遭遇严重袭击，奥兰多·莱特列尔则在华盛顿被暗杀），在20世纪70年代，许多拉丁美洲和欧洲的知识分子纷纷行动起来。根据科塔萨尔的行动轨迹来看，可以合理推测他在这一时期全力参与了对受害者的声援，这种声援超越了任何意识形态的分歧。事实上，他确实这样做了。

科塔萨尔对智利事业的支持从萨尔瓦多·阿连德上台执政时就已经开始了。1970年11月中旬，科塔萨尔飞往圣地亚哥，表达了他对新成立的社会主义政府的全力支持。从那一刻起，尤其是在皮诺切特政变之后，他的支持和援助态度不断增强：他加入了各种委员会，参加了文化会议和其他旨在支持智利的活动，例如"政治犯辩护委员会"或罗素法庭等。他为此前往了比利时、墨西哥、意大利、民主德国等多个国家和对话论坛，凡是需要他参与的地方，他都积极投入。1975年4月，他的朋友、拉丁美洲文学教授让·L.安德鲁邀请他到其任教的图卢兹大学研讨《跳房子》一书。科塔萨尔回信说："眼下实在无法成行。我觉得一切都变得不同、遥远而荒谬。拉丁美洲如今是一片野蛮丛林。我知道，总有一天我们会清理干净。但此刻我必须独处，重归自我。"（就在同一季度，科塔萨尔在前往土耳其的旅途中患上了一种奇怪的疾病，无法确诊。他发烧了一个半月，并因此在巴黎住院一周。病症消退后，他瘦了7公斤。）

根据科塔萨尔的说法，他认为关键在于持续地发声报道，不让公众忘记智利正在发生的事情；提醒人们注意军政府以所谓维护秩序的名义实施的卑劣暴行。科塔萨尔甚至克服了他过去对美国的强烈反感，决定动身前往该国。（要知道，几年前当教授兼作家弗兰克·麦克沙恩邀请他到哥伦比亚大学讲课时，他可是直接谢绝了[1]，并借那次机会表示抗议。）他利用美洲关系中心和国际笔

---

[1] 尽管如此，科塔萨尔第一次短暂的美国之行可以追溯到1960年。他游览了华盛顿和纽约。

会的一次以翻译为主题的座谈会，将抗议之声带到了美国，表达了他对皮诺切特主义的看法。同时他与美国的左翼团体建立了联系，并得到他们鼓励，共同反对皮诺切特及其所有同谋。

在同一时期（1974年6月），科塔萨尔与其他作家、知识分子以及朋友们，如索尔·尤尔基耶维奇和马里奥·穆奇尼克，积极参与了《智利：黑色档案》一书的编写，该书在伽利玛出版社出版。此外，他还参与了在巴黎组织的"圣地亚哥首届反法西斯文化会议"。这一会议由萨尔瓦多·阿连德、巴勃罗·聂鲁达以及其他知识分子和政治家发起，原本计划在智利举行，但由于政变而改在了巴黎。他们试图把这场会议作为创作工坊，以及示威和民众演讲的平台，以此挑战军政府。这次会议不仅包含戏剧表演、讲座、音乐会等活动，同时集结了一批已经在国际上享有盛誉的人物，如加夫列尔·加西亚·马尔克斯、埃内斯托·卡德纳尔、卡洛斯·富恩特斯、阿塔瓦尔帕·尤潘基、阿莱霍·卡彭铁尔、格劳伯·罗查和豪尔赫·亚马多等。

值得一提的是，受国际笔会邀请前往美国的决定开启了科塔萨尔多次重返美国的序幕。科塔萨尔意识到，利用美国广泛的影响力，可以有效传播他支持拉丁美洲的观念。借此，他不仅有机会探索一个对他极具吸引力的文化环境，同时还能与一些老朋友见面，比如格雷戈里·拉巴萨、海梅·阿拉斯拉基或萨拉·布莱克本（她的丈夫保罗于1973年去世），其中一些朋友此前只是通过书信联系。

密集的美国之旅接踵而至。1975年11月至12月间，他在俄克拉何马大学度过了五周时间，该校为他组织了一系列专题活动。闲暇时，他租车游览了美国西部的部分地区，包括亚利桑那州和内华达州。他参观了许多先前就令他心驰神往的地方，如大峡谷、

科塔萨尔,在巴黎的一条街上

1959年,胡里奥寄给祖母的照片

与母亲在斯特拉斯堡。背景是 1962 年的小法兰西。母亲非常敏感，热爱阅读，拥有法德混血的血统

莫哈韦沙漠、科罗拉多高原上的死亡谷等；同时，他也亲自探索了一些城市，如拉斯维加斯，并确认了自己对这些地方的负面评价。之后，他前往旧金山及其周边地区（从圣罗莎到萨利纳斯），这片地区给他留下了深刻印象，他还打算再次造访。随后，他飞往纽约。两年后，他赴加拿大参加了一次国际作家会议，活动主要集中在蒙特利尔，在那里他结识了卡罗尔·邓洛普。几个月后，他再次访问纽约，并会见了刚刚为雷蒙德·钱德勒撰写传记的弗兰克·麦克沙恩。自 1979 年起，美国各地的邀约纷至沓来，他不得不进行取舍，其中包括拒绝了哈佛大学的邀请。1980 年 4 月，他在巴纳德学院和纽约城市学院发表演讲，并借此机会前往华盛顿和蒙特利尔。六个月后，他接受了伯克利大学的邀请，在那儿度过了几周宁静时光，他和卡罗尔一起住在旧金山湾附近。其间，他创作了短篇小说《漂流瓶》，收录于短篇小说集《不合时宜》。

在大学教室里举办讲座

在这些年里，科塔萨尔出版了《环桌旅行》（1970年）、诗集《帕美欧斯与美欧帕斯》（1971年）以及《天文台的散文》（1972年）。《天文台的散文》是一系列围绕他在印度拍摄的贾伊·辛格苏丹天文台的照片而撰写的独白文本。巴塞罗那自治大学的教授华金·马尔科在这段时间与科塔萨尔有过接触，也曾担任过他的编辑。他向我讲述了以下内容：

> 我在巴塞罗那与科塔萨尔有过几次会面。我在萨尔瓦特/阿利安萨出版社的"广播电视"图书系列中编辑了一本他的短篇小说选集，当时我负责这个系列以及其他几个系列的编辑工作。那是我第一次见到他。选集是他亲自挑选的。后来，我在奥克诺斯出版社出版了他的诗集《帕美欧斯与美欧

帕斯》，其中的诗此前都未曾发表。我们为此做了一次简单的推广活动，还包括海报宣传，那是在1971年。大概是在那段时间，我记得一件关于他在巴塞罗那住宿的逸事，这也预示了他后来在《宇宙高速驾驶员》一书中的内容。有一天，他给我打电话，我们约好了见面。然后，在我们聊天时，我问他会住在哪家酒店，他回答说他住在莱塞普斯广场，但不是在酒店，而是在他自己的车里。他是那种人们一生中难得一遇的神奇人物。我记得那天我们在一家餐馆里聊了很久，单独交流。我请他解释庇隆主义的现象，这是我一直没能完全理解的东西。[1]

在20世纪70年代末，当人们问他是否会在短期内写另一部小说时，科塔萨尔通常会说，他很想写，但写作需要大量时间，而由于越来越多地参与他所理解的政治活动，尤其是在那个时期，他主要关注的是捍卫尼加拉瓜的桑地诺主义运动，他缺乏时间。他说，这种碎片化的时间只允许他写短篇小说，因为这些可以在酒店房间、火车车厢或机场的候机厅里完成；可以在会议间隙，或者在飞行时完成——当他在九千米的高空俯瞰窗外，那下方的世界显得如此微小，时间消失，一片寂静，世界如此遥远。

---

1 直接采访，巴伦西亚，2009年3月。

旧书摊（皮埃尔·布莱特摄于 1969 年）

第五章

流亡者的战斗
1976
—
1982

阿根廷:"不受欢迎之人"
《曼努埃尔之书》
旅行及支持桑地诺事业
《八面体》
卡罗尔·邓洛普和马泰尔街

当然，科塔萨尔也积极参与了阿根廷的事务。

在翁加尼亚倒台后，国家出现了多处裂痕。"翁加尼亚倒台了，"科塔萨尔在写给胡里奥·席尔瓦的信中说道，"但给我的印象是，这个所谓的新的军政府还会重蹈覆辙，一切照旧（那支探戈《糟糕的伙伴》，你还记得吗？）。"事实上，在翁加尼亚倒台后，人们预感到在严重衰退的背景下，局势将进一步恶化。

一方面，经济状况江河日下。1969年，阿根廷的外债已经超过30亿美元，而一年后几乎达到50亿美元，伴随而来的是严重的失业及社会问题；另一方面，一些支持城市游击战的武装团体开始浮出水面，决心在他们所认为的"解放"问题上深入推进。

革命武装力量、蒙托内罗斯、庇隆主义武装力量、工人革命党，以及其他一些较小但在内陆地区非常活跃的团体，正在推进一项企图彻底消灭敌人的全面革新计划。为实现这一目标，他们不惜动用任何手段，无论是否血腥。必须强调，翁加尼亚及其严格的镇压政策所产生的社会氛围，无疑助长了这些组织的暴力行为，并使其获得了阿根廷社会大部分人的默许。同样，当庇隆遗孀玛丽亚·埃斯特拉·马丁内斯的政府倒台，"国家重组进程"的黑暗时期随之而来，许多社会群体也会选择对这些暴力行为视而

1967 年巴黎。这张著名的照片由萨拉·法西奥拍摄,胡里奥在 53 岁时非常喜欢这张照片

1969年的胡里奥

于 1973 年

于 1976 年

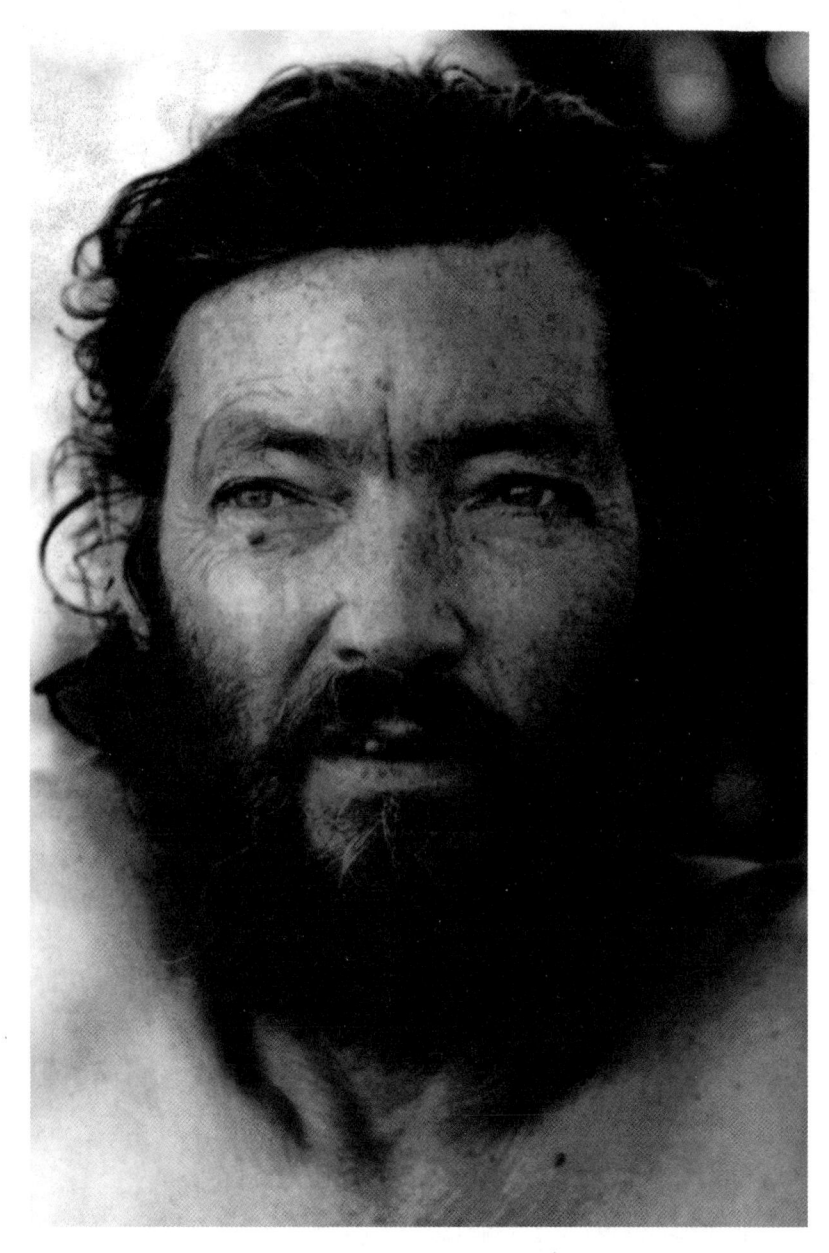

于 1979 年

不见。

然而，历史的进程在 20 世纪 70 年代初期变得越来越复杂。随着马塞洛·莱文斯顿的上台，游击队加剧了暴力活动（在 5 月，蒙托内罗斯绑架并杀害了阿兰布鲁将军，作为对庇隆主义活动人士的遇害以及 1955 年艾薇塔遗体失踪的报复）。与此同时，通货膨胀继续快速上升。政府的内政政策试图通过经济干预主义来赢得中产阶级和中下阶层的支持，以抵抗日益增强的庇隆派和部分军方势力施加的压力，以及规模和数量愈加扩大的游击组织的威胁。但这一政策未能奏效，最终导致莱文斯顿被拉努塞将军取代。

随着这些政权更迭，阿根廷的社会经济状况变得更加暗淡：罢工、示威、袭击事件频发，经济失控，极右翼团体出现（如臭名昭著的阿根廷反动联盟 3A 党），以及政府的镇压行动屡发（如 1972 年 8 月的特雷利乌事件，其中多名游击队员在监狱的走廊、庭院和牢房中被杀害）。所有这些因素逐渐促成了庇隆回归，作为应对这一复杂而悲惨局势的潜在解决方案，因为这一主义对阿根廷社会生活的影响依然非常明显。

在 1973 年 3 月的选举中，坎波拉击败巴尔宾的激进公民联盟，取得胜利，实现了某种内部休战。对政治犯的特赦和对蒙托内罗斯等团体的政治化道路的采纳，似乎为早日和解铺平了道路。然而，人民革命军等组织继续将跨国公司和军队作为其行动目标，前者因为"剥削"，后者因为"镇压"。尽管坎波拉采取了旨在恢复民粹主义的战略，如从保护工人权利、保障罢工和示威权，以及与工会谈判的协议等方面着手，但经济局势并未得到改善，反而进一步恶化。这种紧张局势在 1973 年 6 月 20 日庇隆回国时达到了高潮。当时数千人在埃塞萨机场等待庇隆到来,然而,即使到最后,他的飞机也没有在此降落。与庇隆关系密切的不同派别发生了冲突,从庇隆青年团和蒙托内罗斯到极右翼的激进分子,最终在机场引发暴力事件,极右翼分子向人群无差别开火,导致数十人死亡。这一事件表明了阿根廷正深陷历史迷局,这个国家面临的困境需要所有参与者表露决心并共同面对。事实上,阿根廷难以解决的问题清晰可见。

在坎波拉辞职后,庇隆在选举中获胜,他与第三任妻子玛丽亚·埃斯特拉·马丁内斯,以及后来成为社会福利部长、绰号"巫师"的何塞·洛佩斯·雷加共同组成了三人执政团。1974年5月,庇隆发表讲话,明确与庇隆青年团和他们的社会主义主张划清界限,此后,庇隆政府实际上与任何革命姿态保持距离,其无能显而易见:比索贬值、各个行业物价急剧上涨、失业率上升、社会陷入贫困,总而言之,阿根廷国内生产总值下降。

如果说庇隆回国标志着局面的戏剧性的高潮,那随着他在1974年7月去世,以及妻子伊莎贝尔接任,则使得悲剧性到达全方位的顶点,它体现在各个领域充斥的混乱以及迷失方向。政变最初是以将军豪尔赫·拉斐尔·魏地拉、海军上将埃米利奥·马塞拉和空军准将奥兰多·R. 阿戈斯蒂的名义,而庇隆的逝世为政变找到了理由。1976年3月24日,军事政变正式开始,以"国家重组进程"的委婉说法为名,阿根廷被拖入了一条漫长的、充满痛苦和怨恨的隧道,这段历史在集体记忆中留下了长久的后果。时至今日,尽管已经过去了四分之一个世纪有余,阿根廷已经完全融入民主制度,新一代人仍然能够感受到一种挥之不去的历史性痛苦,这源于那些曾在广泛社会群体中引发阵痛的《最后期限法》和《服从命令法》[1]，以及1989年和1990年发布的赦免法令，这些法令释放了那些在所谓的国家最高机关中制定命令的人。

军政府将为阿根廷当代历史中最黑暗的时期负责，这段时期涉及对人权的严重侵犯，自身拥有不同政治信仰或仅仅是与新当权者稍有分歧的人士被大规模屠杀。军方实施的残酷独裁政权构建了一种国家模式，在此之下，凡是不认同其极端言论的人都被视为颠覆分子，必须予以消灭。这一次，军队以一种前所未有的凶残方式达成了其目标（1976年至1983年期间，失踪人数的官方数字约为10 000人[2]，但非官方数字则接近30 000人），武装部队再次将自己冠以"国家救星"和"道德卫士"的称号，以对抗他们所谓的社会阴谋形式（如无政府状态、腐败、叛乱）。正如希

---

[1] 第23.492号法律，于1986年12月23日通过，1986年12月24日颁布，并于1986年12月29日在《官方公报》上刊登，称为《最后期限法》。该法第1条规定：
"对于涉嫌以任何形式参与第23.049号法第10条所列犯罪的人员，刑事诉讼追诉期终止，逃犯和被宣告为叛乱者的，或在本法颁布之日起60日内未被有管辖权的法庭传唤做证的犯罪人员除外。同样，对于在1983年12月10日之前实施与暴力政治行动相关的犯罪的所有人员，其刑事诉讼追诉期也在相同条件下终止。"（摘录）
第23.521号法律，于1987年6月4日通过，1987年6月8日颁布，并于1987年6月9日在《官方公报》上刊登，称为《服从命令法》。该法第1条规定：
"不可反驳地推定，在犯罪行为发生时，担任军队、治安、警察和监狱系统的首席官员、军官、下级军官、士官和士兵不应为第23.049号法第10条第1款所述的罪行承担责任，因为他们是基于服从命令的原则行事。相同的推定也适用于那些没有担任总司令、区域司令、副区域司令或治安、警察、监狱系统指挥官的高级官员，本法颁布后30天内有司法裁定表明他们具有决策能力或参与了命令的制定的人员除外。在这些情况下，应自动认定上述人员是在上级权威的强制下行事，遵从命令并履行职责，无权或无法对命令的时机或合法性提出检查、反对或抗拒。"（摘录）

[2] 8 960名失踪者，根据国家失踪人员调查委员会的报告。——《永不再犯》，国家失踪人员调查委员会报告，布宜诺斯艾利斯大学出版社，布宜诺斯艾利斯，1985年。

尔达·洛佩斯·拉瓦尔所指出的那样："历史学家和政治学家一致认为，军政府的镇压不仅针对工会组织和政党，它还针对知识分子、学生、工人、第三世界运动中的神职人员，以及广大年轻人。"[1] 正是这一点加剧了这一时期的苦难特征，我们还必须指出，当时社会的大部分人都有负罪感，因为"大多数阿根廷公民放弃了他们对民主制度的权利，寄希望于军队能够实现其承诺的目标。在这种放弃的时刻，当大多数人为政变欢呼时，军方便认为他们的立场是合法的"[2]。

面对阿根廷的事态发展，科塔萨尔的反应与他对智利事件的反应一样，毫不迟疑。他积极参与了所有他能够参与的谴责论坛，并且更进一步：他创作了《曼努埃尔之书》，并于1973年出版，将该书的版权收益用于支持政治犯的辩护。

> 那本书写得很拙劣，是我所有书中最差的一本，因为我写作时向来懒散，只在自己想写的时候才写，也不设时限。我并非职业作家，而是一个写书的业余爱好者。我写过几本书，但我把自己视为业余爱好者，并且希望继续保持这种身份。对我来说，去除职业化的感觉至关重要。现在，当我开始写《曼努埃尔之书》时，我是像接受委托一样去写的。我以阿根廷人的身份委托自己，因为当时正值拉努塞独裁时期，阿根廷正步入暴力升级的深渊，这种变化不仅将酷刑变成了一种制度，还将其发展成一种极其可怕的技术，它的残忍程度超出了任何描述。现在我作为罗素法庭陪审团成员的身份

---

[1] 希尔达·洛佩斯·拉瓦尔，《威权主义与文化：阿根廷1976—1983》，基础出版社，马德里，1995年，第31页。
[2] 同上书。

发言,我们手上掌握的具体的证据表明,在巴拿马受训的军事顾问的指导下,以及当地大量的施暴者的协助下,酷刑被实际执行。

这部小说与《跳房子》和《装配用的62型》一样,具有特立独行的气质,以拉丁美洲悲剧的现实为背景,故事围绕一群巴黎流亡者的生活展开。故事交织在一起,勾勒出了现实与虚构交织的确切情境,因为科塔萨尔在创作过程中将角色的发展与新闻报道并行融入小说主体。然而,无论是"左翼"读者还是"右翼"读者,对这本书的评价都不高。前者认为如此严肃的主题不应被用于文学创作,而后者则无法接受其中传递的政治讯息。

那本书是我写小说的一次尝试。因为我并不是为了写政治文学而生的,我没有连贯的政治思想;我可以看清形势,可以站在某一立场,也可以用我的方式表达自己对时局的感受。我的方式是文学化的。如果当时我写的是一本政治宣传册,那将既无意义也无效果。我尝试写一部小说,其中文学的部分保留了对我来说一切重要的东西,保留了我生活中所感受到的一切,与此同时,它还包含日常现实的存在,而要在你每天接收的信息和小说虚构的世界之间找到交会点,确实非常困难。因此,我采用了一种我个人觉得满意的方式,那就是设想小说发生在巴黎,人物来自拉丁美洲,他们每天都在阅读报纸,而他们在小说中读的报纸,正是我在写作时所读的那些报纸。也就是说,里头蕴含着当下,与现实世界完全同步。

这种做法带来了许多困难，从文学角度来说，它"是一种巨大的劣势，因为你会受到外部压力的影响；但同时它的价值在于，历史将引导你去写作，你在写作的同时也在接触现实。因此，这本书从一个特定的方式开始，逐渐像一条河流一样随地势的起伏而变化"。在作家的观点看来，这个实验导致这部作品的文学性欠佳，但在其他方面的效果却非常积极，因为这本书的最大价值主要是其意识形态的脉络展现，它甚至在实际层面上也得到了体现。正如我们之前提到的，书籍收益切实帮助了政治犯。

"正如序言中提到的，我不希望从那本书中获得任何版税。那样主题的书不应该为写它的作家带来收入。我希望将这些钱用于有益的事业，比如帮助那些在阿根廷监狱中受苦的人。因此，当书出版时，我去了布宜诺斯艾利斯。当你写了这样一本书，你就没法置身事外，你必须直面它，无论结局是好是坏。历史给我开了一个有趣的玩笑，那时恰逢坎波拉赢得了选举。"不过，无论如何，科塔萨尔到达阿根廷时，拉努塞仍在掌权。这本书从经济角度来看非常实用，因为它帮助解决了一些实际问题。最令他感动的是，这本书的版税让政治犯的律师们得以租用大巴，以便家属前往巴塔哥尼亚监狱探视。"这本书在现实生活中继续发挥着作用，这对我来说就是最大的回报。"

正如我们所说，从文学角度来看，《曼努埃尔之书》令科塔萨尔感到不满，这本书同样也让许多专业评论家和不同读者群体感到失望。对一些人来说，书中的氛围——而非情节（拉霍达小组策划绑架一名外交官的计划）——太容易让人联想到《跳房子》，但显得更加贫乏和刻板：依然是拉丁美洲人在巴黎的生活与共谋，以及知识分子的谈话。如果说《跳房子》及其氛围是黑夜中的一道闪光，那么《曼努埃尔之书》则只是白天里的一小点火花。书中人物的存在性疏离感、对情色的大胆描写（在这个故事中尤为明显）、讽刺的对话以及雅里式的荒诞哲学，都让人联想到《跳房子》，甚至可以追溯到更早的《考试》，但这些作品中所展现出的那种生命力和能量却在《曼努埃尔之书》中缺失了。这本书就像是《跳房子》，但出自一个改变了生命视角的科塔萨尔之手：一个从关注存在转向面对现实的人。

无论如何，我们不能将《曼努埃尔之书》称为失败。这本书的出版获得了法国美第奇外国小说奖，科塔萨尔将奖金捐赠给了智利抵抗运动。这本书的出版也标志着他在创作道路上的又一次进步。作家的职业生涯，和任何职业一样，充满了进步与倒退，而科塔萨尔始终不受编辑压力和时尚潮流的影响。我们已经看到，当他创作《跳房子》或《装配用的 62 型》时，他曾对这些小说是否会引起出版商的兴趣充满了疑虑。《曼努埃尔之书》在很大程度上实现了他追求的目标：文学向具体政治实践的精确转化。然而，值得注意的是，这将是他最后一部长篇小说。从此之后，他将重返短篇小说领域，在这一领域中，他始终感到游刃有余。

可以说，自从科塔萨尔多次参与罗素法庭的活动后，他自动被阿根廷当局列为"不受欢迎之人"。早在 1975 年，他 81 岁的母亲就不得不远赴圣保罗与他团聚，那时他们已经三年未见。由于科塔萨尔在布宜诺斯艾利斯的出现可能会引发 3A 党（由同样阴暗的部长洛佩斯·雷加推动的恐怖组织）的行动，威胁他的生命安全，因此他母亲选择去巴西与他会面。科塔萨尔从自愿流亡变成了被迫流亡。随着军事政权的制度化，这种关系变得更加复杂，科塔萨尔开始担心当局可能会对他的母亲和妹妹施压，正如他们对诗人胡安·赫尔曼和他的孩子们所做的，他们在魏地拉政府初期失踪,这种情况也发生在成千上万的家庭中。

科塔萨尔最常感到焦虑的事情之一,就是新政权相关派系的成员可能会对他家中的两位至亲施加伤害。他的母亲年迈多病,他的妹妹身体虚弱,无法承受巨大变故,甚至没有可能搬到巴黎。科塔萨尔一度想过让母亲和妹妹搬走,但同时他也担心此举会招致怀疑。最终,他决定暂时保持现状。他认为或许镇压组织会忽视这个事实:"我与许多朋友谈过,并收集了他们的意见。大家一致认为,在外人看来,我与母亲的关系似乎很疏远,甚至可能已经决裂;毕竟我已经将近四年没有踏足布宜诺斯艾利斯。因此,他们或许不会想到在我身上实施像对待赫尔曼那样的手段。"他在1976年9月这样对阿根廷诗人兼剧作家阿纳尔多·卡尔维拉说道。

1959年法国。与阿根廷作家阿纳尔多·卡尔维拉和奥罗拉在一起

从后来阿根廷成千上万的证言来看，科塔萨尔的担心并非毫无根据。行刑队的行动、他们在半夜或白天行动时的放纵、他们逍遥法外的程度，都预示着那些被盯上的人可能面临最糟糕的命运，毕竟这些行刑队来自军队。我们不能忘记，所有的公民权利（包括结社权、司法权、言论和行动自由权、选举权）都被彻底剥夺，成千上万的公民遭受监禁、酷刑、处决或"被失踪"。当时的政权宣称，那些"失踪者"实际上是潜逃海外的叛国者。然而，大规模屠杀的证据最终浮出水面——据奥拉西奥·贝韦斯基所言，到1978年9月中旬，90%的失踪事件已经发生。作家奥斯瓦尔多·拜尔说，这揭示了"人类的极端堕落"。

绑架和关押在秘密集中营已经司空见惯。而且，当局不仅仅会因故拘捕某些人，还会连坐到与被捕者关系密切的其他"嫌疑人"。军事政权实施的国家恐怖主义，以秘密镇压和对所谓战斗人员的肉体消灭为手段，实际上就是一种种族灭绝。魏地拉公开表示，任何反对西方和基督教文明思想的人都是颠覆分子，因此不应再拥有生命权。[1]

根据国家失踪人员调查委员会的报告，我们可以得出以下结论：

> 在20世纪70年代，阿根廷被来自极右和极左的恐怖行为所震撼，这种现象也发生在其他许多国家。例如意大利，多年来一直遭受法西斯组织、红色旅以及类似团体发起的残酷行动的困扰。然而，这个国家在任何时候都没有放弃法治原则来对抗法西斯，它通过普通法院有效地做到了这一点，

---

[1] 埃米利奥·E. 米格诺内，《反对有罪不罚：捍卫人权》（合著），伊卡里亚出版社，巴塞罗那，1998年。

为被告提供了所有法庭辩护权利的保障。在绑架阿尔多·莫罗时，一名安全部门的成员曾建议德拉基·耶萨将军，对一名似乎掌握重要信息的被拘者施以酷刑，将军回应了一句值得铭记的话："意大利可以承受失去阿尔多·莫罗的代价，但绝不能允许酷刑的实施。"

然而，在我们国家，情况并非如此：面对恐怖分子的犯罪行为，武装部队以一种更为可怕的国家恐怖主义予以回应。从1976年3月24日起，他们依靠国家绝对权力的支持和庇护，绑架、折磨并杀害了成千上万的人。

我们的委员会并不是为了审判而设立的，因为那是法官的职责。我们的任务是调查这些在国家历史上黑暗岁月中失踪者的命运。然而，在收到数千份声明和证词，核实并确定数百个秘密拘留场所的存在，积累了超过五万页的文件之后，我们确信，军事独裁制造了我们历史上最严重、最野蛮的悲剧。尽管我们必须等待司法部门的最终裁决，但我们无法对所听到、读到和记下的事实保持沉默；这些事实远远超出了普通犯罪的范畴，已经达到了反人类的恐怖程度。所有伟大宗教和崇高哲学在经历千年的苦难后所建立的伦理原则，被所谓失踪手段及其后果无情地践踏并残忍地否认了。这种方法在军事政府上台之前就已有尝试（在图库曼的"独立行动"中）。它不同于其他国家的惯用手法，完全是在秘密状态下操作的；它逮捕人员，随后使其失踪，并且在官方层面一直顽固地拒绝承认相关机构的责任。其实施期漫长，覆盖面宽广，且不局限于大城市中心，它遍及全国各地。[1]

---

1 《永不再犯》，序言，布宜诺斯艾利斯大学出版社，布宜诺斯艾利斯，1985年。

在那种情况下，科塔萨尔的极端谨慎十分合理，同样可以理解的是，他反对独裁统治，但没有必要冒无谓的风险。作为一个有责任感的知识分子，他的作用在于保持行动自由，从而有效发挥批判作用，这要求他避免做出那些引人注目，但实际效果不佳且风险更大的举动，例如，他拒绝了阿根廷作家兼电影导演奥斯瓦尔多·拜尔曾向他提出的建议。

拜尔的提议邀请一些作家、记者和流亡知识分子一起包机，在魏地拉将权力移交给比奥拉的那天飞往布宜诺斯艾利斯。这趟航班的费用由德国福音派教会赞助。参与者不仅包括拉丁美洲作家，如拜尔本人、奥斯瓦尔多·索里亚诺、胡安·鲁尔福或卡洛斯·加贝塔，还包括一些欧洲作家，如已经同意参与的君特·格拉斯。这个计划的意图是让满载著名作家和国际媒体代表的包机降落在布宜诺斯艾利斯。如果他们成功降落并通过移民检查，布宜诺斯艾利斯的福音派教会将接待他们，并为搭乘航班而来的作家搭建宣传平台。虽然军方有可能关闭教堂，或封锁教堂所在的埃斯梅拉达街，但这项提议正是要通过这种方式，向世界展示阿根廷国内正在发生的事情。

"当我说完所有细节并回答了问题后，"奥斯瓦尔多·拜尔回忆道，"我们都看向科塔萨尔，期待他发表意见。他回答说：'我不想被一枪打死。'我们感到有些冷场，但他接着解释说，他已经为拉丁美洲做了很多事情，他在尼加拉瓜、危地马拉和墨西哥投入了大量精力，实在不想放弃那些工作。"[1] 最终，这个计划未能实施。

确实如同我们所提到的，科塔萨尔多年来一直全身心投入拉

---

[1] 爱德华多·蒙特斯·布拉德利，《奥斯瓦尔多·索里亚诺：一幅肖像》，诺尔玛出版社，布宜诺斯艾利斯，2000年，第70页。

丁美洲的政治事业，这种投入几乎持续到他生命的最后时刻。他逐渐开始拒绝美国和欧洲的大学以他的作品和文学分析为主题的活动邀请。与此同时，他显著增加了对有关人权保护及揭露国家压迫制度的论坛的参与。1979年，他向他的朋友海梅·阿拉斯拉基坦白了一件早在十多年前就已显而易见的事实：对他而言，文学暂时退居次要地位。

科塔萨尔日益加深的政治参与是由什么背景推动的？他如何承担这种政治责任？除了智利、阿根廷和乌拉圭（乌拉圭自博达贝里总统上台后经历了剧烈动荡，而1976年至1984年的军事独裁更使局势雪上加霜），尼加拉瓜问题也成为他关注的重点。科塔萨尔对"尼加拉瓜人"（nicas）的支持是其中的重要部分。

在1936年至1979年间，尼加拉瓜由索摩查家族统治，这个家族仿佛将国家视为他们的私人庄园。该独裁政权以强硬手段压制任何反对的声音，同时索摩查家族及其附属团体控制着经济资源，特别是糖和咖啡，甚至还在工业和公共交通中牟取私利。然而，几桩关键事件引发了民众的反抗情绪，其中包括毁灭性地震对马那瓜的打击。这场地震暴露了索摩查家族的无尽腐败，他们侵吞了地震后收到的大量国际援助款。此外，对记者佩德罗·华金·查莫罗的暗杀事件也成为反抗的导火索之一。这些因素共同促成了由桑地诺民族解放阵线领导的大规模民众起义。1979年至1980年，新政权的主要领导人是丹尼尔·奥尔特加、托马斯·博尔赫和埃内斯托·卡德纳尔。他们推行了对包括索摩查家族财产在内的国有化政策，接管了银行业，并迅速推行土地改革，将土地重新分配给广大的农民群众。

从革命运动一开始，科塔萨尔就感到自己与之有着深厚的共鸣。他认为，尼加拉瓜可以沿袭古巴模式，摆脱人的剥削，最终成为一个所有公民共享财富的真正民主国家。但特别值得一提的是，科塔萨尔相信自己可以帮助尼加拉瓜避免某些可能出现的令人不安的"错误"，例如哈瓦那曾发生的对同性恋者和知识分子的迫害——这些都是古巴不幸犯下的错误。科塔萨尔希望通过自己的努力，协助尼加拉瓜避免重蹈覆辙。

在这个背景下，尼加拉瓜的模式也引起了美国的不满，尤其是其领导人坚持穿着橄榄绿的军装公开露面，更激怒了美国，这导致了华盛顿方面的施压，以及美国海军陆战队入侵的持续威胁。科塔萨尔认为，尼加拉瓜破局的关键在于再次动员国际舆论就此发声，尤其是在里根政府开始为反桑地诺民族解放阵线游击队提供经济支持后，形势变得更加紧迫。这支反政府武装在边境地区施加压力，不断进行骚扰，最终引发了全国范围内的内战。

因此，尼加拉瓜成为科塔萨尔最为紧迫的关注之一。他的忠诚，再次如同他对智利和阿根廷问题的承诺一样，体现在他为这些国家而进行的斗争。他以尼加拉瓜声援委员会成员或人民法庭（罗素法庭的延伸）成员的身份，参加了各种旅行和声援活动（包括前往尼加拉瓜、意大利、墨西哥、美国和西班牙）。

另一种反对途径是通过《无审查》杂志，该杂志由科塔萨尔本人、卡洛斯·加贝塔、伊波利托·索拉里·伊里戈延和奥斯瓦尔多·索里亚诺发起，办公地点设在巴黎，并具有国际影响力。它并非传统的宣传小册子，而是尝试成为一个"从民主视角进行分析与批判性反思"的文集，旨在从美国传播到阿根廷，在独裁统治的国家中发行，发行途径为工会相关的地下渠道。被邀请参与的有雷吉斯·德布雷、埃内斯托·卡德纳尔、君特·格拉斯、胡安·米罗、阿尔弗雷德·卡斯特勒、洛朗·施瓦茨、胡安·博斯、加夫列尔·加西亚·马尔克斯、奥洛夫·帕尔梅、霍尔滕西亚·布兹·德·阿连德,以及诺姆·乔姆斯基等人。然而,从第三期开始,该出版物开始面临严重的资金问题,尽管暂时得到了解决,但该项目最终还是失败了。

我们应当记得,科塔萨尔是一个生活在旅途中的人,他常常刚到巴黎,就又必须马上起程前往罗马或巴塞罗那。他在火车上撰写政治性文章,并寄往各国杂志,而在他内心深处,他怀念那个可以专注自身并前往阿瑟纳尔图书馆的遥远时期。此时的他已经六十四五岁了(留了六七年的胡子),尽管高强度的工作并未让他疲惫不堪,但他开始感到力不从心。

在1979年5月至1981年3月期间,有时仅相隔一两周,他就要前往波兰、意大利(博洛尼亚的人民法庭)、委内瑞拉、古巴、美国、加拿大、西班牙,然后再返回意大利,这样的旅程漫长、曲折且无尽。

《八面体》,包含八个短篇小说,于1974年出版。几个月后,他又出版了《方托马斯对抗跨国吸血鬼》和《西尔瓦兰迪亚》。其中,第一部是一本漫画,虚构与现实在其中交织,并且出现了如奥克塔维奥·帕斯、苏珊·桑塔格、阿尔贝托·莫拉维亚以及科塔萨尔本人等角色。罗素法庭成为抵抗帝国主义政策的伦理象征,推行这些帝国主义政策的人物主要有美国统治者尼克松、福特、基辛格,以及当时拉丁美洲独裁者如智利的皮诺切特、巴拉圭的斯特罗斯纳和玻利维亚的乌戈·班塞尔等。《西尔瓦兰迪亚》则是配合他朋友胡里奥·席尔瓦的图像创作的文本。

《八面体》得到了评论家和读者的高度赞扬,尤其是西班牙读者,他们第一次见证了这位作家的作品在西班牙的同步发行。《八面体》中收录了诸如《哭泣中的莉莲娜》、《口袋里找到的手稿》、《就在那里，但究竟是哪儿，又是怎么》和《小黑猫的喉咙》等意义深远的短篇小说，这标志着在《最后一回合》之后，科塔萨尔再次回归了纯粹叙事的形式和结构。

这些小说的共同目的都是为了探索叙事，并从前作《万火归一》中的一些预设中寻找线索：过渡、追寻、荒诞、梦境及超越。《夏天》里那匹试图进门的马、祖尔玛和马里亚诺以及那个关门的女孩，《口袋里找到的手稿》和《小黑猫的喉咙》中的地铁世界——这是该书中最精彩的作品。那个通过车窗探寻微笑或目光的角色，或者那个沿着车站（巴克大街站、蒙帕纳斯—比耶维纽站、法尔吉埃站、巴斯德站、志愿者站、沃吉拉站、国民议会站、凡尔赛门站[1]、科兰丁·塞尔顿站）用手指玩游戏的另一个角色，他们之间存在着不可预知的空间；与陌生人之手和其他手指纠缠在一起的叛逆手指，卢乔和蒂娜的手指，罗杰夫人的手指，最后在故事的辉煌结局中，它们紧密相连，这是科塔萨尔最出色的作品之一。

1976年即将结束时，科塔萨尔又一次踏上了旅程，这次前往肯尼亚。这一年同样被旅行塞满（哥斯达黎加、古巴、牙买加、特立尼达、委内瑞拉、墨西哥、德国等，还有瓜德罗普岛），正如我们之前提到的，他参与了更多以政治，而非文学为主题的国际论坛。此外，他与卡尔维利斯的恋情已不再像过去那样充满激情和默契，而是进入了一个适应期。可能是因为卡尔维利斯在那些年对酒精的依赖越发严重，这导致他们之间的关系变得明显紧张

---

[1] 科塔萨尔没有提到过这一个车站。

起来,且两人渐行渐远。此时的科塔萨尔感到情感缺失,并在任何能够给予他满足的人那里寻求慰藉。比如,在这一时期,他与荷兰摄影师曼雅·奥弗豪斯保持了恋爱关系,并在她的一本摄影书《秘鲁高地》[1]中贡献了一篇片段式的文字。

卡尔维利斯的性格相当强势,这也加剧了他们之间的矛盾。科塔萨尔的朋友,乌拉圭作家克里斯蒂娜·佩里·罗西谈到卡尔维利斯时说:"胡里奥希望我能认识她,虽然他警告我说:'乌格涅非常善妒。她会恨你的。别指望在法国发表作品了吧,她会阻挠的。'我们见面的那晚相当尴尬。胡里奥邀请我在巴黎观看我们最喜欢的歌剧《图兰朵》,这个版本是由一个著名的小矮人剧团表演的(除了主角是正常身高)。他在乌格涅的陪同下出场。他们之间的不自在显而易见,我想胡里奥是为了避免冲突而做出了让步。我试图安抚乌格涅,但我意识到问题由来已久,而我只是当时矛盾的表现之一。他们之间没有交谈,无论是在演出前、演出中,还是演出后我们去咖啡馆。那天晚上巴黎非常冷,剧团的成员们也在咖啡馆里取暖,不得不说,这多少让胡里奥还有我感到轻松了一些,因为他们之间的紧张关系真的非常不健康。像大多数抑郁症患者一样,我问了一个不该问的问题:'我到底对这位女士做了什么,她为什么这么恨我?'正确的问题应该是:'这位女士发生了什么事,她为什么这么恨我?'"[2]

---

1 该书于 1984 年在新形象出版社出版。科塔萨尔的文字与奥弗豪斯的照片并非平行对照的关系,奥弗豪斯的照片展现了秘鲁女性艰难的日常生活风貌,而科塔萨尔的文字有着自己的脉络走向。这与多年前他为阿莱西奥·德·安德拉德的《巴黎,一座城市的节奏》一书所做的合作属于同一类型,该书于 1981 年由埃达萨出版社出版。

2 克里斯蒂娜·佩里·罗西,《科塔萨尔:我们共同的国度》,欧米伽出版社,巴塞罗那,2001 年,第 56 页。

克里斯蒂娜·佩里·罗西坦言，有一次当她不得不流亡巴黎时，她向卡尔维利斯求助，但被拒绝了。她说："胡里奥当时在巴西，秘密探访他的母亲（我们之前已经提到科塔萨尔1975年去圣保罗的旅行）。我按照胡里奥从巴西给我的建议，打电话向她求助。我当时是一个没有身份证的政治流亡者，被三个国家的移民警察追捕。我打电话给乌格涅，但她非常冷淡：'如果你有问题，就自己解决。'她说完就挂了电话。"[1] 在这一点上，多方一致认为，卡尔维利斯是一个性格强硬且难以相处的人。科塔萨尔本人在多封写给朋友的信中也表达了这种观点。

科塔萨尔与卡罗尔·邓洛普的第一次相遇是在1977年，地点是蒙特利尔，当时科塔萨尔正参加一个国际作家会议。对于科塔萨尔对卡罗尔的深情，最好的见证莫过于《宇宙高速驾驶员》的后记。其中每一个字、每一句话、每一个回忆都充满了情感的撕裂和痛苦——邓洛普未能看到这本书的出版，这本书是由"小熊"和"狼"共同创作——这投射出了在他们五年共同生活中，邓洛普对科塔萨尔的重要意义。

卡罗尔·邓洛普1946年出生于美国，曾离过婚，酷爱文学和摄影（她在1980年出版了小说《镜中的梅拉妮》，这部小说至今未被翻译成西班牙语），有一个九岁的儿子斯蒂芬·艾伯特。邓洛普在外貌和性格上与卡尔维利斯截然不同，或许更接近于奥罗拉。她填补了科塔萨尔与乌格涅·卡尔维利斯之间的感情空白。尽管科塔萨尔与卡尔维利斯的关系并未彻底结束，因为乌格涅是他的文学经纪人，这种角色要求他们定期交流，然而这种交流既频繁

---

[1] 克里斯蒂娜·佩里·罗西，《科塔萨尔：我们共同的国度》，欧米伽出版社，巴塞罗那，2001年，第57页。

胡里奥与卡罗尔在一起。卡罗尔，昵称"小熊"，她比"狼"胡里奥小 32 岁

又困难。

在加拿大相遇之后，科塔萨尔在返回巴黎后不久便采取了更为果断的行动。他以邓洛普在蒙特利尔读给他听的一个故事《镜子与反射》为借口，于 1977 年 11 月底用法语写了一封信。在信中，科塔萨尔提议，他们应该在同一个地方并行创作，没有人知道确切的原因是什么。信中多少有些含蓄地邀请她搬到巴黎住一段时间，这样"我们可以每周见面两三次，选择主题，交换观点，然后写出各自的一篇或多篇文章"[1]，这样就有可能搞出一本双语作品集。一个人只要不是单纯得过分，就不可能看不出话语间隐含

---

[1] 奥罗拉·贝纳德斯，《1969—1983 年的信件》，阿尔法瓜拉出版社，马德里，2000 年，第 1628 页，内容取自胡里奥·科塔萨尔写给卡罗尔·邓洛普的信，日期为 1977 年 11 月。

在探讨文学和叙事之外的更为直接的情感表达。

从在魁北克的相遇开始，邓洛普强烈吸引着科塔萨尔，而科塔萨尔对她也是如此。到了1978年3月，科塔萨尔与乌格涅的分手已经成为事实。与此同时，科塔萨尔与邓洛普（"一只可爱乖巧的小熊"）在圣奥诺雷公寓的同居生活也成为事实。

《有人在周围走动》出版于1977年，收录了11个新短篇，其中包括《光线变换》、《您在你身边躺下了》、《索伦蒂纳梅启示录》、《与红圈的会面》以及《"黄油"之夜》等。我们认为这本书完全代表了当时科塔萨尔作品的风貌。一方面，书中保留了他根深蒂固的政治意识形态，另一方面，也表现了他那些超越普通人视角的感知，而这种超越往往通过幻想表达。

书中的一些短篇，比如与书名同名的《有人在周围走动》，讲述了一个反卡斯特罗的反革命者从美国返回古巴实施破坏的故事；《索伦蒂纳梅启示录》通过照片引发的奇幻机制（不可避免地让人联想到《魔鬼涎》），探讨了另一种现实的假设，这种现实潜伏着并威胁着尼加拉瓜小群岛索伦蒂纳梅社区的去留。两个故事都将科塔萨尔的意识形态与其文学表达和谐地结合在一起，使他能够进行明确的批判，同时又不放弃其独特的叙事风格。其他故事，如《与红圈的会面》或《"黄油"之夜》，则让我们回到了那个更专注于生活而非仅仅作为见证的作家。

在《与红圈的相会》中，他再次探讨了吸血鬼主题，或者说禁地的闯入者如何将自身置于悲剧之中。这一主题从《被占的宅子》到《夏天》，再到《公共汽车》和其他许多故事中都有所涉及。《"黄油"之夜》则将科塔萨尔再次带入拳击世界，但这次的视角是从舞台上的次要角色出发，而不是像在《小公牛》中那样通过主角的内心独白来展现拳击背后那凄惨的世界。《光线变换》则描绘了电台演员蒂托·巴卡塞尔与他的听众兼崇拜者卢西亚娜之间的相遇和错失，这篇文章通过书信的形式探讨了角色及其环境的塑造（卢西亚娜在蒂托眼中的形象），以及对现实的强制扭曲。

胡里奥·科塔萨尔和卡罗尔·邓洛普共同度过的岁月对双方来说都是一种安慰。尽管旅行仍是他们生活的一部分，但其中的匆忙和眩晕感有所减弱。科塔萨尔决定拒绝他每月收到的数十份邀请，以便更专注于自己的工作，同时他并未忽视自己的政治活动，但他尤其渴望重新找回自己所怀念的文学创作的节奏。他选择了更加谨慎地安排时间。

1979年夏天，胡里奥和卡罗尔在马略卡岛的德亚小镇与他旧时的朋友克拉丽贝尔·阿莱格里亚和她的丈夫巴德·弗拉科尔共度了一段时光。巴德是一位独特的美国人，专门修复岛上的老房子和旧磨坊，然后再卖给外国人。曾在巴黎与科塔萨尔相识的秘鲁作家卡洛斯·梅内塞斯当时就住在马略卡岛，他在多次前往德亚的旅行中与科塔萨尔相遇。梅内塞斯回忆道："我在科塔萨尔70年代来到马略卡后，开始更加了解他。他喜欢这个地方，并多次返回。他在这里拥有朋友。他更喜欢乡村而不是城市，所以他最终选择在德亚隐居，在那里他大部分朋友都在，其中包括罗伯特·格雷夫斯。他的沉稳和优雅的教养令人惊讶。在交谈中，他从不喧宾夺主，总是让别人先说话，并回答所有问题。他的语气温和，对刚认识的人也充满了善意。他毫无保留地谈论他想写的故事主题，还会分享他对1968年'五月风暴'、古巴革命、共产主义思想扩展的可能性以及美国在第三世界扮演的'食人魔'角色的看法。"[1]

在西班牙度过的那个夏天，科塔萨尔成了某家八卦杂志《国际视角》的一些摄影师的目标，他们用长焦镜头拍摄科塔萨尔。他们的咄咄逼人和持续的侵扰让科塔萨尔非常恼火。正如卡洛斯·梅内塞斯所说："我最后一次见到他是在1979年。他刚刚出版了《某个卢卡斯》，我很想与他谈论这本书以及他接下来要写的东西。我在萨尔瓦多诗人克拉丽贝尔·阿莱格里亚的家里见到了他，在德亚这个充满魅力且国际化的小镇。我们不仅谈到了那本书，还谈到了他在马略卡岛的经历，这是他第四或第五次来这里。他对一些摄影师非常不满，因为他们表现得极其不礼貌，一直追拍他和他的加拿大妻子卡罗尔。他告诉我，他不喜欢被那些不了解他作品的人采访，因为他觉得那是在浪费时间。他答应为我当时主编的一本杂志写一篇文章，但最终没有实现，因为他太忙了。我一直关注着他的创作，希望能再次在马略卡岛见到他，聊聊他写的所有新东西，但这再也不可能了。他没有再回来。"[2]

次年2月，胡里奥和卡罗尔前往古巴，计划之后再前往尼加拉瓜。卡罗尔之前从未到过古巴，非常渴望探索这座岛屿。然而，胡里奥希望尽量低调，不要像以往那样引人注目。他希望像往常一样表达他的支持，但也希望找到一种低调的方式，避开公开露面和那些烦琐的社交活动，以免过于疲惫。他希望摆脱那种每次上岛都会重复的会面，找到一种平衡，既能满足他带卡罗尔欣赏古巴风景和生活的愿望，又不过度暴露在公众视野中。为此，他曾向艾蒂·桑塔玛丽亚[3]讲述，如果那段日子里他和卡罗尔可以各

---

1 直接采访，马略卡岛，2000年11月。
2 同上。
3 艾蒂·桑塔玛丽亚在同一年，即1980年自杀。

1979年与克拉丽贝尔·阿莱格里亚在一起。胡里奥多次拜访这位萨尔瓦多诗人和她的丈夫巴德·弗拉科尔在马略卡的家

自拥有一辆自行车，可以悠闲地骑行在哈瓦那的街区，那该有多好啊。

这次旅行的中后段非常顺利，一开始却很糟糕，而且本可能一直糟糕下去，幸好在哈瓦那有一位神经科医生及时伸出援手。

在从巴黎飞往马德里的航班上，卡罗尔突然坐骨神经痛发作，这是她在短时间内第二次发作。这种疼痛不仅令她非常痛苦，也给旅行带来了极大不便。由于坐骨神经支配着大腿和小腿肌肉，她不得不尽量保持静止，这完全在旅行计划之外，使得从马德里到哈瓦那的旅途变得异常艰难。当他们终于抵达何塞·马蒂机场，并经过了爬楼梯、转机和安检等过程后，卡罗尔终于可以在酒店休息了。三天后，她康复了。

科塔萨尔在古巴的巨大知名度，使得他们的隐私总是得不到完全的尊重，尽管如此，这一周的停留也让两人度过了一段相对私密的时光。在哈瓦那，他们自由漫步于城市街道，在马勒孔海滨大道前停留，欣赏大海——这是胡里奥最喜欢的地方之一；他们也去了中央公园，并沿着哈瓦那老城那些19世纪风格的酒店散步，傍晚时分在大教堂广场半明半暗的拱廊下漫步，甚至可能走到莫罗城堡，或一路参观到希拉尔迪利亚。在此之后，他们前往尼加拉瓜，在那儿逗留了两周。在马那瓜，他们参与了扫盲和卫生委员会的组织工作，了解了该国在索摩查政权倒台后的重建进展，并收集了相关材料（卡罗尔拍摄了一系列照片）。他们计划在回到巴黎的新住所——马泰尔街4号——后，将这些材料整合到对这个小而贫困的中美洲国家的声援计划中。

《某个卢卡斯》于1979年出版。该书结构分为三部分，包含数十个篇章，有些非常简短。虽然它可以被称为一本短篇小说集，但它并不完全符合传统意义上的短篇小说集。它介于《克罗诺皮

马泰尔街4号门厅的内部

奥与法玛的故事》和科塔萨尔早期的短篇小说集之间,并与他的一些有趣作品如《八十世界环游一天》和《最后一回合》有着明显的渊源。

我们说它不是一个标准的短篇小说集,并不意味着降低它的价值或吸引力,因为它诞生之初就带上了一种截然不同的意图,比其他叙事作品更模糊,也更轻松。书中的文本简洁,有时充满私密感和自传色彩,甚至带有讽刺意味,而贯穿文本始终的是卢卡斯这个角色,他是科塔萨尔的另一个自我。比起他的其他作品,通过这些文本，我们更清楚地看到科塔萨尔对世界的独特看法，其中充满了荒诞。《某个卢卡斯》是一次对科塔萨尔精神敏锐性的探索。这本书充满了直接面向读者的挑战，侧重于游戏性，并意图激发读者的思考和观点。然而，这本书的出版并未受到广泛认可。只有部分评论家，尤其是那些无条件支持科塔萨尔的评论家，表现出了温和的热情。其他评论界人士则认为，这充其量是一部平庸之作，可能因为它的性质不够明确。许多读者也同意这一判断。总的来说，公众批评这本书缺乏他其他作品中所蕴含的活力和动感，认为它更像一本年鉴，而不是他以往那种充满生命力的文学作品。

尽管科塔萨尔对旅行目的地进行了筛选，但接下来的 17 个月里，他仍然辗转于意大利、美国（纽约、华盛顿和加利福尼亚）、加拿大（蒙特利尔）、墨西哥和法国巴黎之间。虽然他越来越多地投身于政治活动，文学创作的时间相应减少，但值得注意的是，无论如何，科塔萨尔依然为自己的小说找到了一些时间。1980 年，他除了为朋友路易斯·托马塞洛的书《三的颂歌》写了一篇充满诗意的反思性文本外，还完成了一部新的短篇小说集《我们如此热爱格伦达》。

这本书包含十个故事，分为三个部分，用罗马数字编号，每个部分都没有标题。其中一些篇目为《我们如此热爱格伦达》、《猫的方向》、《剪报》、《回归的探戈》、《涂鸦》和《我给自己讲的故事》。这些故事的核心都被科塔萨尔特有的"地图学"所浸染，这种地图学表面上涉及梦境、时间、音乐或猫（如阿拉娜、奥西里斯和含羞草），但在更深层次上，它触及了对现实的批判性探讨和伦理记录。例如，《剪报》探讨了阿根廷军政府在魏地拉独裁时期实施的酷刑，这些酷刑在时空上被移植到了一个具有莫泊桑风格且带有奇幻色彩的巴黎。正如我们所提到的,军方的残酷灭绝策略包括消灭受害者,甚至消灭其亲属或朋友。

在这部小说集中,科塔萨尔再次探索现实的裂隙,并揭示了现实与幻想之间的模糊界限,从而造成一种混淆,使我们脚下的土地不再稳固。在《我给自己讲的故事》中,像沃尔特·米蒂和迪莉娅这样的角色在梦幻的视野中相遇,这种梦幻取代了可验证的现实层面;在《我们如此热爱格伦达》中,格伦达·加尔森的追随者通过操控她的电影,试图延续她作为女演员的神话——当格伦达·加尔森决定重返银幕时,他们选择消灭她。这一主题在下一本书《不合时宜》的另一个故事《漂流瓶》中,格伦达迎来了故事的尾声,但此人已经是格伦达·杰克逊。[2] 有人指出,科塔萨尔在这本书中表现出了对"静止"的迷恋,正如马尔瓦·E.菲勒所强调的那样。与《美西螈》中的双重生活不同,科塔萨尔在这里选择了趋向于死亡的消极状态。同样,我们也看到科塔萨尔在《莫比乌斯环》中展示了一种粗糙的现实主义风格,他面对事件、面对存在、面对选择时,恰恰是通过表面上的犹豫不决来进行解决。科塔萨尔并不是怀疑恐怖,而是他对人类在面对恐怖时的本体性行为,以及受害者和施害者之间角色的轻易转换产生了怀疑,这在《剪报》和《莫比乌斯环》中表现得尤为明显。

---

1 再次提到偶然与非偶然的巧合话题:格伦达·杰克逊出演了一部名为《跳房子》的电影。这是一部间谍片,其中杰克逊必须杀死《跳房子》的作者。更巧的是,科塔萨尔在德黑兰的一家书店里发现,这部电影所改编的小说封面上有一个腰封,上面写着"《放大》的作者"。
2 奥罗拉·贝纳德斯,《1969—1983年的信件》,阿尔法瓜拉出版社,马德里,2000年,第1730页,内容取自胡里奥·科塔萨尔写给埃里克·沃尔夫的信,日期为1981年7月。

胡里奥对猫的喜爱源于他在班菲尔德的童年

他对摄影的热爱在一些短篇小说中有所体现,并始终伴随他左右

胡里奥和卡罗尔决定在1981年的夏天过得平静一些，远离各种事务，这是他们在经过一段辛苦的工作后应得的休息。实际上，这也是为即将到来的秋冬季节积蓄力量，那时他们将再次投入古巴和尼加拉瓜的巡回工作，而且这次还将加入波多黎各的行程，想想就知道会有多疲惫。

为了度过这段用于恢复的平静时光，他们选择前往普罗旺斯的艾克斯市。赛尼翁的房子被乌格涅·卡尔维利斯占据，科塔萨尔在与她分手后将房子送给了她，而自己则更愿意远离那里。"很明显，尽管我努力维持一段可能很好的友谊关系，但她的反应和为人使这一切化为泡影。"作家在信中向埃里克·沃尔夫坦白，并继续说道，"我决定不再回赛尼翁，我不想陷入她试图在我们之间制造的那种矛盾之中。"[1] 因此，胡里奥决定租一位朋友的房子，地点就在他非常喜欢的同一片区域，同时又与他的旧居保持距离。

他们租的房子就在艾克斯附近。他们每周会驾车去城里一两次，采购食物，在街道上散步，并在某个露台上喝咖啡。艾克斯是个大学城，每逢冬天就会聚集许多大学生，但到了暑期人烟又变得稀少，这个地方便成为悠闲漫步的好去处。之后，他们回到被松树环绕的房子，在那里享受安宁。只是这份宁静偶尔会被"法兰绒"和周围其他猫咪为争夺领地而打闹的声音打破。

在7月，邓洛普的儿子斯蒂芬与他们住在一起。到了8月，他的父亲弗朗索瓦·赫伯特和他的伴侣来接斯蒂芬，并带他一起返回蒙特利尔，于是胡里奥和卡罗尔恢复了隐居生活。那些日子

---

[1] 奥罗拉·贝纳德斯，《1969—1983年的信件》，阿尔法瓜拉出版社，马德里，2000年，第1730页，内容取自胡里奥·科塔萨尔写给埃里克·沃尔夫的信，日期为1981年7月。

里，一则来自中美洲的噩耗令他们震惊：巴拿马领袖奥马尔·托里霍斯在一场所谓空难中丧生，后来它被证实为暗杀。胡里奥和卡罗尔曾在巴拿马与托里霍斯有过接触。当时，他们在首都中心地带被抢走了随身携带的所有物品，托里霍斯邀请他们留下，直到解决了因护照和其他文件丢失而引发的一系列问题。

正是在8月初，这对夫妻决定写一本书，内容是一次从马赛到巴黎的非传统旅行，他们计划每天在两个停车场停留，全程不离开高速公路。"法夫纳"将成为其中的重要角色，因为他们几乎将在那辆红色的大众车上度过32天的时间，在里头生活、烹饪、休息和移动。书由两人共同创作，并使用两种语言撰写。

8月9日，他们制订好了计划。科塔萨尔那种充满趣味的创作手法再次展现出来。该书的法语标题为《从马赛到巴黎的小停车场之旅》，风格延续了《八十世界环游一天》和《最后一回合》的叙事语调。这是对作家儿时深受人们喜爱的年鉴的一次新的致敬。然而，尽管他们对所需的食物和丁烷气瓶进行了精确的计算和准备，这一计划最终还是不得不推迟。胡里奥突然感到不适，他将这种不适和持续的疲劳归因于几周前患上的感冒，以及一系列反复发作的头痛，他因此发烧了好几天。然而，情况越来越糟。胃部的不适让科塔萨尔隐约觉得这可能是溃疡。但不适感越来越强，以至于到了8月中旬，在他即将庆祝67岁生日的前几天，他遭遇了最初被认为是胃出血的症状。结果，卡罗尔惊恐地发现他昏倒在血泊中。被送往艾克斯的医院后，医生确定科塔萨尔的头痛和长期服用阿司匹林之间有着密切的关系，并将此次出血归因于阿司匹林的过度使用。当胡里奥在医院的病床上恢复意识时，卡罗尔·邓洛普是这样告诉他的。

胡里奥在普罗旺斯的艾克斯医院住了不到一个月。前五天，他在特殊护理要求下，接受了紧急及全面的检查；接下来的三周，他在重症监护室外的普通病房休养。在此期间，他接受了一次至关重要的输血，"超过30升的血液（对于一个经常研究吸血鬼学的人来说，倒不算坏，因为我不认为德古拉伯爵可以在五天内喝30个人的血，但我对伯爵表示完全的尊重）"[1]，他在出院后写信给海梅·阿拉斯拉基时这样说道。康复后，胡里奥和卡罗尔在让和拉奎尔·提尔瑟兰家里住了几天，他们家位于艾克斯附近的瑟尔村。提尔瑟兰夫妇是胡里奥的好朋友，丈夫是一位法国诗人，妻子是一位在艾克斯大学任教的西班牙教授。在他们家，胡里奥继续着康复过程。

据奥罗拉·贝纳德斯所说，她从一开始就知晓内情，这次所谓的胃出血其实是导致他在两年半后去世的疾病的第一个症状。在艾克斯医院，他被诊断出患有慢性粒细胞白血病，这种疾病的特征是在血液和骨髓中存在携带费城染色体的粒细胞。正如前面提到的，邓洛普选择隐瞒这一诊断结果，没有告诉胡里奥。众所周知，白血病与感染性出血症状密切相关，异常细胞在所有器官中扩散并大量增殖，影响骨髓、淋巴结和脾脏。从1981年起，科塔萨尔的病情逐渐显示出明显而又戏剧性的症状：极度疲劳、食欲不振、低烧、夜间盗汗、腹胀。贝纳德斯的判断得到了血液学家沙西尼厄医生的确认，他在巴黎跟踪了胡里奥的病情和治疗。同样，作家的私人医生埃尔维·埃尔马莱赫医生，以及巴黎圣拉扎尔医院胃肠病科的莫迪利亚尼医生也对此做出了相同的诊断。

---

1 奥罗拉·贝纳德斯，《1969—1983年的信件》，阿尔法瓜拉出版社，马德里，2000年，第1742页，内容取自胡里奥·科塔萨尔写给海梅·阿拉斯拉基的信，日期为1981年9月。

胡里奥在从艾克斯回到巴黎后，会定期在这家医院接受治疗。[1]

于是，在9月，卡罗尔和胡里奥回到了巴黎，胡里奥被迫静养。两人决定尽量将病情保密，仅仅对外宣称为胃出血，以避免引起媒体的关注，这种关注若传开来会让胡里奥感到不悦。他们不仅取消了原本的马赛—巴黎之行，还不得不取消前往古巴、尼加拉瓜和波多黎各的加勒比海之旅，并接受现实：作家需要定期检查白细胞，因为他的白细胞数量"像兔子一样迅速繁殖"。

随着时间的推移，他们逐渐形成了一种松散的日常生活节奏，主要包括阅读、为西班牙的埃菲社撰写文章，以及几乎不间断地收听来自中美洲和古巴的新闻。美国总统罗纳德·里根推行的对外政策异常强硬，对那些选择独立于美国影响之外而走自己的道路的拉丁美洲国家来说，这意味着未来相当艰难。特别是尼加拉瓜，它有可能遭受入侵，至少美国政府对反桑地诺主义和反卡斯特罗主义的准军事组织提供的无条件支持越来越多，相较美国前任总统吉米·卡特时期，这些组织在里根政府的鼓动下更加好战。

这几周里，有人（如埃莱娜·普鲁托）请求将小说《跳房子》改编为戏剧，另外这部小说在其西班牙语版出版20年后，终于被翻译成德语；在此期间，科塔萨尔终于获得法国国籍，享有作为

---

[1] 其他传记研究者认为，那次输血可能使科塔萨尔感染了艾滋病。佩里·罗西也表达了类似的观点："胡里奥所患的病当时还没有被确诊，没有特定的名字，当时被称为免疫防御功能丧失症。……其特征是白细胞异常增加、皮肤出现斑点、腹泻、疲劳、机会性感染，最终导致死亡。1983年11月，在巴塞罗那，胡里奥非常担忧他的病情，他给我看了他舌头上的一个黑斑，那是卡波西氏肉瘤。"（克里斯蒂娜·佩里·罗西，《科塔萨尔：我们共同的国度》，欧米伽出版社，巴塞罗那，2001年，第13页。）戈卢博夫也提到了这种可能性，但他倾向于认为科塔萨尔所患的是白血病。

1981年，在马泰尔街，位于塞纳河右岸。这是他最后的住所

法国公民的全部权利和义务。但这些都不足为道。12月里最值得一提的是，在经历了几年同居生活后，科塔萨尔和卡罗尔在圣诞节前十天结婚了。在艾克斯医院输血后，科塔萨尔耐心地等待着他所认为的可能出现的轻度肝炎，并将其视为相对较小的问题。

"也许你会觉得奇怪，"科塔萨尔在给他母亲的信中写道，"考虑到我几乎是卡罗尔年龄的两倍，但在一起生活了将近四年，并经历了各方面的各种考验之后，我们彼此非常笃定，我非常高兴这段关系可以合法化，将来这对卡罗尔的命运也会有所帮助。"[1] 然

---

1 奥罗拉·贝纳德斯，《1969—1983年的信件》，阿尔法瓜拉出版社，马德里，2000年，第1754页，内容取自胡里奥·科塔萨尔写给埃米尼亚·德斯科特·德·科塔萨尔的信，日期为1981年12月。

而，他完全没有预料到，36岁的卡罗尔在12个月后会罹患一种致命且不可逆转的疾病，并于1982年11月去世。

1979年，普罗旺斯的屈屈龙。让·提尔瑟兰的家。在这张由卡罗尔·邓洛普拍摄的照片中，有提尔瑟兰一家、诗人克拉丽贝尔·阿莱格里亚和画家路易斯·托马塞洛。这是胡里奥和卡罗尔婚礼的当天

1982年3月，科塔萨尔夫妇前往尼加拉瓜和墨西哥旅行（在图莱，卡罗尔为胡里奥拍了一张照片，背景是世界上最古老的树木。照片中，胡里奥戴着一顶白色的帽子，衬衫敞开到胸部，他一只手扶在栅栏上，目光投向远方）。他们在那里待了一个半月，并在离开时向他们的尼加拉瓜朋友们承诺，夏天会回来继续参与帮助桑地诺主义的会议和对话。尽管这位作家需要定期进行健康检查，但他仍能过上正常的生活。他是否隐约察觉到自己的疾病比表面上看起来更严重，这就很难说了。不过，从那几个月的信件中可以看出，他似乎已经意识到自己所患的疾病并不仅仅是由服用阿司匹林

引起的出血那么简单。他隐约感到可能还有更严重的情况。

此外，令人惊讶的是，他以充沛的精力投入到与卡罗尔的共同生活，投入到新的或重新调整的计划中。同样令人惊讶的是，卡罗尔也表现出相同的热情，因为我们要记住，她清楚胡里奥病情的严重性。在这些计划中，尤为突出的是他开始创作的短篇小说集《不合时宜》，该书将在1982年出版；还有那趟重新提上日程的从马赛到巴黎的高速公路之旅，这本书在出版前更名为《宇宙高速驾驶员》，副标题为"从巴黎到马赛的无时间之旅"。科塔萨尔将该书的版权收益捐赠给了桑地诺主义事业。

5月23日，在经过一些准备后，巴黎—马赛的探险正式开始，并于6月23日结束。这次探险成就了一本书，科塔萨尔在这种类型的写作中总能找到自我：一种借助讽刺打破传统叙事边界并试图超越传统的叙述。在这本书中，那个被儒勒·凡尔纳及其所有冒险故事所吸引的孩子再次出现。书中充满了新维多利亚式的拼贴风格，旅行记叙、反思、照片、关于停车场的报告、如同亨利·莫顿·斯坦利式的探险搜索、虚构的实地分析。这一切都带有戏谑色彩，仿佛在向探险家利文斯通博士致敬。

在科塔萨尔看来，经历或尝试在一个特定时间内不离开高速公路的体验，就是一种"游戏"。旅途日记、夹杂其中的故事，以及在忠实的"法夫纳"保护下的反思，再加上朋友们在途中的探访或为他们提供的新鲜蔬菜和水果，这些都为这本书增添了许多生动的逸事，也成为作家生平的一个信息来源。

7月，他们按计划前往尼加拉瓜，卡罗尔的儿子斯蒂芬也加入了他们。他们在那里生活了两个月，然后前往墨西哥参加一个会议，接着飞往西班牙、比利时和瑞典。接下来，从11月开始，他们打算享受长达一整年的随心所欲的假期，正如科塔萨尔对他的朋友爱德华多·容基耶尔所说的那样。然而，他们不得不中断这次美洲之旅。卡罗尔得了一种罕见的疾病，似乎与骨骼有关。起初，大家将此与她最近经历的坐骨神经痛联系在一起，但为她诊断的医生认为情况不止于此。因此，他们告别了准备返回蒙特利尔的斯蒂芬，决定返回巴黎，以便由卡罗尔的家庭医生进行进一步诊断。最终的诊断结果是骨髓再生障碍。

疾病的恶化非常迅速。10月，她的骨髓停止生成血细胞，她的身体极易受到感染，并极易严重出血，还伴随着免疫缺陷与严重的血液紊乱。尽管医生通过各种治疗尝试恢复白细胞和血小板的生成，但效果不佳。她接受了多次输血，情况并未好转。医生建议进行异体骨髓移植，尽管家人立即提出捐献骨髓，但最终未找到合适的配型。经过两个月徒劳的努力后，卡罗尔·邓洛普，科塔萨尔口中的"卡洛塔"或"卡罗琳娜"，于11月2日在医院的病床上去世，当时胡里奥正紧握着她的手。

"卡罗尔就像一缕水流从我指间溜走了。"胡里奥在写给他的母亲和梅梅的信中这样说道。

卡罗尔被安葬在蒙帕纳斯公墓，她非常喜欢那里。那天非常灰暗和寒冷。巴黎上空静静地下着雨。正如奥罗拉·贝纳德斯所述，正是在这个葬礼上，胡里奥的医生埃尔维·埃尔马莱赫找到了她，并告诉她，胡里奥的白血病正在加速发展，他认为胡里奥的生命可能不超过两年半或三年。

胡里奥,当时已受到疾病威胁(乌拉·蒙坦摄)

第六章

诀别之旅
1982
—
1984

《不合时宜》

最后一次阿根廷之行

蒙帕纳斯　1984年：缘何魂断法兰西

在卡罗尔去世后，奥罗拉暂时搬到了马泰尔街的公寓，帮助科塔萨尔度过那些因卡罗尔的离去而变得难以忍受的日子。胡里奥非常感激她的陪伴。正如预料的那样，作家的好友们纷纷从巴黎各地或从国外向他发来慰问。为了对抗痛苦，科塔萨尔选择让自己忙碌起来，投入各种工作和事务中。在这段时间里，他接受了参与捍卫桑地诺主义事业论坛的邀请。然而，他坚决反对朋友们计划为他举办的纪念活动。

他恳求活动推动者尤尔基耶维奇暂停这个想法。尽管他承认活动是出于对他的关爱，但他还是认为这种形式会给他带来极大的痛苦。他觉得自己无力应对这样的场合。然而，可以理解的是，对于科塔萨尔来说，唯一的现实就是卡罗尔的坟墓，他在信中继续向尤尔基耶维奇坦白："我在卡罗尔的墓前看云卷云舒，看时光流逝，无心做其他任何事情。"他的一些朋友甚至担心他会因为抑郁而自杀。然而，科塔萨尔对生活的热爱使他无法做出那样的举动。他希望继续前行，并投身于近年来的政治事业中，尽管他可能不得不隐藏自己的内心情感。[1]

几周过去了，科塔萨尔逐渐适应了新的环境，并决定外出旅行。夏天，他接受了马里奥·穆奇尼克的邀请，在马里奥和他妻子妮可位于塞戈维亚的家中度过了几天。据穆奇尼克所述，那是一段宁静的时光，他们漫无目的地驱车游览周围的村庄，阅读、写作、午睡，伴随着烤羊肉和沙拉的大量谈话。穆奇尼克说道："我们在塞戈维亚和托雷卡瓦列罗斯的朋友圈子热情地迎接了胡里奥。他们带他参观城市，款待他，与他聊天，问了他无数的问题。胡里奥有些不知所措。有一晚，在佩尼亚洛萨家里举办了一场盛大的舞会，他们让胡里奥跳起了霍塔舞。胡里奥跳霍塔舞！有些人不相信，比如乌格涅·卡尔维利斯，我一年后在布宜诺斯艾利斯与她一起参加电台采访时，乌格涅对着麦克风咄咄逼人，说我在撒谎，她宣称胡里奥不会跳舞。我当时差点告诉她，或许只是因为胡里奥没跟她跳过舞，但他确实跟我们跳了。不过我忍住了，没有说出口。"[2] 在这段日子里，有一张由穆奇尼克拍摄的照片，照片中科塔萨尔站在萨拉多磨坊旁的两名国民警卫队员之间。这两位警卫队员是科塔萨尔的崇拜者，请求与他合影。科塔萨尔同意了。照片中的他显得非常消瘦，对当时的情境表示理解，但又严肃认真。在这一系列照片中，或许最能表现科塔萨尔悲伤的一张，

---

[1] 2009年，费利克斯·格兰德在巴伦西亚，准备发表科塔萨尔在15年间寄给他的30封信件——这一点他曾在晚餐时对我提起。那次晚餐是和他的妻子、诗人弗朗西斯卡·阿吉雷，以及教授圣地亚哥·塞莱斯蒂诺·佩雷斯·希门尼斯一起的。后者讲述了科塔萨尔在邓洛普生病去世后极度崩溃的情况。"卡罗尔非常迷人，她让胡里奥非常幸福。在卡罗尔去世几个月后，他来到马德里，打电话邀请我们去家里共进晚餐。胡里奥谈论卡罗尔时，使用的是现在时，好像她还在我们三人之间。他甚至要求我们为她在餐桌上摆放一个杯子、一个盘子和餐具。"

[2] 马里奥·穆奇尼克，《最糟糕的不是作者》，马里奥·穆奇尼克工作室，巴塞罗那，1999年，第125页。

是他坐在一把皮椅上，神情迷离，目光透出他内心深处的空虚。这是心碎者特有的眼神。

回到巴黎后，科塔萨尔集中精力处理《宇宙高速驾驶员》的校稿工作，他对此饱含热情，充满期待。整个秋天，他都在为这本书的最终定稿而努力，这本书于1983年11月出版，正好在写成的一年后。他在编辑过程中得到了奥罗拉、胡里奥·席尔瓦、洛尔·巴塔永和弗朗索瓦·坎波的帮助，后两位主要负责调整卡罗尔用法语撰写的文本。

随着该书的上市，科塔萨尔在11月下旬返回西班牙，并与尼加拉瓜的诗人、神父和文化部部长埃内斯托·卡德纳尔一起参加了由梅塞德斯·米拉主持的电视节目《晚安》。在镜头前，科塔萨尔显露疲态，虽然他意志坚定，理智过人，却遍体鳞伤，明显受到了精神上的打击。同样，出于积极投身于各项活动的愿望，科塔萨尔在1月份前往哈瓦那，并在那里待到18日，陪同他的有美洲之家的朋友们，他们深情款款地围绕着他，还有菲德尔·卡斯特罗本人，他对作家的悲伤表示了同情，20多年来科塔萨尔第一次从卡斯特罗那里感受到了"菲德尔友好的信任，他的亲切，我也以同样的喜悦回报了这种亲切"。

几天后，科塔萨尔飞往马那瓜，打算与作家兼桑地诺政府副总统塞尔希奥·拉米雷斯一起，前往尼加拉瓜与洪都拉斯的边境进行实地考察。此行的目的是在现场验证美国支持索摩查游击队的传闻，并通过他为媒体所写的文章，尤其是为埃菲社撰写的文章将这些行径昭告天下，这些文章后来被收录在《尼加拉瓜：如此暴力的甜蜜》一书中。由于边境地区极其危险，科塔萨尔甚至对胡里奥·席尔瓦表示，如果发生最坏的情况，他希望能和卡罗尔葬在同一座坟墓里。同时，他非常谨慎地处理此事，因为只有少数朋友（包括席尔瓦、托马塞洛和尤尔基耶维奇）知道他将与军队一起进行这次冒险。在出发前几天，科塔萨尔通知奥罗拉，根据他在巴黎普洛坎律师事务所的遗嘱，她将成为他的遗产继承人，并继续合法拥有他一半的著作权，这些权利在他们离婚时，在科塔萨尔与卡罗尔的婚礼前已转让给她。

与此同时，他还集中精力支持刚出版的短篇小说集《不合时宜》。

在《不合时宜》这部由八个短篇小说组成的作品集中，选目包括了《第二场旅行》《夜晚的学校》《不合时宜》《噩梦》《写故事的日记》等。在这些小说中，幻想与现实之间的距离被缩小。我们不仅仅在谈论两者之间的渗透性，也讨论它们的统一性。更进一步说，幻想更接近所谓的现实；这些故事秩序模糊，试图消除读者的疏离感。与此同时，这本书中的某些篇章，也像科塔萨尔后期作品中常见的那样，清晰地揭露了拉丁美洲，尤其是阿根廷的压迫状况。

在这本书中，科塔萨尔特别喜欢《写故事的日记》这篇，因为它对写作技术的挑战很大，其实验性的形式让人联想到科塔萨尔的异端精神。故事通过巧妙的手法进行自我质疑和结构错位，探讨着叙事该如何打开新的窗口，而这些窗口的打开又源自那些叙事性的问题，故事背景中有安娜贝尔这个角色，但最重要的还是对比奥伊·卡萨雷斯的致敬。尽管科塔萨尔和比奥伊的会面次数不多（两次在布宜诺斯艾利斯，一次在巴黎），两人之间却有一种明显的共鸣。在比奥伊1984年2月12日的日记中，他写下了这样一段话，提及他未能写完，也未能寄出的一封给科塔萨尔的感谢信，感谢他写下这个故事，而这段话科塔萨尔本人从未看到或得知:"如何在不夸大、不扭曲事实的情况下,解释我对他的亲近感?尤其是考虑到我们在政治上常常持不同的立场。他是共产主义者,我是自由主义者。他支持游击队,而我厌恶游击队,我国的镇压方式让我感到恐惧。我们见面的次数很少,但我一直觉得自己是他的好朋友。如果我们生活在一个可以直接传递真相、不需要可能夸大或减弱事实的言辞的世界里,我会告诉他,我一直觉得他很亲近,并且在根本问题上,我们是一致的。"[1]

科塔萨尔也对《噩梦》这个故事有特别的偏爱,这与其主题密切相关。这篇故事反映了他在政治承诺上的一种视角,聚焦于一个象征性场景:一个名叫梅察的小女孩处于昏迷状态,而她的情况与魏地拉独裁政权的黑暗现实紧密相连。当这个少女恢复意识时,这一切变得具象化。在这里,小说对阿根廷社会在经历多年的压迫事件时表现出的冷漠态度提出了质疑。小说的氛围通过精湛的技艺构建起来,同时也让我们联想到科塔萨尔非常擅长的家庭群体题材,只不过在这里没有了前面提到的其他小说,或《不合时宜》中那样的怀旧情绪。《不合时宜》是这本书中最优秀的小说之一,它提到了班菲尔德,并重现了一个让人怀念的世界。类似的主题也可以在《夜晚的学校》中找到,只不过这里的故事围绕的是发现和进入一个畸形而堕落的世界:同学和老师,在一场荒诞的、充满堕落的派对上,男扮女装。尼托和托托在某个星期六晚上翻越学校围墙后惊讶地发现了这一切。

《不合时宜》出版时,一些评论家指出了一个在《我们如此热爱格伦达》出版时就已经被注意到的现象:科塔萨尔在构建新故事时不愿冒太大的风险。某些批评者,主要是西班牙的批评者,

---

[1] 阿道夫·比奥伊·卡萨雷斯,《行者的歇息》,南方出版社,布宜诺斯艾利斯,2001年,第292页。

指出作家重复使用了一种相对安全的叙事模式，而没有像早期作品那样勇敢地冒险探索新的叙事。某种程度上，这种批评可能有一定道理。如果我们将他的早期作品《动物寓言集》或《游戏的终结》中的小说与这些新作品进行比较，可能会发现其叙述风格的变化很小（例如，语言上对读者的迁就更少），但在主题核心上却显示出了巨大的发展。在这一点上，科塔萨尔本人在他最后几次采访中承认，他越来越倾向于使用一种更简洁的表达方式，转向一种更加干练的声音。但他从未接受将"倒退"这个词应用于描述他的叙事创作。

与此同时，阿根廷的局势出于多种原因处于极度不稳定的状态。1982年的阿根廷，独裁政权被迫发生变化。国内局势日益紧张，内部对日渐衰弱的军政府的权威越来越公开地表示反对，同时来自外部的压力也日益增加，迫使政权尝试通过一种能够将各方凝聚一心的手段来获取隐含的支持。什么样的民族主义论点能得到几乎所有阿根廷公民的认同？什么样的情感纽带能够将所有人团结起来？根据海军上将豪尔赫·伊萨克·阿纳亚的观点，答案并不难找到，军方很快就找到了它：马尔维纳斯群岛（英国称福克兰群岛）。他们决定起兵进入这些岛屿，利用一个由废金属商人康斯坦丁·达维多夫无意间引发的争端。当时，达维多夫负责拆除那些被遗弃的捕鲸站，而被派往群岛的42名工人中的一员在1982年3月19日决定在岛上升起阿根廷国旗。这一举动被英国视为对其不可侵犯的主权的挑衅。

马尔维纳斯群岛自1833年以来一直是阿根廷的历史性诉求之一。当年，英国人占领了这个隶属于阿根廷火地省的群岛，岛上有大约2 500名居民，以畜牧业和渔业为生。这种占领和英国在历史上占领并定居他国领土的行为一样,都是赤裸裸的侵略行为。1982年4月,军政府的代表人物加尔铁里做出了回应,决定夺回两座主要岛屿——大马尔维纳岛和索莱达岛——以及上百个小岛。这一军事行动距离当年从伦敦来的冒险者占领这些岛屿的时间已过一个半世纪。然而,预料之中的事情很快发生了。英国舰队在卡林顿勋爵的指挥下坚定地驶向他们所谓的臣民所在地,最终抵达并取得胜利。

在撒切尔夫人领导下的英国舰队面前,阿根廷遭受了屈辱的失败,更糟糕的是,这场冲突导致750名阿根廷人和236名英国人死亡。这场失败也标志着军政府的最终衰落。军政府完全没能预见英国会如此强烈地回应,而且他们一直以为,在美国保持中立的情况下,他们有足够的时间来控制危机。这种情况迫使阿根廷不得不召开选举,最终激进公民联盟的领导人劳尔·阿方辛获胜,他的政府对六年前开始独裁统治的责任人进行了审判。这标志着阿根廷梦寐以求的变革的开始。

阿根廷人民渴望从过往的压迫和死亡中走出来,开启新的篇章。科塔萨尔和其他阿根廷人一样,对民主过渡的进程满怀希望。经历了30多年的自愿流亡与被迫流放,这段艰难的历程让他对阿根廷的现实有了深刻的认识。像其他许多人一样,他希望阿兰布鲁、弗朗迪西、伊利亚、翁加尼亚以及后来魏地拉、维奥拉和加尔铁里时期的那些阴暗政权和混乱时代被记忆所铭刻,但同时又应该被人们遗忘。正是这种希望,这种支持国家重生的愿望,促使他在1983年11月前往布宜诺斯艾利斯,参加阿方辛的总统就职典礼。然而,令人意外的是,共和国新总统不愿接见他。

劳尔·阿方辛的拒绝主要出于意识形态方面的考量,其身边的一些顾问试图避免阿方辛与科塔萨尔在媒体面前握手的场面。

阿方辛这一小气且考虑不周的举动，使他在与科塔萨尔的对比中显得格外逊色。科塔萨尔长期以来一直为实现阿根廷的宪政正常化而奋斗，他的形象也因此备受推崇。尽管科塔萨尔对拉丁美洲的政治愿景与阿方辛设想的有所不同，但作家所代表的象征意义远远超越了那些狭隘和谨小慎微的考量。科塔萨尔对此感到非常痛心。作家去世后，奥罗拉·贝纳德斯透露，阿方辛曾联系她，并声称当时他并不知道科塔萨尔曾在布宜诺斯艾利斯，这一说法难以令人信服。奥斯瓦尔多·索里亚诺也提到了这段经历："我记得胡里奥在布宜诺斯艾利斯的最后一个凌晨。在圣马丁和图库曼的街角，索拉里（伊波利托·索拉里·伊里戈延）面带悲伤地站着，他感到羞愧，因为他不仅没能让胡里奥得到接见，连一句话也没能传达，甚至也没有一位代表总统的人来和他握手。"[1]

无论如何，科塔萨尔再次以他一米九三身高的视角俯视了这由显然错误的社会政治策略和礼节而导致的场面。不过他得到了应有的回报，那就是大众的认可，那种与盛大的官方庆典毫无关系的人情温暖。他得到了人们的尊敬和读者的喜爱。这种来自普通人的认可，正是他在布宜诺斯艾利斯时所感受到的，正如他对马里奥·穆奇尼克所说："举个例子：我在科连特斯街的一家电影院看完索里亚诺的电影《没有痛苦，也没有遗忘》后，正好遇到一场游行经过此地。游行队伍中有两三位母亲和祖母，几个激进派议员，还有几百名年轻人，有些还是青少年甚至孩子，他们为失踪者和自由的回归而呼喊。很自然地，他们看到了我。游行队伍突然停了下来，所有人都向我涌来，把我包围在一片人海中，他们亲吻我、拥抱我，几乎把我的夹克扯下来，更别提我不得不

---

1 《拉玛加》杂志专题，布宜诺斯艾利斯，1994年11月。

签的几百个签名了。好吧,我告诉你这个故事是为了让你了解情况,但这只是众多故事中的一个。比如,有一次一个出租车司机认出了我,经过一段很长的旅程后,他拒绝收钱,并告诉我,那是他一生中最快乐的一天。"[1]

这是他与布宜诺斯艾利斯的诀别之旅,也是与深爱的朋友的告别。他再也没有回到这里。科塔萨尔知道,疾病正在悄然侵蚀他,尽管他一直在抵抗,但他深知这次重逢也是他与这座城市的最终告别,那座他深深爱着、陪伴他多年的城市,他曾为之写下了无数篇章。作者再一次走过苏伊帕恰街和迈普街,回味着"在佛罗里达街的'波士顿'酒吧喝辛萨诺红酒和哥顿杜松子酒的味道",感受科隆剧院观众席的气息,"夏日午夜港口的寂静",科连特斯街上被雨水打湿的方格人行道,那里的咖啡馆、旧书店和比萨店,还有"清晨的几家牛奶店",五月大道与贝尔纳多·德·伊里戈延街拐角处咖啡馆的巴黎风格遮阳棚,"卡洛斯·贝尔奇和马里奥·迪亚斯一起在月亮公园的超级看台上观赛",拉瓦列街上那些枝叶盘曲的红色树木,走向五月二十五日大道时映入眼帘的景象,"丑陋的十一广场";还有阿巴斯托、阿尔马格罗、蒙塞拉特、圣克里斯托瓦尔、卡瓦利托、弗洛雷斯、维拉克雷斯波、巴勒莫、雷科莱塔、贝尔格拉诺、雷蒂罗广场的钟塔、圣特尔莫、巴拉卡斯,里瓦达维亚公园里孤寂的长椅、古老的树木和那清脆而甜美的手风琴声,以及城市中的小巷。科塔萨尔再一次走过班菲尔德,这个在他孩提时代眼中,可以趴在家中花园里观察蚂蚁的地方。这是他儿时的布宜诺斯艾利斯,是他年轻时的布宜诺斯艾利斯,

---

[1] 奥罗拉·贝纳德斯,《1969—1983年的信件》,阿尔法瓜拉出版社,马德里,2000年,第1817页,内容取自胡里奥·科塔萨尔写给马里奥·穆奇尼克的信,日期为1983年12月。

正如他自己在创作的探戈歌曲中所写的那样："请告诉我,告诉我那个在此刻遥不可及的布宜诺斯艾利斯。"

从布宜诺斯艾利斯回来的三个月间,科塔萨尔也在逐渐告别。这段时间包括了一个非常寒冷而悲伤的圣诞节,尽管有奥罗拉的陪伴,她搬到了马泰尔街与科塔萨尔同住;尽管有朋友们的拥抱相伴,但这些并未减轻他的悲痛。其间,他定期检查,接受医生的会诊,等待来自内克尔医院的诊断结果。他的体重急剧下降,肠胃问题和皮肤问题持续困扰着他。反复的低烧让他极度疲倦,他几乎无法保持清醒,常常无法写作、阅读,甚至难以简单地交谈。随着病情的恶化,白血病进入了急性发作期,作家身体内部出现了广泛的浸润,住院治疗变得不可避免。1月份,科塔萨尔住进了离家很近的圣拉扎尔医院。在此期间,他仍然为阿根廷画家路易斯·托马塞洛的书《黑色的10》写了诗文,这本书包含了十幅类似于《三的颂歌》的黑色浮雕丝网版画。奥罗拉、托马塞洛和尤尔基耶维奇日复一日地承担着照顾他的重任,部分原因是科塔萨尔请求奥罗拉尽量减少探访的人数。奥罗拉·贝纳德斯回忆道:"他们在床边给我铺了一个床垫,我就睡在上面。托马塞洛给胡里奥按摩双腿。早上索尔带着报纸来时,我会趁机回马泰尔街的家中洗澡。"

生命正在逐渐消逝,现实与回忆交融在一起。弗朗索瓦·坎波在科塔萨尔去世前几天探望了他,她回忆道:"不幸的是,我最后看到他的样子是在他临终的病床上。他的脸瘦得厉害,这使得他那双大眼睛更加突出,那是一双具有先知般洞察力的眼睛。我们几个人围在他身边:索尔、格拉迪斯·尤尔基耶维奇、他的前妻奥罗拉和我。胡里奥的状况非常糟糕。但突然之间,他的脸上露出了平静的神色。他举起了他那只大手,问我们:'你们听到那音乐了吗?'他的脸上充满了喜悦,对我们说:'你们在这里和我一起听这音乐,真好。'我心里想:'天哪,如果他现在就去世了,听着他所说的那音乐,告诉我们这有多美妙,那该多好。'但是,他是在两天后去世的,那时没有音乐。"[1]

在马泰尔街的家中(卡罗尔·邓洛普摄)

现在、过去和第一次抵达巴黎的时刻,一切都那么遥远。更加遥远的是第一次抵达圣卡洛斯·德·玻利瓦尔车站的那一刻,是在奇维尔科伊的瓦尔齐利奥的旅馆里,在每周、每月、每年的每天早晨七点整都会无休止地响起的刺耳闹铃声。蒂蒂娜·瓦尔齐利奥

---

[1]《科塔萨尔的巴黎》,玛丽莲·博贝斯,《古巴公报》,1988年9月。

怎么样了？那个总是带着轻松微笑的女孩，科塔萨尔曾多次给她拍照。还有工程师佩德罗·萨索，他曾与胡里奥在同一张餐桌上吃饭。那些寒冷而寂静的冬天，那些在内地小镇上凛冽而可怕的冬天；杜普拉特家的书房，他在那儿读过科克托的作品；在西班牙广场与游泳健将内莉·马丁的约会；在 L. R. 4 电台听到的爵士乐旋律，在入睡前，在最后一次透过窗户瞥向被风吹动的佩列格里尼街树梢的那一刻，他曾在那一瞬间问自己，生活是否仅此而已？在广袤无垠的潘帕斯平原的尽头，是否还存在着别的可能？

他的记忆中还留有多少有关奇维尔科伊学校副校长比安奇的印象？她那么专横，那么保守，那么令人窒息。关于他没有亲吻塞拉菲尼主教的事件、埃内斯蒂娜·亚维科利那种柏拉图式的欣赏目光，或者对索尔代利的记忆还剩下多少？那位曾说他是个令人厌恶的"乳臭未干的小子"的索尔代利。梅查·阿里亚斯、科卡罗、泽尔帕等故人今在何方？马里亚诺·阿科斯塔师范学校呢？那所学校有着通往大门的五级台阶，穿过拱门后就会迷失在柱廊中，旗帜在阳台上飘扬。还有哈辛托·库卡洛和那些下午慢慢驶向公园别墅区的巴士旅程，巴士上满是悲伤。卖鹰嘴豆煎饼的摊贩回家时，托篮已空空如也，慢慢地沿着人行道走回家；昏暗的水果店，卖薄荷糖、钥匙链、胶水、廉价玩具、香烟、梳子、汽水的小摊；还有那些从不间断放映的电影院，也许还有那淅淅沥沥的蒙蒙细雨拍打着窗玻璃的声音？他是否还记得门多萨那段英雄般的幽禁时光？那个伟大的疯子穆希塔尼怎么样了？充满他生活的那一抹绿又去向了何处？

胡里奥·科塔萨尔于 1984 年 2 月 12 日（星期日）去世。当时陪伴在他身边的有奥罗拉·贝纳德斯、路易斯·托马塞洛——

这些忠实的朋友——以及索尔·尤尔基耶维奇。托马塞洛回忆说，科塔萨尔非常不喜欢医院的那个房间，因为窗户对着一个光秃秃的院子和一扇属于警察局的铁栅栏，因此他去世时头是转向另一边墙壁的。[1] 奥马尔·普雷戈在几周前探望他时，科塔萨尔曾向他坦言，他最想看到的是树木。

尽管他的亲密朋友们早已预料到了他的死亡，但这仍然让许多其他朋友——尽管不那么亲近，但仍然是朋友的那些——感到意外。这种震惊同样也传递给了许多读者。安德烈斯·阿莫罗斯，一位负责《跳房子》批注版的编者，也是那些被科塔萨尔的死讯震惊的朋友之一（他是与科塔萨尔有书信往来的朋友），因为他并不了解科塔萨尔的病情已发展到如此严重的地步。阿莫罗斯回忆了两年前他提出要为《跳房子》做批注版的那个时刻：

> 在一次关于《跳房子》的长谈之后，我突然想到，做一个像处理经典著作那样的批注版会很有趣，带有成百上千个脚注。就像每次谈到真正重要的事情一样，我很认真，但也带有一点开玩笑的语气。让我惊讶的是，胡里奥有点被吓到了。他对我说："这是个很棒的主意，非常符合一个克罗诺皮奥的风格，但我没有足够的时间来做这项可怕的工作。"我澄清了这个误会：我并不想让他感到负担，如果他愿意，我可以投身于这个疯狂的计划。他松了一口气，说道："您是最适合做这件事的人。"我解释说，我并不是出于任何学术上的

---

[1] 根据奥罗拉·贝纳德斯的说法，为了避免像卡罗尔·邓洛普那样在市立停尸房举行守灵仪式——这是法国法律要求所有在医院去世的人都必须遵守的程序——在一位深爱胡里奥的医生的幸运配合下，遗体被救护车运到了马泰尔街，并在那里签署了死亡证明。

兴趣：我不是西班牙语文学的教授，这不会给我带来任何荣誉，也赚不到多少钱。我只是想找乐子，同时更好地理解这部伟大的小说，并帮助一些读者。我们彼此了解，无须多言。我还补充道，这不会打扰到他——这是我对待在世作家的原则。我会在这本书出版后再把它交给他。

于是我开始了：我做了大量的工作，查阅了许多参考书、地图、字典；我学到了很多关于古典音乐、爵士乐、电影、绘画和文学的知识；我也向许多朋友寻求帮助。我甚至绘制了一幅简略的《跳房子》中的巴黎地图，我玩得非常开心。到1984年初，我的编辑工作已经完成并由文坛出版社出版。我写信告诉胡里奥，并表示在下次前往巴黎时，打算把成果展示给他。但让我感到奇怪的是，他没有回复；他一向回信及时，又那么彬彬有礼。

我去巴黎是因为国家戏剧中心——我当时是该中心的文学顾问——要在欧洲剧院首演《波希米亚之光》。抵达巴黎后，我才明白了他的沉默：胡里奥正在走向生命的尽头。我在排练巴列－因克兰的作品时，得知了他的死讯。之后，批注版出版了，我不得不在许多地方谈论科塔萨尔和《跳房子》。有人指责我投机取巧，"临时"编写了这本书的批注版，而实际上我已经为此工作了好几年；还有人因为我不懂某些阿根廷俚语的意思而贬低我；更有甚者批评我过多地强调这部"如此严肃"的作品中的幽默。胡里奥肯定会对此捧腹大笑。现在我还保留着几封信件和关于我们友谊的回忆。[1]

---

1 直接采访，马德里，2001年6月。

科塔萨尔的死因，如前所述，被综合医院肠胃病科的莫迪利亚尼医生确认为慢性粒细胞白血病。除了奥罗拉·贝纳德斯之外，作家的密友如索尔·尤尔基耶维奇、路易斯·托马塞洛、奥斯瓦尔多·索里亚诺、胡里奥·席尔瓦、马里奥·穆奇尼克、奥马尔·普雷戈和罗萨里奥·莫雷诺也都支持这一诊断。然而，作家的另一位朋友和一度的知己克里斯蒂娜·佩里·罗西——科塔萨尔曾为她写过一系列后来收录在《除却黄昏》的诗歌——提出了另一种可能性：科塔萨尔可能在两年前于普罗旺斯艾克斯医院因胃出血住院时感染了艾滋病毒。马里奥·戈卢博夫在他的书中也提到了这一可能性，尽管他仅仅指出了这种可能。他们提出这一假设的原因是，几年后，法国媒体曝光了在洛朗·法比尤斯执政期间，法国的血液管理系统存在严重失误和违规操作，导致大量病人因输血而感染艾滋病毒。这一事件发生在20世纪80年代中期（1984年），影响了超过四千人。时任法国总理的法比尤斯和社会事务部长乔治娜·迪富瓦后来因"过失杀人和伤害罪"接受审判，尽管他们最终被免除了刑事责任（值得一提的是，法比尤斯的幕僚长路易·施魏策尔也是30名被起诉者之一）。然而，时任国家输血中心主任米歇尔·加雷塔医生被判处四年监禁。尽管如此，我们不得不指出，除了这些推测和耸人听闻的报道之外，实际上并没有确凿的证据可以证明科塔萨尔因输血而感染了艾滋病毒。

奥斯瓦尔多·索里亚诺记录了在蒙帕纳斯公墓前陪伴朋友科塔萨尔的最后时光，以及从去世到与卡罗尔·邓洛普合葬期间所感受到的那种孤独与无助的沉重印象。科塔萨尔的墓碑由路易斯·托马塞洛设计，形状像一本书的两页展开，而墓碑上的雕塑"九条曲线"及一张微妙的面孔则是由胡里奥·席尔瓦雕刻的。

索里亚诺写道:"也许是我的错觉,是一种个人的、带有偏执色彩的观点,但那场景仿佛就是一个流亡者之死。尸体在房间里,被毛毯盖住一半,床上放着一束花(来自"五月广场母亲"组织的花束),床头柜上放着一本鲁文·达里奥的诗集。另一边的大房间里,有些人面带悲伤,有些人却显得漫不经心;房间里没有真正的主人——奥罗拉·贝纳德斯看起来像是最负责任的那个人,最悲痛的亲人,可怜的人——我感到任何侵犯都可能发生:占有他的手稿,使用他的打字机,甚至用他的剃须刀片刮胡子,或者偷走他的一本书。"

索里亚诺还提到,劳尔·阿方辛政府几乎过了一天时间才做出反应,并发出了一份模棱两可且冷漠的电报:"对失去阿根廷文化和文学的真正代表,深表哀悼。"

葬礼于2月14日接近正午时分举行。奥罗拉曾试图推迟葬礼,以便让尼加拉瓜内政部部长托马斯·博尔赫及时赶到,但未能如愿。送葬队伍于上午11点从蒙帕纳斯公墓的埃德加·基内门进入,按照作家朋友兼记者里卡多·巴达的说法,他们停留了几分钟,举行了一场佛教禅宗仪式,然后向右转,前往卡罗尔·邓洛普的墓地(靠近让·保罗·萨特的墓地),那里的墓穴已经打开。灵柩被放入墓穴,一些在场的人将花朵和一捧捧的泥土撒在上面。虽然出席的人不多,但朋友们都在场。除了奥罗拉和乌格涅(她们是分别来的),还有他的至交好友,如格拉迪斯和索尔·尤尔基耶维奇、路易斯·托马塞洛、胡里奥·席尔瓦、妮可和马里奥·穆奇尼克、奥斯瓦尔多·索里亚诺、奥马尔·普雷戈、弗朗索瓦·坎波、普利尼奥·阿普莱约·门多萨、克拉丽贝尔·阿莱格里亚、马里奥·戈卢博夫、阿贝尔·波塞,以及歌手丹尼尔·维利耶蒂和帕科·伊巴涅斯、古巴驻法国大使阿尔贝托·博萨·伊达尔戈、联合国教科文组织代表，还有来自萨尔瓦多的桑地诺民族解放阵线的代表等。法国当时的文化部部长杰克·朗也隐匿在人群中。最后，托马斯·博尔赫赶到，参与了葬礼的最后几分钟。

安德烈斯·阿莫罗斯那天也在现场。他回忆道："1984年2月14日那天早晨，我在蒙帕纳斯公墓。人很少，悲伤却很浓烈。没有特别的仪式，只有一些朋友，还有几位听到消息后急忙搭乘火车赶来的年轻人。葬礼结束后，他们留在那里，诵读着作家的部分作品。有人拍了几张照片，其中有几张是我的背影，穿着棕色大衣，当时还留着长发。当然，这不是一个愉快的场合，但在某种程度上，我很高兴能够在那里。"[1]

所有人都一致认为，葬礼上最令人印象深刻的是那深沉的寂静，以及弥漫在场的那种自发的悲伤。那是一个寒冷的早晨，却异常清澈，因为巴黎并没有下雨。

---

[1] 直接采访，马德里，2001年6月。

1984年2月14日，科塔萨尔在蒙帕纳斯公墓的葬礼。奥罗拉在胡里奥去世前一直照顾他，她在胡里奥的灵柩上撒花，身旁是伊塔洛·卡尔维诺的遗孀奇奇塔和路易斯·托马塞洛

胡里奥·科塔萨尔和卡罗尔·邓洛普的墓位于巴黎的蒙帕纳斯公墓

奥罗拉·贝纳德斯与米格尔·埃赖斯在贝雷将军广场的家中

后记

关于胡里奥·科塔萨尔逝世后的情况，我们还能在什么地方找到他的痕迹？他的作品在阿根廷得到了应有的认可吗？如果一位作家或其作品的影响力要通过获得的奖项数量来衡量，那么科塔萨尔并没有获得太多。当然，他在他的祖国阿根廷所获得的奖项就更少了。

他曾获得过肯尼迪奖（阿根廷）、法国的美第奇外国小说奖、尼斯电影节金鹰奖、尼加拉瓜鲁文·达里奥文化独立勋章，还曾是德意志民主共和国文学科学院的通讯院士，墨西哥国立自治大学的名誉会员，马克·吐温勋章骑士，法国普瓦捷大学和西班牙梅内德斯·佩拉约国际大学的荣誉博士。然而，这些荣誉并不算多。实际上，对科塔萨尔来说，这类荣誉并不能引起他的兴趣，反而让他感到不自在。

在阿根廷，科塔萨尔的作品并未得到应有的认可，尤其是人们对其作品的深度和广度缺乏重视。遗憾的是，直到写下这些文字为止，我们可以说，科塔萨尔在他的祖国阿根廷并没有获得他应得的地位。在某些阿根廷大学中，科塔萨尔的作品被忽视，或者只进行表面的探讨——如果有探讨的话。这样的忽视并非出于文学的评判标准，而更多是由于一些非文学的意识形态因素。我亲自考察并与同事们交流后，确认了在阿根廷的某些大学中，科塔萨尔的作品确实被排除在课程之外。这是一种真正的悖论，仿佛他的作品被置于某种隔离状态；相反，在欧洲，尤其是在西班牙，科塔萨尔的作品却享有极高的声誉，随着时间的推移，其影响力和声望也在不断增长。

这种反差在他去世的消息传出时也表现得淋漓尽致：在阿根廷的报纸上，他的讣告只占据了简短的篇幅（如《民族报》《先驱报》），仅有少数例外（如《号角报》）给予了更多的关注；而在西班牙的媒体上，几乎所有报纸都在头版报道了这一消息。举例来说，像《十六日报》、《国家报》和《阿贝赛报》这三家具有全国影响力的马德里报纸，都在头版或文化版以及社论中突出了这一消息，并在12日、13日和14日连续报道，平均篇幅达六页左右。许多知名人士在报道中表达了对科塔萨尔去世的哀悼，包括米格尔·德利韦斯、弗朗西斯科·阿亚拉、马里奥·穆奇尼克、奥克塔维奥·帕斯、克里斯蒂娜·佩里·罗西、埃内斯托·萨瓦托、拉斐尔·孔特、爱德华多·哈罗·特格伦、何塞·玛丽亚·格尔文苏、费利西亚诺·菲达尔戈、埃内斯托·卡德纳尔、马丁·普列托、乔尔迪·略维特、曼努埃尔·巴斯克斯·蒙塔尔班、J. J. 纳瓦罗、阿里萨、豪尔赫·路易斯·博尔赫斯、胡安·卡洛斯·奥内蒂、卡米洛·何塞·塞拉、路易斯·罗萨莱斯、恩里克·略维特、胡安·佩德罗、基尼奥内罗、洛伦佐·洛佩斯·桑乔、阿贝尔·波塞、伊格纳西奥·阿梅斯托伊、埃吉古伦、弗朗西斯科·J. 萨图埃、J. J. 阿尔马斯、马塞洛、马里奥·巴尔加斯·略萨、费利克斯·格兰德、毛里西奥·瓦克斯、何塞·加西亚·涅托、爱德华多·卡兰萨、弗洛伦西奥·马丁内斯、鲁伊斯、阿图罗·乌斯拉尔·彼特里和莱奥波尔多·阿桑科特等。

评估科塔萨尔的作品在刚刚跨入的新世纪中占据怎样的位置，属于伴随人类的不确定性之一。要预测在我们被视听媒体的强大力量所束缚的时代，这些作品会在未来的世界中如何发展，显然超出了我们的能力范围。我们唯一能做的，是考虑小说作为一种传统的文学形式，它是持续保持活力，还是将最终衰落。在这方面，我们毫不怀疑：如果小说能够在 21 世纪的挑战中存续下来（我们对此持乐观态度），那么科塔萨尔的作品将继续存在。因为他的写作风格是如此具有创新性，以至于要在当代保持影响力，所需的仅仅是读者的接力而已。除此之外，再无其他。科塔萨尔的作品自会开辟前路。他的书籍将以他最喜欢的方式继续传播——从一个读者传递到另一个读者，像朋友之间的分享，像克罗诺皮奥之间的交流。

在蒙帕纳斯公墓的墓碑上，常常可以看到写给胡里奥·科塔萨尔的留言，地上有火车票、机票、鲜花以及感谢信

附记
文学与爱：
科塔萨尔的巴黎，巴黎的科塔萨尔

对于 20 世纪西班牙语美洲的作家来说，巴黎总在显露微妙的吸引力。阿莱霍·卡彭铁尔和米格尔·安赫尔·阿斯图里亚斯正是在巴黎接触到了超现实主义，从而认识到神奇的现实在拉丁美洲无处不在；也是在巴黎，加西亚·马尔克斯在穷困潦倒中写出了惊世之作《没有人给他写信的上校》；巴尔加斯·略萨则坚信，不到巴黎去，他就永远无法成为真正的作家，只能当个在周末闲暇时间创作的写匠……巴黎也在不断回馈这些来自异域、操持另一门语言的作家：正是在受到法国评论界的重视后，豪尔赫·路易斯·博尔赫斯才在自己的土地上声名鹊起；有了加缪的力荐，埃内斯托·萨瓦托的《隧道》才不至于明珠蒙尘；巴尔加斯·略萨更是成为法兰西学院院士，化身"不朽者"。胡里奥·科塔萨尔自然也是那批作家中的一员，相较而言，他与巴黎的羁绊只深不浅，而且除了文学上的联系之外，还多了许多朦胧而浪漫的色彩，这正是造就科塔萨尔与众不同特质的重要因素。

科塔萨尔一直是我最喜爱的作家之一。大约一个月前，我曾经在科塔萨尔的短篇小说集《南方高速》的共读活动中担任主讲人，当时便有读者提问，为何那部作品中有如此之多的故事并非发生在作家的祖国阿根廷,而是发生在巴黎?我那时进行了简短的解答。如今借这个机会,我决定继续回答这个问题,以科塔萨尔与巴黎或法国的关系为切入点来写。在我看来,科塔萨尔同巴黎和法国的关系恰恰能反映出其人生的诸多关键词:命运、追寻、幻想、自由、爱、游戏……

如果说科塔萨尔与巴黎的关系在最初还有些循规蹈矩("我们很少阅读阿根廷本国作家的作品……我们深受法国和英国作家的影响,直到某一天——大约是在25岁到30岁之间,我和许多朋友忽然发现了自己的这一传统。那时的人们梦想着去巴黎和伦敦,而待在布宜诺斯艾利斯则像是一种惩罚,生活在这里就像是身在囚禁中。")的话,随着时间的推移,这种关系便愈加微妙起来。1948年11月或12月,科塔萨尔强烈地萌生出了开启首次欧洲之旅的念头,他最终在意大利待了两个月,又在巴黎停留了一个月,尽管在意大利待的时间更久,但最终征服科塔萨尔的却是巴黎,它的建筑、书摊、拉丁区、博物馆、咖啡馆以及飘荡在空气中的爱因斯坦、海明威、乔伊斯和毕加索等人物的无形气息及回忆,都深深打动了科塔萨尔。但更为重要的是,科塔萨尔在巴黎遇到了埃迪丝,也就是未来《跳房子》的女主人公玛伽的原型。这是一场"命运般的相遇",科塔萨尔曾这样回忆他与埃迪丝的关系:"她和我一样坚信,那些看似偶然的邂逅实则是我们生命中早已注定的事情",这是科塔萨尔与埃迪丝的相遇,也是他与巴黎的相遇。也许正是这场爱情气息远浓于文学气息的相遇,让科塔萨尔"对巴黎的思念一直无法消散",进而有了重回巴黎、定居巴黎的想法和决心,而这一切又都终将以文学的形式得以记录和展现。也许文学与爱本就不可分割,至少在科塔萨尔身上如此。

几乎与此同时,拥有加利西亚血统的年轻姑娘奥罗拉·贝纳德斯走进了科塔萨尔的生活,1954年,两人在巴黎完婚。他们之间的默契堪称神奇，连巴尔加斯·略萨都惊呼："他们说的一切都充满智性、文雅、有趣而又饱含活力。我常常在想：'他们不可能总是这样吧？他们一定事先在家里排练过这些对话，然后在合适的时机，通过不同寻常的逸闻、精彩的旁征博引以及那些恰到好处的玩笑，震惊他们的听众。'"这种默契、智性、文雅、趣味与活力，在科塔萨尔的文字中无处不在，在短篇小说和散文、游记之中表现尤甚。可以说，在巴黎，文学与爱在科塔萨尔体内完成了完美的融合，使他成了"文学爆炸"四主将中与众不同的一员。

当巴黎所代表的种种元素渐渐暗淡、科塔萨尔与西语美洲其他作家的道路逐渐趋近之时，他在文学创作上反而失去了那种独有的风格和特点，有趣的是，这一点也体现在了科塔萨尔的爱情生活中。20世纪60年代末，出于种种原因（这本传记已经记录得很清楚了），科塔萨尔和奥罗拉分手，与乌格涅·卡尔维利斯生活在了一起，尽管后者与伽利玛出版社以及出版界有着紧密的联系，还成了科塔萨尔的文学经纪人，但她却声称自己比科塔萨尔"更了解拉丁美洲，也更热爱"。与卡尔维利斯在一起的科塔萨尔从情感和思想上对巴黎有所疏远，而趋近了拉丁美洲，尤其是古巴。他的作品也开始更加关注拉丁美洲的现实。也许对拉丁美洲现实的关注是加西亚·马尔克斯、巴尔加斯·略萨、卡洛斯·富恩特斯等"文学爆炸"主将成功的基石，但从某种程度上来看，这种关注却与科塔萨尔的天性相悖，可能也正是这个原因，《曼努埃尔之书》这样的作品无法与《跳房子》相提并论。

天性是无法改变，也无须改变的，或许即便步入"歧途"，人也终究会在命运的指引下回归自己的天性。所以科塔萨尔终将"回归"巴黎，"回归"到文学与爱的怀抱中去。1977年，科塔萨尔与卡罗尔·邓洛普相遇，邓洛普在外貌和性格上都更接近于奥罗拉，科塔萨尔也寻回了一度丢失的那些生命关键词：自由、游戏、幻想、爱……于是,邓洛普成为科塔萨尔的"小熊",科塔萨尔则化身为邓洛普的"狼"。1981 年,已经成为夫妻的科塔萨尔和邓洛普决定写一本书,内容关于一次从巴黎到马赛的非传统旅行,全程不离开高速公路——他们计划每天在两个停车场停留,几乎始终在那辆红色的大众车上生活、烹饪、休息和移动。1982 年,双双病重后康复的二人开启了那场浪漫的旅行,并把原本 7 小时的路程拉长到了 32 天。他们一起胡闹,一起疯狂,当时没人能想到,旅行结束后,邓洛普竟再次病倒,这本原计划由两人合写的书最终只能由科塔萨尔独自完成。

  1984 年 1 月,悲伤的科塔萨尔前往哈瓦那,"美洲之家"的朋友们陪伴着他,菲德尔·卡斯特罗也对作家表达了同情。二十多年来,科塔萨尔第一次感受到了"菲德尔友好的信任,他的亲切,我也以同样的喜悦回报了这种亲切"。这是科塔萨尔同古巴及拉丁美洲的和解,也是他同另一个自己的和解,但这不意味着他重入"歧途",因为这次对巴黎和本真的自我的回归是不可逆的。同年 2 月 12 日,科塔萨尔在巴黎逝世,他与卡罗尔·邓洛普被合葬在了蒙帕纳斯公墓中,而压抑悲伤情绪、忙碌操办葬礼的正是作家的第一任妻子奥罗拉。这样的场景和情节似乎在向我们证明:科塔萨尔终究是属于巴黎的,终究是属于文学与爱的。也许正是出于同样的原因,这部传记以这样一句话结束了全书,结束了对科塔萨尔的文学人生的记录:"所有人都一致认为,葬礼上最令人印象深刻的是那深沉的寂静,以及弥漫在场的那种自发的悲伤。那是一个寒冷的早晨,却异常清澈,因为巴黎并没有下雨。"

侯健
2025 年 1 月 24、25 日
在书房中遥想巴黎与科塔萨尔

胡里奥·科塔萨尔年表

1914 年　　　　第一次世界大战的爆发之际，胡里奥·弗洛伦西奥·科塔萨尔于 8 月 26 日在比利时布鲁塞尔出生。他的父亲是巴斯克裔，母亲则是法德混血。由于父亲的工作关系（作为阿根廷外交部中的经济技术专家），科塔萨尔一家居住在布鲁塞尔。战争期间，全家迁往瑞士苏黎世和西班牙巴塞罗那。

1918—1920 年　　科塔萨尔一家返回阿根廷，定居在布宜诺斯艾利斯远郊的班菲尔德。科塔萨尔在这里度过了 17 年的时光。他的许多短篇小说，尤其是与童年记忆相关的故事，都以这个地方为背景。父亲在此期间离开了家庭，导致家庭经济状况陷入困境。

1932—1937 年　　科塔萨尔获得了小学和中学的教师资格证书。他进入布宜诺斯艾利斯大学学习，但由于家庭经济困难，不得不中途辍学并开始工作。他在圣卡洛斯·德·玻利瓦尔和奇维尔科伊的学校任教。

1938 年　　　　科塔萨尔以"胡里奥·丹尼斯"的笔名在布宜诺斯艾利斯出版了他的第一本书。这本书是一个印数非常有限的半秘密发行版本，由"藏书家"出版，书名为《存在》，

	是一本十四行诗集。
1944—1948 年	虽然没有学士学位，科塔萨尔仍受邀在门多萨新成立的国立库约大学担任英国和法国文学课程的教师。由于政治原因（与庇隆主义有关），他辞去了教职，返回布宜诺斯艾利斯，在阿根廷图书商会工作，同时接受翻译培训，准备成为职业翻译。
1949 年	科塔萨尔在布宜诺斯艾利斯的古拉布和阿尔达巴霍尔出版社出版了戏剧诗《国王》，这部作品围绕着米诺陶与迷宫的神话展开。
1951—1954 年	科塔萨尔获得法国的奖学金前往巴黎旅行。在此期间，他在南美出版社出版了他的第一本短篇小说集《动物寓言集》，该书在西班牙语文学界产生了相当大的影响。他与奥罗拉·贝纳德斯结婚，并开始在联合国教科文组织担任翻译工作。他搬到意大利，并受西班牙作家弗朗西斯科·阿亚拉的委托，翻译埃德加·爱伦·坡的小说和散文作品，当时阿亚拉与波多黎各大学有合作关系。
1956 年	科塔萨尔在墨西哥出版了《游戏的终结》，初版是一个包含九个短篇小说的集子。后来，南美出版社发行了扩展版，将故事数量增加了一倍。
1959 年	出版了短篇小说集《秘密武器》。科塔萨尔的作品逐渐赢得了越来越多的追随者。
1960 年	科塔萨尔出版了他的第一部长篇小说《中奖彩票》。此前他曾写过两部，其中一部被他自己毁掉，另一部《考试》在此之前也未公开发表。
1962 年	出版了《克罗诺皮奥与法玛的故事》，这是一本具有玩笑和讽刺色彩的书，进一步展示了他独特的文学风格。

1963 年	出版了小说《跳房子》，这部作品因其开放性的叙述方式和与读者之间的高度互动性而令人惊讶。《跳房子》确立了科塔萨尔在文学界的地位，并巩固了他个性化的诗学风格。同年，他首次正式访问了卡斯特罗领导下的古巴。
1966 年	出版了短篇小说集《万火归一》，进一步探讨了他对现实的双重理解和矛盾感受。
1967 年	出版了《八十世界环游一天》，这本书是一系列独特的反思、诗歌、引文、短篇小说、笔记和评论的合集，夹杂着照片和插图。胡里奥·席尔瓦参与了引人注目的排版设计。
1968 年	出版了小说《装配用的 62 型》，这部小说基于《跳房子》的第 62 章展开。
1969 年	出版了《最后一回合》，这本书延续了《八十世界环游一天》中年鉴式的结构风格，这种结构深受科塔萨尔和胡里奥·席尔瓦的喜爱。
1971—1972 年	科塔萨尔出版了《帕美欧斯与美欧帕斯》和《天文台的散文》。
1973—1974 年	出版了《曼努埃尔之书》，他将这本书的版权收益捐赠给南锥体地区那些反抗独裁政权的人道主义组织。这部小说标志着科塔萨尔对拉丁美洲现实的承诺发生了显著转变。他还接受了成为罗素法庭评审团成员的邀请。出版了新的短篇小说集《八面体》。
1975—1978 年	出版了《方托马斯对抗跨国吸血鬼》，并参与了与胡里奥·席尔瓦合著的《西尔瓦兰迪亚》。其间，他前往美国（俄克拉何马州）参加关于自己作品的朗读和讲座。他还出版了《有人在周围走动》和《领域》。在加拿大的一次

	讲座期间，他认识了卡罗尔·邓洛普（比他小32岁），并开始了一段持续到卡罗尔去世的爱情关系。
1979年	出版了《某个卢卡斯》，对受到美国威胁的尼加拉瓜桑地诺革命表示明确支持。
1980年	出版了包含十个新短篇的《我们如此热爱格伦达》。
1981年	在法国陆续居住了30多年后，出于法律上的考虑，科塔萨尔获得了法国国籍，但未放弃阿根廷国籍。同年出现了白血病的初期症状。
1982—1983年	出版了收录八篇新短篇小说的《不合时宜》。卡罗尔·邓洛普去世。科塔萨尔与邓洛普共同创作并出版了《宇宙高速驾驶员》。
1984年	科塔萨尔为西班牙埃菲社写下了他的最后一篇文章《不同的杀戮方式》，在文中他警告美国入侵尼加拉瓜的决定。同年2月12日，科塔萨尔在巴黎去世，安葬于蒙帕纳斯公墓，与他的第二任妻子卡罗尔·邓洛普同穴而眠。
此后	科塔萨尔的遗作，包括批评文章、诗歌、短篇小说和长篇小说，陆续被发掘并出版。这些作品包括《除却黄昏》、《尼加拉瓜：如此暴力的甜蜜》、《考试》、《娱乐》、《安德烈斯·法瓦日记》、《再见，鲁滨孙及其他短篇》、《约翰·济慈形象》、《批评作品》以及《回归的探戈》（该短篇故事原本收录于帕特·安德烈亚的绘本中，后散佚，直至2001年才被重新发现并出版）。

参考文献

ALAZRAKI, JAIME Y OTROS: *Julio Cortázar: la isla final*, Ultramar, Barcelona, 1983.

AMÍCOLA, JOSÉ: *Sobre Cortázar*, Editorial Escuela, 1969.

ARONNE AMESTOY, LIDA, *Cortázar: la novela mandala*, Fernando García Camabeiro, Buenos Aires, 1972.

AVELLANEDA, ANDRÉS: *El habla de la ideología*, Editorial Sudamericana, Buenos Aires, 1983.

BARNECHEA, ALFREDO: *Peregrinos de la lengua*, Santillana, Madrid, 1997.

BERGALLI, ROBERTO Y OTROS: *Contra la impunidad*, Plataforma Argentina contra la Impunidad, Icaria, Barcelona, 1998.

BERNÁRDEZ, AURORA: *Julio Cortázar. Cartas*, volúmenes 1, 2, 3, Alfaguara, Buenos Aires, 2000.

BIOY CASARES, ADOLFO: *Descanso de caminantes*. Editorial Sudamericana Señales, Buenos Aires, 2001.

CÓCARO, NICOLÁS: *El joven Cortázar*, Ediciones del Saber, Buenos Aires, 1993.

DOMÍNGUEZ, MIGNON: *Cartas desconocidas de Julio Cortázar*, Editorial Sudamericana, Buenos Aires, 1992.

DONOSO, JOSÉ: *Historia personal del "boom"*, Alfaguara, Madrid, 1999.

ESCAMILLA MOLINA, ROBERTO: *Julio Cortázar, visión de conjunto*,

Editorial Novaro, México, 1970.

FERNÁNDEZ CICCO, EMILIO: *El secreto de Cortázar*, Editorial de Belgrano, Buenos Aires, 1999.

FILER MALVA, E.: *Los mundos de Julio Cortázar*, Las Américas Publishing Company, Nueva York, 1970.

GENOVER, KATHLEEN: *Claves de una novelística existencia*, Playor, Madrid, 1973.

GOLOBOFF, MARIO: *Julio Cortázar. La biografía*, Seix Barral, Buenos Aires, 1998.

GONZÁLEZ BERMEJO, ERNESTO: *Conversaciones con Julio Cortázar*, Edhasa, Barcelona, 1978.

HARSS, LUIS: *Los nuestros*, Editorial Sudamericana, Buenos Aires, 1966.

LÓPEZ LAVAL, HILDA: *Autoritarismo y cultura*. Argentina 1976-1983. Fundamentos, Madrid, 1995.

LUCERO ONTIVEROS, DOLLY MARÍA: "Julio Cortázar, un mendocino ocasional (a través de su *Imagen de John Keats*)", Piedra y Canto, Universidad Nacional de Cuyo, Mendoza, 1996.

MAC ADAM, ALFRED: *El individuo y el otro. Crítica a los cuentos de Julio Cortázar*, Ediciones La Librería, Buenos Aires, 1971.

MONTES BRADLEY, EDUARDO: *Osvaldo Soriano. Un retrato*, Norma, Buenos Aires, 2000.

MUCHNIK, MARIO: *Lo peor no son los autores*, Taller de Mario Muchnik, Madrid, 1999.

PERI ROSSI, CRISTINA: *Julio Cortázar*, Ediciones Omega, Barcelona, 2001.

PREGO, OMAR: *La fascinación de las palabras*, Muchnik Editores, Barcelona, 1985.

REIN, MERCEDES: *Cortázar y Carpentier*, Ediciones de Crisis, Buenos Aires, 1974.

ROY, JOAQUÍN: *Julio Cortázar ante su sociedad*, Ediciones Península,

Barcelona, 1974.

SEOANE, MARÍA Y MULEIRO, VICENTE: *El dictador*, Editorial Sudamericana, Buenos Aires, 2001.

SOLÁ, GRACIELA DE: *Julio Cortázar y el hombre nuevo*, Editorial Sudamericana, Buenos Aires, 1968.

SORIANO, OSVALDO: *Piratas, fantasmas y dinosaurios*, Norma, Buenos Aires, 1996.

SOSNOWSKI, SAÚL: *Julio Cortázar: una búsqueda mítica*, Ediciones Noé, Buenos Aires, 1973.

VÁZQUEZ RIAL, HORACIO: *Buenos Aires 1880-1930*, Alianza Editorial Madrid, 1996.

YURKIEVICH, SAÚL: *Julio Cortázar: mundos y modos*, Anaya & Mario Muchnik, Madrid, 1994.